UTB 2714

Eine Arbeitsgemeinschaft der Verlage

Beltz Verlag Weinheim · Basel
Böhlau Verlag Köln · Weimar · Wien
Wilhelm Fink Verlag München
A. Francke Verlag Tübingen und Basel
Paul Haupt Verlag Bern · Stuttgart · Wien
Lucius & Lucius Verlagsgesellschaft Stuttgart
Mohr Siebeck Tübingen
C. F. Müller Verlag Heidelberg
Ernst Reinhardt Verlag München und Basel
Ferdinand Schöningh Verlag Paderborn · München · Wien · Zürich
Eugen Ulmer Verlag Stuttgart
UVK Verlagsgesellschaft Konstanz
Vandenhoeck & Ruprecht Göttingen
Verlag Recht und Wirtschaft Frankfurt am Main
VS Verlag für Sozialwissenschaften Wiesbaden
WUV Facultas Wien

Nicole Burzan

Quantitative Methoden der Kulturwissenschaften

Eine Einführung

UVK Verlagsgesellschaft mbH

Bibliografische Information der Deutschen Bibliothek
Die Deutsche Bibliothek verzeichnet diese Publikation in der Deutschen Nationalbibliografie; detaillierte bibliografische Daten sind im Internet über <http://dnb.ddb.de> abrufbar.

ISBN 3-8252-2714-6

Einbandgestaltung: Atelier Reichert, Stuttgart
Satz und Layout: Claudia Wild, Stuttgart
Druck: Ebner & Spiegel, Ulm

UVK Verlagsgesellschaft mbH
Schützenstr. 24 · 78462 Konstanz
Tel. 07531-9053-21 · Fax 07531-9053-98
www.uvk.de

Inhalt

1. Einleitung

Methoden und Statistik – für viele Studienanfänger und Studienanfängerinnen ein Schreckgespenst, das sie möglichst schnell hinter sich lassen wollen, um sich nie wieder damit zu beschäftigen. »Das ist unglaublich schwierig« ist noch das mildere Vorurteil gegenüber »das ist schrecklich trocken«. Die möglichst großräumige Umgehung der Methoden hat jedoch für Kulturwissenschaftler einen ähnlichen Effekt wie das Vermeiden von Tonleiterübungen bei Klavierspielern: Es fehlt ein wichtiges Werkzeug, um sich Qualifikationen anzueignen, um sich – im Falle der Kulturwissenschaftler – die Inhalte des Faches erschließen zu können. Denn so getrennt sind Inhalte und Methoden des Faches nicht. Viele Fragen, die sich Kulturwissenschaftler stellen, haben eben auch eine empirische (d. h. auf Sinneserfahrung beruhende) Seite. Beispielsweise könnte sich ein Forscher dafür interessieren, ob und inwiefern sich die politische »Kultur« in Deutschland und Österreich unterscheiden. Das wird er nicht allein dadurch herausfinden, dass er darüber nachdenkt, sondern er wird es auch an realen Gegebenheiten erforschen wollen. Vielleicht hat er einige Vermutungen darüber, worin die Unterschiede bestehen. In diesem Fall muss er diese Vermutungen empirisch prüfen.

Nun könnte man argumentieren, dass nicht alle Kulturwissenschaftler selbst empirisch forschen wollen bzw. müssen. Das ist sicherlich richtig. Was aber dennoch unbedingt notwendig ist, ist die Kompetenz, empirische Ergebnisse und ihr Verhältnis zur Theorie erstens *verstehen* und zweitens *kritisch beurteilen* zu können. Ein möglicher positiver Nebeneffekt der Auseinandersetzung mit Methoden besteht darin, die negativen Vorurteile und auch einige ganz falsche Vorstellungen vom Vorgehen eines Forschers abzubauen. Solch eine Vorstellung besteht z. B. darin, dass jemand, der eine Befragung plant, sich zunächst mit einem Blatt Papier hinsetzt und einen Fragebogen skizziert – tatsächlich ist es so oder sollte es so sein, dass der Fragebogenentwicklung entscheidende Schritte vorausgehen, wie noch zu zeigen sein wird. Zentral ist jedoch, dies sei wiederholt, die kritische Lesekompetenz, die Ihnen dieses Buch zumindest im ersten Überblick vermitteln möchte.

Um dieses Ziel zu erreichen, sind die einzelnen Abschnitte eng an Forschungsbeispiele gebunden. Dies gilt insbesondere für das *zweite Kapitel*, das einige Beispiele für kulturwissenschaftliche Untersuchungen und ganz speziell ihre Methoden vorstellt. Dabei reicht die Themenpalette von Vornamen über Gefühlsregulierung bis zu Geschmacksfragen.

Das dritte Kapitel gibt einen Überblick über die generelle Herangehensweise und den Ablauf eines Forschungsprozesses. Einschränkend sei gesagt: Dieses Buch behandelt nur einen bestimmten Teil der kulturwissenschaftlichen Methoden, die sich in zwei Stränge aufteilen. Zum einen gibt es die *hermeneutischen Methoden* der Textinterpretation, wie sie typischerweise geisteswissenschaftliche Disziplinen, z. B. die Philosophie oder die Literaturwissenschaften, verwenden. Der andere Strang ist der der *empirischen Methoden*, die durch Beobachtung der Realität im weiteren Sinne zu Erkenntnissen beitragen. Der Forscher erhebt Daten, die seine Fragestellung beantworten sollen (mit diesen Methoden sind insbesondere die Soziologie und zum Teil die Geschichtswissenschaften befasst). Hierbei hat sich die Unterscheidung von quantitativen und qualitativen Methoden eingebürgert. Die qualitativen Methoden stellen eine Art Bindeglied zur Textinterpretation dar, denn auch sie haben einen hermeneutischen Hintergrund (Lamnek 1995, Bd. 1). Die quantitativen Methoden sind hier das zentrale Thema. Was sie ausmacht, stellt im Überblick das dritte Kapitel dar, bevor das darauf folgende Kapitel den Forschungsprozess genauer anhand verschiedener Erhebungsinstrumente darstellt.

In diesem *vierten Kapitel* kommt auch zur Sprache, welche methodischen Probleme auftauchen können, die der Forscher zu lösen hat und auf die der Leser empirischer Ergebnisse achten sollte. Das Erhebungsinstrument der Inhaltsanalyse wird am Beispiel der Analyse von Kontaktanzeigen vorgestellt, im Abschnitt zur Beobachtung geht es um das Verhalten von Theaterbesuchern. Die Befragung sowie die Sekundäranalyse greifen ein Forschungsprojekt zur Einbindung von Individuen in die gesellschaftlichen Lebensbereiche auf. Einige Anmerkungen zu Möglichkeiten der Methodenkombination schließen das Kapitel ab.

Im *fünften Kapitel* geht es um ein Element im Forschungsprozess, das unabhängig vom Erhebungsinstrument eine Entscheidung vom Forscher fordert: Die Auswahl der Forschungsteilnehmer oder Untersuchungsobjekte (z. B. Befragte für Interviews oder Zeitungsartikel für eine Inhaltsanalyse).

Das *sechste Kapitel* schließlich behandelt die Statistik, das Hilfsmittel schlechthin zur (quantitativen) Auswertung erhobener Daten. Dass die Statistik hier nur als ein Kapitel unter mehreren vorkommt, obwohl zu diesem Gebiet etliche dicke Bücher geschrieben wurden, verdeutlicht die relative »Methodenlastigkeit« des Buches gegenüber der Statistik. Diese Schwerpunktsetzung folgt konsequent aus der Zielsetzung, Ihnen in erster Linie Lesekompetenz zu vermitteln, zwar an Beispielen, wie es ein »echter« Forscher tun würde, aber ohne z. B. mathematische Details. Um Ihnen aber zu ermöglichen, von dieser Einführung als Grundlage verschiedene Themen zu vertiefen, gibt es am Ende jedes Kapitels gezielte Literaturhinweise sowie weitere Hinweise im Anhang.

Die Wahrscheinlichkeit ist groß, dass Sie nach der Durcharbeitung des Buches (aber insbesondere des Kapitels zur Statistik) Forschungsergebnisse, auch z. B. solche in Form von Diagrammen in Zeitungen und Zeitschriften, mit ganz anderen, »methodischeren« Augen sehen werden als zuvor.

2. Beispiele für kulturwissenschaftliche empirische Studien

Bei der folgenden Skizzierung von drei empirischen Untersuchungen geht es immer auch um Kultur in einem weiteren Sinne: um soziale und kulturelle Prägungen der Vergabe von Vornamen, um Manieren und Umgangsformen sowie um Geschmack. Dadurch soll ein erster Einblick in die empirische Umsetzung kulturwissenschaftlicher Fragestellungen gegeben und so ein Eindruck davon vermittelt werden, zu welchem Zweck die später detaillierter beschriebenen Methoden eingesetzt werden.

Der Charakter der empirischen Umsetzung ist unterschiedlich. Bei Gerhards (Beispiel 1) handelt es sich um eine relativ akribische methodische Umsetzung einer Fragestellung, bei Wouters (Beispiel 2) hat die Empirie eine stärker illustrative Funktion, bei Bourdieu (Beispiel 3) steht die Prüfung eines komplexen theoretischen Ansatzes im Vordergrund. Ein gewisses Maß der Verknüpfung empirischer Ergebnisse mit theoretischen Erklärungsmodellen gibt es dabei in allen Ansätzen, wie sich im Folgenden zeigen wird.

2.1 Die Moderne und ihre Vornamen

Literatur: Gerhards, Jürgen (2003): Die Moderne und ihre Vornamen. Eine Einladung in die Kultursoziologie, Wiesbaden

2.1.1 Thema und erklärender Anspruch

Sagt es etwas über Eltern aus, ob sie ihr Kind Dörte oder Denise, Henry oder Benjamin nennen? Jürgen Gerhards nimmt dies an. Er geht davon aus, dass die Vornamensgebung und insbesondere der Wandel von Namensgebungen in den letzten 100 Jahren Prozesse kulturellen Wandels abbilden. Woran orientieren sich Eltern, wenn sie für ihr Kind einen Namen auswählen? Wenngleich Eltern selbst oft nur diffuse Gründe angeben können (z. B. der Name klinge schön), lassen sich im Zeitverlauf bei der Betrachtung vieler Namensgebungen doch bestimmte Trends ausmachen, von denen Gerhards einige näher in Augenschein nimmt: In welchem Maße etwa orientieren sich Eltern an Traditionen, z. B. aus der Religion, der Nation oder der Verwandtschaft und Familie? Sind Vornamen, obwohl ihre

Auswahl nicht direkt von Reichtum oder anderen materiellen Ressourcen abhängt, schichtspezifisch, oder haben sie sich individualisiert? Welche Rolle spielen Moden? Schlägt sich Globalisierung bei den Vornamen nieder? Auf welche Weise markieren Vornamen im Zeitverlauf das Geschlecht des Kindes?

Die Fragen deuten auf den kultursoziologischen Gehalt der Thematik hin: Vornamensgebungen im Zeitverlauf – so die These – zeigen einen kulturellen Wandel (oder auch Stabilität) an, da Eltern Namen nicht »zufällig« vergeben, sondern sich an bestimmten kulturellen Faktoren orientieren. Wenn ein Elternpaar seinem Kind einen z. B. deutschen, angloamerikanischen oder christlichen Namen gibt, kann dies im Einzelnen viele Gründe oder auch keinen direkt angebbaren Grund haben. Wenn es aber bei der Betrachtung einer großen Zahl von Namensvergaben beispielsweise zwischen 1933 und 1942 zu einer besonderen Steigerungsrate bei der Wahl deutscher Namen kommt, liegt eine »Prägekraft kultureller Kontexte« nahe, die sich somit auch und gerade für »einen der privatesten Bereiche« zeigt (Gerhards 2003: 28).

Versucht man, die Forschungsfrage danach zu systematisieren, was der Forscher erklären will und welche erklärenden Faktoren er heranzieht (im methodischen Sprachgebrauch heißt dies: welche ist die abhängige, welche die unabhängige Variable), könnte man sagen: Erklärt werden soll die Vornamensgebung als Zeichen kulturellen Wandels. Mögliche Erklärungsfaktoren sind kulturelle Orientierungen und Prägungen (und nicht allein individuelle Vorlieben unabhängig von diesen Bindungen), die wiederum von anderen, unter anderem sozialstrukturellen Faktoren abhängen. Gerhards hat damit nicht allein einen beschreibenden Anspruch (Welche Namen kommen wie häufig vor?), sondern er möchte die Trends auch erklären. Er verbindet dabei – ein in der (Kultur-)Soziologie generell wichtiger Aspekt – das Handeln von Akteuren (die »Mikro«-Ebene) mit gesellschaftlichen Strukturen (der »Makro«-Ebene). Allerdings findet diese Verknüpfung allein auf einer kollektiven bzw. aggregierten Ebene statt. Damit ist gemeint, dass Gerhards z. B. die Häufung deutscher Vornamen in den 1930er Jahren auf das politische System zurückführt. Man weiß aber nicht, warum einzelne Eltern ihren Kindern einen bestimmten Vornamen gegeben haben, oder ob gerade Anhänger des NS-Regimes deutsche Namen bevorzugt haben. Ein anderes Beispiel: Dass Kinder ab dem Ende der 1950er Jahre seltener den Vornamen ihrer Eltern erhalten, bringt Gerhards damit in Verbindung, dass weniger Familien in der Landwirtschaft tätig sind, eine Hofübergabe an das Kind, insbesondere den Sohn, also wegfällt und damit diese Art der Tradition nicht gewahrt werden muss. Gerhards führt selbst an, dass der statistische Zusammenhang, der zwischen beiden Faktoren besteht, nicht zwingend einen ursächlichen Zusammenhang bedeutet, doch »leider stehen uns … keine Daten zur Verfügung, die eine Überprüfung auf der Individualebene zuließen. Uns bleibt allein die Möglichkeit auf theoretischer Ebene zu argumentieren, warum unserer Ansicht nach die aufgezeigten statistischen Zusammenhänge auf der Kollektivebene auch auf der Individualebene gegeben sind« (Gerhards 2003: 97). Trotz der Beschränkung des erklärenden Anspruchs auf Plausibilität lässt sich festhalten, dass die Studie zumindest mehrere erste Erklärungsansätze dafür liefert, wodurch die Namensgebung beeinflusst ist, warum und wie sich also ein kultureller Wandel in diesem Bereich vollzieht.

2.1.2 Methoden

Als Erhebungsinstrument wählt Gerhards die Inhaltsanalyse. Dabei wertet er Geburtsregister von Standesämtern aus zwei deutschen Kleinstädten aus, zum einen aus dem (überwiegend katholischen) Gerolstein in Westdeutschland, zum anderen aus dem (protestantischen, später eher konfessionslosen) Grimma in Ostdeutschland. Die Auswahl von nur zwei Gemeinden sichert keine Verallgemeinerbarkeit (Repräsentativität), doch zieht der Autor zum Vergleich Forschungsergebnisse aus anderen Regionen heran. Sie zeigen ähnliche Trends, was die Reichweite bzw. Generalisierbarkeit der Ergebnisse Gerhards' wiederum stärkt.

Was genau hat Gerhards nun erhoben? In einem vier- bzw. zweijährigen Abstand erfasste er jeweils die 100 ersten Geburten eines jeden Jahrgangs zwischen 1894 und 1994 (bzw. 1998). Die Information zu jeder Geburt enthielt die Merkmale Geburtsdatum, Vorname(n), Geschlecht, außerdem von den Eltern die Vornamen, die Religionszugehörigkeit und den Beruf. Im Nachhinein ergänzte er dieses Raster durch den Kulturkreis, aus dem die Vornamen stammten, anhand von Namenshandbüchern; außerdem teilte er die Berufe in drei Gruppen ein (unqualifiziert, qualifiziert, hoch qualifiziert). Die Zuordnung zu einem Kulturkreis ist dabei möglicherweise nicht ganz unproblematisch. Ausschlaggebend war der zeitlich letzte Kulturkreis, z. B. zählt bei Martin der Bezug zu dem Heiligen Martin (dem Bischof von Tours), nicht der lateinische Ursprung »Mars«. Dem liegt die (nicht bewiesene) Annahme zugrunde, dass der zeitlich letzte der für Eltern bekanntere oder jedenfalls bedeutsamere Kulturkreis ist.

Eine zusätzliche kleine Befragung von Müttern in Entbindungsstationen spielt in dem weiteren Forschungsbericht leider nur am Rande eine Rolle, so dass dieses Element einer »Mikro-Ebene« nachrangig bleibt.

Die erhobenen Merkmale bilden nun Hinweise (»Indikatoren«) für die Prüfung verschiedener Trends bei der Namensgebung. Die folgende Auflistung zeigt einige Beispiele auf:

Einfluss von	Indikator
religiösen Bindungen bzw. Säkularisierung	Anteil der christlichen Vornamen an der Gesamtmenge der Vornamen (laut Namenshandbuch)
nationaler Orientierung	Anteil der deutschen Vornamen an der Gesamtmenge der Vornamen
Verwandtschaftsbeziehungen	Anteil der Weitergabe der elterlichen Vornamen auf den Namen des Kindes an der Gesamtmenge der Vornamen
Individualisierung	Heterogenisierung, gemessen am Anteil unterschiedlicher Namen an der Gesamtzahl der Namen
Schichtspezifik	Anteil der Namen, die von allen Schichten vergeben wurden (ein zunehmender Anteil würde auf Entschichtung hinweisen). Schicht ist dabei operationalisiert als Berufe der Eltern[1]
Globalisierung bzw. Transnationalisierung	Anteil nicht-christlicher und nicht-deutscher Namen bzw. Anteil der Namen aus romanischem und angloamerikanischem Kulturkreis
Geschlechtsklassifikation	Zuordnung des Geschlechts zu neu erfundenen Namen in den USA (dort möglich) und in Deutschland im Vergleich; Anteil der richtigen Einschätzungen

Tab. 2.1: Dimensionen und Indikatoren in der Studie von Gerhards

Manchmal wären weitere Untersuchungen (sowohl auf der Ebene der Fragestellungen als auch der Indikatoren) denkbar, die zum Teil mit der vorliegenden Datenbasis nicht durchgeführt werden konnten, z. B. gab es für die Prüfung der Facette Verwandtschaftsbeziehungen keine Informationen über die Namen der Großeltern und Paten. Es wurde ebenfalls nicht gefragt, ob Eltern mehrerer Kinder ihren »Vorlieben« treu blieben. Bei der Heterogenisierung wäre es bei entsprechender Datenbasis interessant gewesen, welcher Anteil der Eltern einen Namen aus den »Top 10« des (Vor-)Jahres wählt etc. Ebenfalls wäre zu überlegen, ob pro »Trend« nicht in einigen Fällen mehrere Indikatoren sinnvoll gewesen wären. Positiv ist hervorzuheben, dass der Autor in jedem Kapitel die Fragestellung und die Indikatoren klar benennt.

Im zweiten Teil der jeweiligen Prüfungen zieht Gerhards weitere Merkmale hinzu, die nun nicht mehr aus der eigenen Erhebung, sondern aus der Literatur entnommenen Daten stammen (z. B. der erwähnte Rückgang der in der Landwirt-

1 Etwas unklar ist, welche Zuordnung gewählt wird, wenn Vater und Mutter nicht in der gleichen Schicht sind, eventuell der Beruf des Vaters (Gerhards 2003: 120).

schaft Tätigen). Diese Merkmale dienen der (heuristischen) Erklärung, *warum* z. B. die Eltern ihre eigenen Vornamen ab einem bestimmten Zeitpunkt seltener an die Kinder weitergeben.

2.1.3 Ergebnisse

Die Ergebnisdarstellung der Namensentwicklung erfolgt in erster Linie durch Kurvendiagramme wie diese, teilweise auch weiter differenziert (z. B. eine Kurve pro Gemeinde):

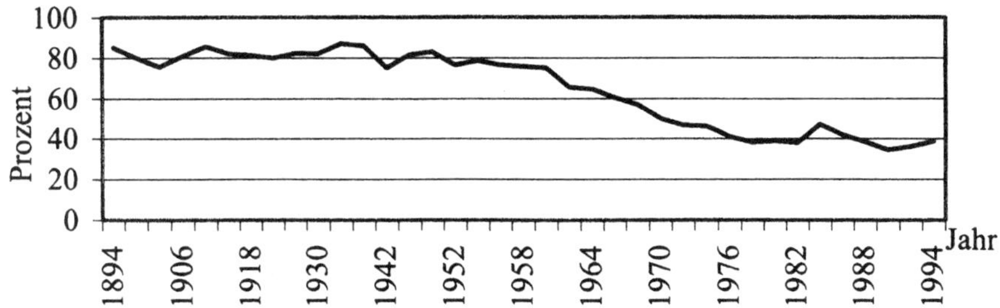

Abb. 2.1: Enttraditionalisierung (Entwicklung des Anteils von deutschen und christlichen Namen) (Gerhards 2003: 72)

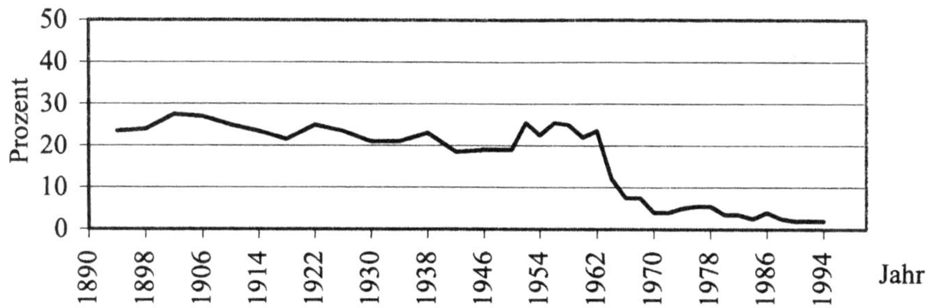

Abb. 2.2: Weitergabe der elterlichen Vornamen auf den Namen des Kindes (Gerhards 2003: 91)

Inhaltlich ergeben sich folgende Trends: Orientierungen an Traditionen (auf der Basis von Religion, Staat und Verwandtschaft) nehmen im Zeitverlauf ab. Dagegen spielt die Schichtzugehörigkeit weiterhin eine Rolle. Individualisierung gab es, doch ist sie bereits in den 1950er Jahren abgeschlossen, was anderen (theoretischen) Ansätzen zu diesem Thema (z. B. Beck 1986) widerspricht. Man könnte hier weiter nachhaken: Vielleicht ist Heterogenität (allein) kein so guter Indikator.

Oder hängt das Ende weiterer Heterogenisierung mit dem ebenfalls konstatierten zunehmenden Einfluss von Moden zusammen? Ohne näher auf die Inhalte von Individualisierung einzugehen, kann dieser Punkt hier nicht verfolgt werden, wichtig ist jedoch, dass die Leser aufgerufen sind, empirische Ergebnisse – ob sie plausibel erscheinen oder nicht – immer kritisch zu reflektieren. Zurück zu den Ergebnissen: Nach dem Zweiten Weltkrieg gab es einen Anstieg der Namen aus einem anderen (insbesondere dem angloamerikanischen und romanischen) Kulturkreis (übrigens auch in der DDR). Gerhards führt dies unter anderem auf den Einfluss des Fernsehens zurück. Als relativ wandlungsresistent erwiesen sich geschlechtsspezifische Unterschiede (z. B. eine stärkere Traditionsgebundenheit bei Jungennamen).

Als Erklärungsfaktoren für diese Entwicklungen nennt Gerhards unter anderem Veränderungen der Sozialstruktur (z. B. die Bildungsexpansion) und des politischen Systems.

Zusammengefasst zeigt Gerhards die Prägung des »Mikrophänomens« Vornamensgebung durch kulturelle Orientierungen und ihren Wandel anhand verschiedener Indikatoren auf. Er beschreibt nicht allein den Wandel der Vornamen in verschiedenen Hinsichten, sondern verknüpft diesen auch mit »plausibilisierenden« Erklärungen. Es gibt die oben geschilderten Einschränkungen sowohl des Erklärungsanspruchs als auch bezüglich methodischer Details. Diese Grenzen der Reichweite werden teilweise selbstreflexiv in der Studie genannt, zum Teil sind die Leser aufgefordert und durch die systematische Darstellung auch in der Lage, selbst über die Grenzen der Aussagekraft, die jede empirische Untersuchung hat, nachzudenken.

2.2 Der Prozess der Zivilisation: Affektregulierung und Informalisierung

Literatur:
Wouters, Cas (1999): Informalisierung. Norbert Elias' Zivilisationstheorie und Zivilisationsprozesse im 20. Jahrhundert, Wiesbaden
Elias, Norbert (1976): Über den Prozess der Zivilisation. Soziogenetische und psychogenetische Untersuchungen, 2 Bände, Frankfurt am Main (zuerst 1939)

2.2.1 Thema und erklärender Anspruch

Norbert Elias schrieb bereits in den 1930er Jahren ein Buch über den »Prozess der Zivilisation«, in dem es um langfristige Veränderungen des menschlichen Verhaltens, der Empfindungen und Affekte ab dem 15. Jahrhundert geht. Genauer handelt es sich um den Wandel von »Außenzwängen« in »Innenzwänge«, damit um eine zunehmende Affektkontrolle –z. B. nahmen Peinlichkeitsgefühle zu – und um eine Verfeinerung der Sitten und Verhaltensstandards. Elias untersuchte hierzu unter anderem Etikette- und Anstandsbücher aus dem 15. bis 19. Jahrhundert darauf hin, was sie an Verhaltens- und Umgangsweisen vorschrieben, z. B. das Essen und Trinken betreffend (beispielsweise galt es ab einem bestimmten Zeitpunkt nicht mehr als sehr fein, auf den Tisch zu spucken).

Elias bleibt nicht bei der Beschreibung dieser Veränderungen stehen, sondern stellt sie in einen umfassenden gesellschaftstheoretischen Zusammenhang. Unter anderem führen Differenzierungsprozesse wie die zunehmende Arbeitsteilung dazu, dass die Handlungen der Akteure immer stärker aufeinander bezogen sind. Aus dieser Interdependenz folgt wiederum, dass die Menschen eine gleichmäßigere und stabilere Verhaltenssteuerung ausbilden, ihre Affekte beherrschen, längerfristig planen etc. Diese Entwicklung geschieht nicht in einem herrschaftsfreien Raum, sondern ist durchaus mit Macht- bzw. Abhängigkeitsverhältnissen eng verknüpft (vgl. dazu insbesondere Band 2 des Buches von Elias).

Die Zivilisationstheorie Elias' bildet auch die Basis für Wouters' Ansatz. Er beobachtet jedoch für das 20. Jahrhundert, dass die Menschen in vielen Situationen lockerer miteinander umgehen und häufiger über ihre Gefühle sprechen – was scheinbar einen Widerspruch zur Zivilisationstheorie bedeutet, nach der die Kontrolliertheit zunimmt. Eine besondere »Informalisierungs«-Welle vollzog sich dabei in den 1960er und 1970er Jahren, z. B. ist das Verhältnis zwischen den Geschlechtern informeller geworden und auch die Möglichkeiten des Umgangs mit Trauer sind flexibler geworden (z. B. muss man nicht für eine bestimmte Zeitspanne dunkle Kleidung tragen). Andererseits gibt es Anzeichen von Re-Formalisierungen seit den 1980er Jahren. Wouters fragt nun, ob und wie diese Veränderungen mit Elias' Zivilisationstheorie in Einklang zu bringen sind. In den Rahmen dieser Überlegungen gehört es auch, ebenfalls nach dem Zusammenhang zwischen dem Wandel von Machtverhältnissen und (In-)Formalisierungsprozessen zu fragen.

2.2.2 Methoden

Wie bei Elias basieren auch Wouters' empirische Analysen auf einer (sich für historische Vergleiche anbietenden) Inhaltsanalyse, und zwar von Etikettebüchern im Zeitvergleich. Er zieht jedoch zusätzlich andere Quellen (bzw. Ergebnisse empirischer Analysen anderer Autoren) heran wie Ratgeber-Rubriken in einer Illustrierten oder ministerielle Stellungnahmen und Berichte (z. B. zum Thema sexuelle Gewalt). Wouters geht es in erster Linie um die Ausformulierung seiner These, er zieht die empirischen Ergebnisse daher oft ein wenig illustrativ heran und geht nicht detailliert auf die methodischen Forschungsschritte ein. Umso wichtiger ist es für die Leser, zwischen den Zeilen zu lesen und nachzuvollziehen, inwiefern hier eine methodisch sorgfältig durchgeführte Studie vorliegt und welchen empirischen Anspruch sie formuliert. Wouters' Untersuchung wurde hier weniger als Beispiel gewählt, um die Abfolge methodischer Schritte zu demonstrieren, sondern um einige – nicht: alle nur möglichen – Ansätze dafür aufzuzeigen, wie man sich der Fragestellung Wouters' empirisch nähern kann.

Im Einzelnen prüft Wouters beispielsweise,

- wie viele Anstandsbücher (neu oder in neuer Auflage) in den Niederlanden zwischen 1930 und 1985 erschienen sind;
- welche inhaltlichen Unterschiede es im Zeitverlauf gibt: unter anderem zu den Themen Umgang zwischen den Geschlechtern und zwischen unterschiedlichen »sozialen Kreisen«, aber auch zum Sprachgebrauch: Hochsprache vs. Dialekt, Trauersitten etc.;
- wie sich die offizielle Haltung des Staats zum Thema sexuelle Gewalt und Einschüchterung im Zeitverlauf darstellt; dies geschieht anhand dreier ministerieller Berichte und einer ministeriellen Stellungnahme im Vergleich 1931 und den 1980er Jahren;
- welche Art von Ratschlägen die Rubrik »Margriet weiß Rat« in einer Illustrierten 1954 und 1974 gibt;
- welche Anforderung die Tätigkeit als Stewardess an eine »Emotionsregulierung« stellt; mit Bezug auf eine Untersuchung A.R. Hochschilds interviewte Wouters zu Vergleichszwecken acht niederländische Stewardessen.

2.2.3 Ergebnisse

Zunächst einige Ergebnisse zu den Einzelaspekten:

- Von 1930 bis in die Mitte der 1960er Jahre erschienen recht viele Anstandsbücher, zwischen 1966 und 1979 gab es nur ein neues Buch und eine Neuauflage, schließlich nahm das Interesse an Manierenbüchern ab den 1980er Jahren wieder zu, so erschienen allein 1982/1983 neun Bücher. Die geringe Anzahl von Veröffentlichungen zwischen 1966 und 1979 bestätigt die Informalisierungs-»Welle« in den 1960er und 1970er Jahren.
- Inhaltlich fällt auf, dass neuere Re-Formalisierungen nicht auf das Niveau der vorigen Formalisierheit »zurückfallen«, ein langfristiger Informalisierungstrend also nach Wouters erkennbar ist. Beispielsweise setzt sich ein Anstandsbuch sowohl von früherer »übertriebener Förmlichkeit« wie von »lässiger Nonchalance« ab (Wouters 1999: 116). Toleranz gegenüber Verhaltensvarianten, Situationsbezogenheit von Regeln und ein Bewusstsein für die Veränderlichkeit von Anstandsvorstellungen sind ebenfalls eher neuere Tendenzen. Zudem ist ein Geschlechtsrollenwandel klar erkennbar: Frauen gelten als gleichrangig, müssen nicht mehr z. B. »beschützt« werden etc. Die Informalisierung der Trauer zeigt sich beispielsweise darin, dass es zunehmend legitim ist, individuelle Formen der Trauer auszudrücken, was auch heißt, dass Trauer nicht an Äußerlichkeiten, z. B. schwarzer Kleidung, festzumachen ist.
- Die staatlichen Berichte zeigen ebenfalls die Zunahme von Gleichheitsidealen und gleichzeitig des Erfordernisses der Selbstregulierung, der Aushandlung unter Beteiligten.
- Die Ratgeberrubrik wandelt ihre Haltung so, dass aus dem Ratschlag, man solle Regeln beachten und seine Emotionen zügeln, der Hinweis wird, seine Gefühle zu äußern. Am Beispiel des Verhältnisses zum Arbeitgeber wird demonstriert, dass dieser Wandel auch Ausdruck eines abnehmenden Machtgefälles ist: Konnte man sich in den 1950er Jahren laut »Margriet« nur fügen oder kündigen, darf man später Gefühle – kontrolliert – äußern (Wouters 1999: 59 f.).
- Für Stewardessen hat die Möglichkeit für Verhaltensalternativen und akzeptierte Emotionsregulierungen ebenfalls zugenommen, eine »unterwürfige« Haltung, z. B. gegenüber Passagieren, ist überholt.

An dieser Stelle sind nicht alle Facetten und auch nicht alle bei Wouters angeführten Beispiele für Informalisierung das zentrale Thema. Zusammenfassend lässt sich jedoch sagen, dass Informalisierung und der Zivilisationsprozess sich nicht widersprechen, da auch Informalisierung mit einem erhöhten Maß an Selbstkontrolle einhergeht: Es gibt z. B. weniger feste Regeln im Umgang von Männern und

Frauen. Umso mehr sind die Individuen selbst dafür verantwortlich, bestimmte Grenzen nicht zu überschreiten, den anderen nicht zu verletzen etc. »Die Regeln selbst zu wollen, das impliziert ein höheres Niveau von Selbstzwang. Wer die Regeln in eigene Regie nimmt, kann ihnen geschmeidiger und nuancierter nachkommen« (Wouters 1999: 107). Informalisierung geht zudem tendenziell mit einer Abnahme von Machtdifferenzen einher.

Diese Ergebnisse werden empirisch untermauert, doch hat Wouters nicht den Anspruch, eine systematische und repräsentative Inhaltsanalyse bzw. eine repräsentative Befragung von Stewardessen durchzuführen. Sowohl hinsichtlich der Quellenauswahl/Datenerhebung als auch ihrer Auswertung verwendet er empirische Ergebnisse eher illustrativ zur Bekräftigung seiner These. In dieser Funktion erscheint der empirische Bezug allerdings durchaus plausibel.

2.3 Klassenzugehörigkeit und Geschmack

Literatur: Bourdieu, Pierre (1982): Die feinen Unterschiede. Kritik der gesellschaftlichen Urteilskraft, Frankfurt am Main, 9. Auflage der TB-Ausgabe 1997 (frz. Original 1979)

2.3.1 Thema und erklärender Anspruch

Bourdieu hinterfragt die im Alltag geläufige Annahme, dass der Geschmack, z. B. bei der Kleidung, der Musik oder Möbeln, allein auf die individuellen Vorlieben zurückgeht und dass man mit seinem Geschmack einen ganz individuellen Lebensstil ausdrückt. Stattdessen geht er davon aus, dass die Klassenzugehörigkeit einen bestimmten Habitus, also eine Grundhaltung mit spezifischen Wahrnehmungsweisen und Handlungsmustern mit sich bringt, der wiederum auch den »individuellen« Geschmack prägt. Dies bedeutet nicht Determinismus, also dass etwa alle Angehörigen einer Klasse hundertprozentig übereinstimmende Vorlieben haben; der Habitus steckt eher einen Rahmen der Möglichkeiten ab. Diese Prägung muss den Einzelnen nicht bewusst sein, nichtsdestoweniger besteht dieser Zusammenhang – so die Theorie Bourdieus –, und somit ist der Einfluss sozialer Ungleichheiten auf alle Bereiche auch des Alltagslebens nach wie vor groß. Die »feinen Unterschiede« symbolisieren die »groben« sozialen Ungleichheiten. Dabei konzeptioniert Bourdieu die Klassenzugehörigkeit recht komplex, so spielen neben dem ökonomischen Kapital das kulturelle Kapital (Wissen, Bildungstitel, kulturelle Güter) sowie das soziale Kapital (die richtigen »connections«) eine wichtige Rolle.

Die herrschenden Klassen haben dabei die Macht, ihre »Kultur« als die »legitime« zu definieren und sich durch ihren entsprechenden Lebensstil von den unteren Klassen abzugrenzen.

Die Untersuchung hat den Anspruch, ein theoretisches Konzept (das an dieser Stelle nur höchst verkürzt dargestellt wird, vgl. ausführlich z. B. Fuchs-Heinritz/König 2005) zur sozialen Ungleichheit vorzulegen, das einerseits den fortbestehenden Einfluss sozialer Klassen aufzeigt, andererseits aber auch soziale Entwicklungen der letzten Jahrzehnte berücksichtigt, die zu mehr Differenzierung und Wahlfreiheiten für die Einzelnen geführt haben. Zudem verknüpft das Konzept wiederum eine strukturelle Makro-Ebene (die sozialen Klassen) durch den Habitus mit der Mikro-Handlungsebene (Lebensstil und Geschmack):

Soziale Position (Klasse) → Habitus → Lebensstil/Geschmack

Dieses theoretische Konzept untermauert Bourdieu durch eine empirische Untersuchung.

2.3.2 Methoden

Dabei kommt ein *Methodenmix* zum Einsatz: Zum einen wurden (in den 1960er Jahren in Frankreich) nach einer Vorerhebung mittels Intensivinterviews und Beobachtungen über eintausend Personen mit einem standardisierten Fragebogen befragt, zum anderen hatten die Interviewer auch die Aufgabe, bestimmte (standardisierte) Beobachtungen durchzuführen, und schließlich zog Bourdieu zahlreiche Daten zur Sekundäranalyse (die Nutzung bereits existierender Datensätze, vgl. Kap. 4.4) heran. Im Einzelnen ging es in dem Fragebogen um Vorlieben bei der Wohnungseinrichtung, Kleidung, Musik, Küche, Lektüre, Film, Malerei, Rundfunksendungen etc. (zur Erhebung des Lebensstils und Geschmacks), außerdem um Angaben zum Beruf, Einkommen und andere sozioökonomische und -demografische Angaben (zur Erhebung der sozialen Position). Beispielsweise sollten die Befragten ihre Möbel einem Stil zuordnen (modern, antik oder rustikal) und Attribute für die Wunscheinrichtung vergeben (z. B. komfortabel oder pflegeleicht), ebenso dafür, wie sie sich am liebsten kleiden. Sie wurden dazu befragt, welche Art Bücher sie gern lesen bzw. welche Art Filme sie gern schauen, welche Filme aus einer Liste sie gesehen haben und welche Musikstücke sie kennen etc. Etwa die Hälfte der Befragten kam aus Paris, die andere aus der »Provinz«.

Die Beobachtung umfasste die Dimensionen Wohnverhältnisse, Kleidung, Frisur und Sprache (der Befragten), z. B. »Schuhe von Frauen: mit hohen Absätzen, mit flachen Absätzen, Hausschuhe« (vgl. Kap. 4.2).

Bei der Sekundäranalyse bezog Bourdieu sich unter anderem auf Daten des INSEE (»Institut national de la statistique et des études économiques«, es entspricht in etwa dem Statistischen Bundesamt) zu den Bereichen Haushaltseinkommen, Ausbildung und berufliche Qualifizierung, Lebensbedingungen und Verbrauch in Haushalten sowie Freizeitverhalten (eine vollständige Auflistung der Sekundärdaten befindet sich in Bourdieu 1982: Anhang II).

Bei der *Auswertung* verwendete Bourdieu neben anderen Verfahren (wie der Erstellung von Kreuztabellen) eine Methode, die seitdem mit dieser Arbeit oft eng verknüpft wird: die Korrespondenzanalyse. Charakteristisch ist hier eine grafische Darstellung in Form eines Koordinatensystems, bei dem räumlich nah beieinander liegende Merkmale auch tatsächliche Ähnlichkeiten und Zusammenhänge symbolisieren (genauer zur Anwendung und Interpretation s. Blasius 2001, Blasius/Georg 1992). Am Beispiel der Nahrungsmittel ließ sich etwa zeigen, dass gehobene Klassen eher Rind, Fisch und Obst, insgesamt feine und leichte Speisen bevorzugten, untere Klassen eher Wurstwaren, Schweinefleisch und Brot, insgesamt eher fette, schwerere Kost.

Bourdieu reflektiert auch die Grenzen seines methodischen Vorgehens (1982: Anhang I). Etwa waren in der Auswahl der Befragten die Ober- und Mittelklassen gegenüber der Arbeiterklasse überrepräsentiert. Der Fragebogen konnte für die einzelnen Bereiche (z. B. Musik) jeweils nur wenige Fragen und dazu nur wenig über die Art und Weise von Praktiken enthalten (tut man etwas gelangweilt oder leidenschaftlich, demonstrativ oder unauffällig etc.?), die Fragen der sekundäranalytisch untersuchten Befragungen passten oft nur unvollkommen zu Bourdieus eigener Fragestellung etc.

2.3.3 Ergebnisse

Bourdieu arbeitet drei soziale Klassen (mit Differenzierungen, von denen hier abgesehen wird) mit einem jeweils eigenen Geschmack heraus:

- Die herrschende Klasse hat den »legitimen Geschmack«, der sich durch Sinn für Abgrenzung (Distinktion) und teilweise durch Vorliebe für Luxusartikel auszeichnet.
- Die Mittelklasse oder das Kleinbürgertum hat einen »prätentiösen« Geschmack und eifert den oberen Klassen nach (durch Kultur- und Bildungsbeflissenheit),

ohne jemals deren Selbstsicherheit oder Gelassenheit erlangen zu können. Der Kleinbürger ist der typische Abnehmer von Massenkultur.

- Der Notwendigkeitsgeschmack der unteren Klassen schließlich orientiert sich am Praktischen. Sie haben nicht etwa eine angeborene Unfähigkeit (z. B. der ästhetischen Wahrnehmung), ihnen fehlt vielmehr kulturelles und ökonomisches Kapital.

Ein Beispiel für die Ergebnisdarstellung einer Korrespondenzanalyse zur Veranschaulichung von Geschmacksrichtungen zeigt Abbildung 2.3 (siehe Abbildung auf der folgenden Seite). Es geht dabei nicht darum, die Methode der Korrespondenzanalyse aufgrund der Grafik vollständig nachzuvollziehen, sondern darum, grobe Zuordnungen vornehmen zu können. Beispielsweise bevorzugen insbesondere Menschen mit hoher Kapitalausstattung Impressionisten, und vor allem jene, deren kulturelles Kapital tendenziell höher ist als ihr ökonomisches Kapital.

Sowohl Bourdieus theoretischer Ansatz als auch die empirische Untersuchung sind eingehend in Deutschland diskutiert worden. Im Rahmen der sozialen Ungleichheit wird das Konzept sehr ernst genommen – unter anderem scheint es Schwächen einiger anderer Ansätze zu umgehen –, jedoch andererseits nicht unkritisch betrachtet. Ob und wie die empirischen Ergebnisse auf Deutschland zu Beginn des 21. Jahrhunderts übertragbar sind, ist eine eher offene und nicht einfach zu klärende Frage. Blasius und Winkler hatten 1989 eine bedingte Übertragbarkeit auf Deutschland konstatiert, bestimmte Milieuansätze (Vester et al. 2001) übernehmen Teile von Bourdieus Konzept, Teilüberschneidungen z. B. zu Lebensstilanalysen gibt es häufig. Eine neuere systematische Aktualisierung ist mir nicht bekannt, wäre jedoch sicherlich ein interessantes Unterfangen.

Nach diesem ersten Einblick in die Anwendung quantitativer empirischer Methoden in den Kulturwissenschaften soll es im Folgenden um die Frage gehen, welche Forschungslogik und welcher Forschungsablauf für diese Methoden charakteristisch sind. Damit stehen im nächsten Kapitel die methodischen Prinzipien hinter den empirischen Untersuchungen im Zentrum der Aufmerksamkeit.

Übungsaufgabe

Recherchieren Sie drei weitere empirische Untersuchungen mit einer kulturwissenschaftlichen Fragestellung.

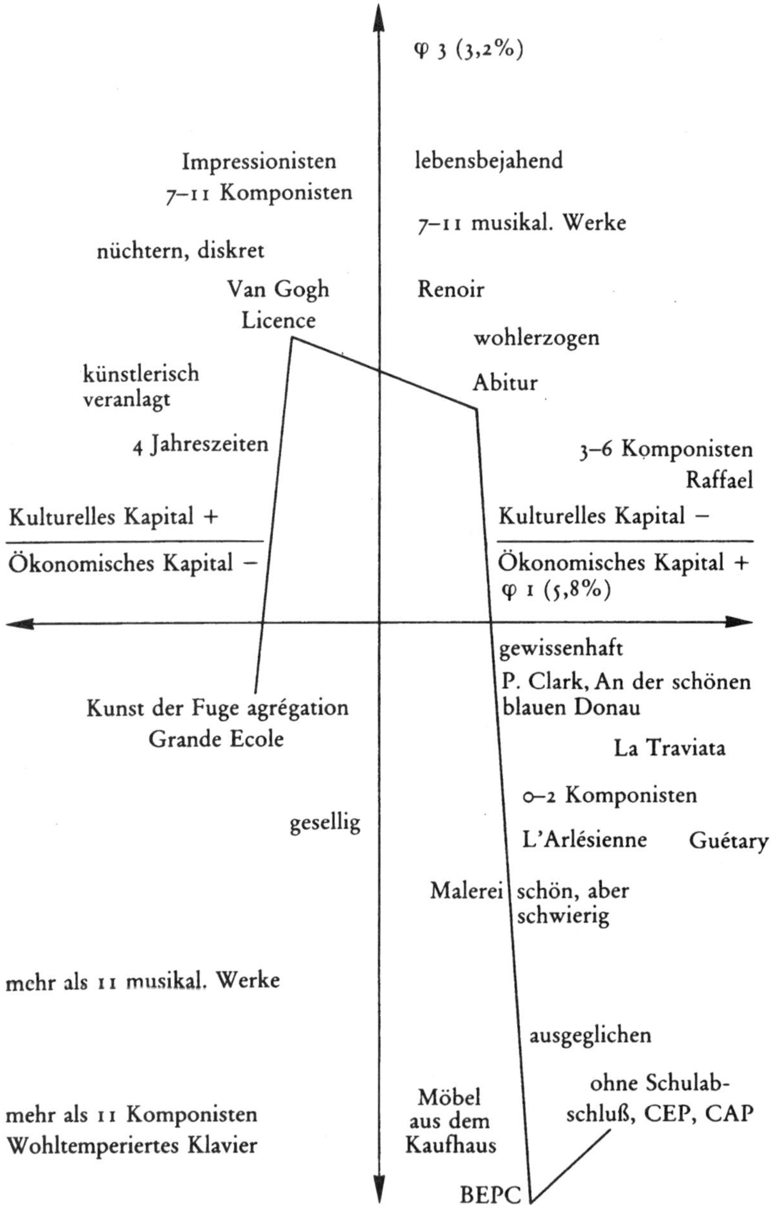

Abb. 2.3: Varianten des herrschenden Geschmacks
Korrespondenzanalyse. Vereinfachte Darstellung der 1. und 3. Trägheitsachse (Bourdieu 1982: 414)

3. Der quantitative Forschungsprozess: Logik und Forschungsschritte

3.1 Die Logik quantitativer Forschung

Was ist das Charakteristische an der quantitativen Forschungstradition, die sich als einer der beiden Hauptstränge »quantitativer« und »qualitativer« Forschung herausgebildet hat und sich von der »anderen« Seite nicht selten strikt abgrenzt (wie auch umgekehrt)? Spontane Eindrücke von Studienanfängern könnten hier lauten, dass es um Zählen und Rechnen gehe. Wenn jemand mit Zahlen arbeitet, reine Häufigkeiten von etwas betrachtet, forsche er quantitativ, wenn er sich aber dann, in die Tiefe gehend, den Inhalten zuwende, sei er ein qualitativ Forschender. Diese Ansicht ist arg verkürzt, man könnte auch sagen, *falsch*! Im Folgenden sollen demgegenüber die eigentlichen Charakteristika der quantitativen Forschung vorgestellt werden, die sich vor allem durch eine bestimmte Forschungslogik auszeichnen.

- Ein wichtiges Merkmal der quantitativen Forschungslogik besteht darin, dass sich die Forscher *vor* der Datenerhebung genau überlegen, was sie wissen möchten. Im Zuge eines relativ *linearen Forschungsablaufes* präzisieren und strukturieren sie ihre Forschungsfrage, »übersetzen« die Frage in ein Instrument zur Datenerhebung (z. B. in einen Fragebogen oder ein Kategoriensystem für eine Inhaltsanalyse), erheben die Daten und werten sie gemäß ihrer Systematik aus. Beispielsweise prüfen sie, ob die Daten ihre Hypothesen bestätigen oder widerlegen. Hier handelt es sich natürlich um eine idealtypische Darstellung. Nichts hindert einen Forscher daran, z. B. anhand seiner schon erhobenen Daten eine Idee für eine neue Hypothese zu bekommen und diese Hypothese mitsamt Prüfung quasi nachträglich hinzuzufügen. Das funktioniert aber nur dann, wenn er zuvor die für die Hypothesenprüfung notwendigen Daten erhoben hat.
  Ein Forscher, der z. B. etwas über Geschmack erforschen möchte, überlegt sich vorher, welche Dimensionen (z. B. Wohnungseinrichtung) und Ausprägungen (z. B. modern oder gutbürgerlich – mit entsprechenden Definitionen) Geschmack haben könnte. Auch ist vorab zu bedenken, von welchen Faktoren Geschmack beeinflusst sein könnte, z. B. vom Geschlecht oder der sozialen Herkunft.
  Mit anderen Worten: Der Forschungsablauf folgt einer vorgegebenen Systematik, die dafür sorgt, dass sich die Daten auf die Hypothesenprüfung (bzw. auf

die Beantwortung konkreter Fragestellungen) richten – und nicht etwa allein Datenfriedhöfe entstehen. Charakteristisch ist es folglich, dass der Forscher zunächst Daten erhebt und sie anschließend auswertet.

- Der Forscher kann sich an ein gewisses *Regelgerüst* des Forschungsablaufs halten. Das entbindet ihn nicht davon, ständig Entscheidungen zu treffen und zu begründen. Für mindestens einige dieser Entscheidungen wird es höchstens allgemeine Faustformeln als Hilfestellungen geben, keine klaren Anweisungen aus dem Methodenlehrbuch. So muss er etwa überlegen, welche Aspekte seiner Fragestellung besonders relevant sind und daher weiter zu verfolgen sind (das ist eher eine theoretische als methodische Frage). Oder er muss klären, ob alle fünf Fragebogenfragen zum Thema »Musikgeschmack« in einer Befragung das gleiche Gewicht haben oder nicht. Andererseits gibt es zumindest Hilfestellungen durch Regeln, z. B. Aspekte, die man bei Formulierungen im Fragebogen berücksichtigen sollte, bekannte Vor- und Nachteile verschiedener Auswahlverfahren oder Anwendungsbereiche statistischer Auswertungsprozeduren.
- Die Regelgeleitetheit spiegelt sich auch in typischerweise *standardisierten* Datenerhebungsinstrumenten wider. Dies bedeutet beispielsweise bei einer Befragung, dass die Formulierungen der Fragen, ihre Reihenfolge und ebenso (in den meisten Fällen) die Antwortkategorien vorgegeben sind (vgl. Kap. 4.3). Ein Interviewer soll die Fragen nicht nach seinem individuellen Stil oder angepasst an die Befragten eigenmächtig verändern, sondern die Frage soll für alle Befragten gleich sein. So sind die Antworten besser miteinander vergleichbar. Zwar lässt sich darüber diskutieren, ob tatsächlich alle Befragten unter der gleichen Frage auch das Gleiche verstehen. Dies sollte der Forscher durch eindeutige Frageformulierungen so weit wie möglich sicherstellen. Zudem erscheint der Fehler geringer, der durch dann immer noch subjektive Deutungen der Befragten entsteht, als der Fehler, der entsteht, wenn der Interviewer seine persönliche Erläuterung der Frage gibt und damit z. B. bestimmte Antworten nahe legt. Die Standardisierung ermöglicht nach dieser Logik also eine unmittelbare Vergleichbarkeit der Daten und trägt auch – so die Intention – zur (nie vollständig erzielbaren) Objektivität der Forschung bei. Bei der Beobachtung und der Inhaltsanalyse als weiteren wichtigen Erhebungsinstrumenten äußert sich die Standardisierung darin, dass ein Beobachtungsplan bzw. Kategoriensystem mit feststehenden Ausprägungen die Erhebung leitet (vgl. Kap. 4.1 und 4.2). Diese Standardisierung ist typisch für die quantitative Forschungslogik. Es ist jedoch auch möglich, nicht-standardisiert erhobene Daten (z. B. die Transkription eines offenen Interviews) quantitativ zu analysieren. Das entspricht dann einer Inhaltsanalyse des transkribierten Gesprächs nach quantitativer Logik.

- Noch ein weiteres Charakteristikum bringt der relativ lineare Forschungsablauf mit sich, und zwar geht es in Untersuchungen in der Regel darum, Hypothesen oder sogar *Theorien empirisch zu prüfen* (z. B. »der Geschmack hängt von der Klassenzugehörigkeit ab«) *oder Phänomene näher zu beschreiben* (z. B. das Verhalten von Besuchern eines Theaters und eines Fußballstadions im Vergleich).

Weniger zentral ist es, regelgeleitet Theorien zu entwickeln. Woher der Forscher seine Hypothesen hat, durch eine Idee bei der Zeitungslektüre oder beim Gespräch mit Freunden, durch ein soziales Problem, das in seiner Heimatstadt offenkundig wird, durch die Lektüre von Theorien und bereits vorliegenden Studien zu einem ihn interessierenden Thema, durch den Auftrag einer Organisation o. Ä. – das ist für die quantitative Forschung weniger zentral. Im Vordergrund steht die Prüfung von Hypothesen. Diese können unterschiedlichen Gehalt oder Informationswert haben. Wenn ich widerlege, dass alle Studierenden faul sind, ist das ein schönes Ergebnis, aber allzu viel an Informationen habe ich noch nicht gewonnen. Die Aussagekraft ist z. B. höher, wenn ich Ursache-Wirkungs-Zusammenhänge ausmachen kann, im Beispiel: Unter welchen Bedingungen sind Studierende fleißig? Gilt das für alle Studierende oder nur in einem bestimmten Fach, einer bestimmten Nation etc.?

EXKURS ZUR WISSENSCHAFTSTHEORIE: Die Vorgehensweise der Hypothesenprüfung folgt wissenschaftstheoretisch betrachtet einer *deduktiven Logik.* Der Forscher schließt vom Allgemeinen (der Hypothese, Theorie) auf das Besondere (die Einzelfälle). In den Naturwissenschaften ist diese Logik weniger umstritten als in den Kultur- und Sozialwissenschaften, weil Forscher dort oft Gesetze aufstellen können. Äpfel fallen vom Baum auf den Boden aufgrund der Schwerkraft. Dies gilt dann für jeden Apfel, den ich beobachte, d. h. der Forscher schließt vom Gesetz auf den einzelnen Apfel. Bei sozialen und kulturellen Phänomenen und Prozessen sind Zusammenhänge weniger deterministisch. Wenn etwa Frauen in der Regel eine längere Lebenserwartung als Männer haben, bedeutet das nicht, dass jede Frau länger lebt als ihr gleichaltriger Partner. Die deduktive Logik ist hier also nur als idealtypisch anzusehen. Dennoch gilt sie als Prinzip der quantitativen empirischen Methoden: Der Forscher prüft eine allgemeine These an Einzelfällen. Die Empirie kann die These – ein methodisch sauberes Vorgehen vorausgesetzt – bestätigen. Oder sie kann sie widerlegen, »*falsifizieren*«. In diesem Fall muss der Forscher die Hypothese modifizieren, sofern weitere Forschungen zum Thema geplant sind. Wenn die These bestätigt wird, kann er sie unter »härteren« Bedingungen weiter testen, z. B. mit einem größeren Geltungskreis (etwa nicht nur in Bayern, sondern in Deutschland, nicht nur für 20- bis 40jährige, sondern auch andere Altersgruppen).

Nach dem Ansatz des »Kritischen Rationalismus«[2], der diese Forschungslogik vertritt, lassen sich Hypothesen (insbesondere in Form von All-Aussagen, z. B. »Alle Studenten sind fleißig«) nicht verifizieren, d. h. als wahr beweisen, weil nie alle denkbaren Fälle, Orte und Zeitpunkte untersucht werden können. Für eine Falsifikation ist dagegen nur ein einziger widersprüchlicher Fall notwendig. Aus der Falsifikation von Theorien – oder andererseits ihrer Bewährung, insofern eine Hypothese nicht widerlegt wurde – lassen sich aus dieser Sicht eindeutigere Erkenntnisse gewinnen als aus einem Versuch der Verifikation.

Aus den Studien im vorigen Kapitel kann folgendes Vorgehen als Beispiel für die Deduktion dienen: Gerhards stellte die These auf, dass die Vergabe von Vornamen aus dem christlichem Kulturkreis nachlässt. Dies prüfte er an konkreten Fällen aus Standesamtsregistern. Die These war nicht so streng formuliert, dass ein einziger christlicher Name sie widerlegt (falsifiziert) hätte. Eine deutliche Abnahme genügte, damit sie als vorläufig bestätigt galt.

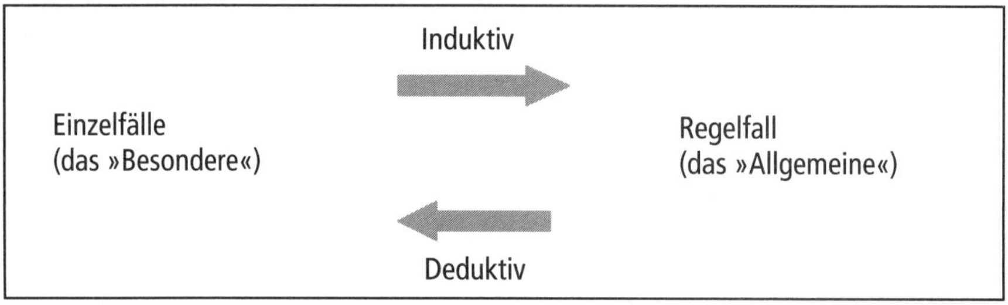

Abb. 3.1: Induktive und deduktive Forschungslogik

Das Gegenstück zur deduktiven ist die induktive Logik; hier schließt der Forscher vom Besonderen, von Einzelfällen, auf das Allgemeine, auf eine Gesetzmäßigkeit oder zumindest Regelhaftigkeit. Angenommen, er hat festgestellt, dass viele Frauen jünger sind als ihr Partner, würde er induktiv schließen, dass es sich hier um eine Regelhaftigkeit handelt.

- Nach der standardisierten Erhebung von Daten folgt typischerweise die Auswertung mit Hilfe statistischer Verfahren. Tabellen, grafische Darstellungen, Prozentangaben, Mittelwerte und andere Maßzahlen gehören hierzu. Wichtig ist, dies sei nochmals betont, dass der Forscher die Ergebnisse systematisch auf die zuvor erarbeiteten Hypothesen oder Dimensionen des Themas rückbezieht. Gerade anhand statistischer Software lassen sich andernfalls schnell viele Be-

2 Wichtige Vertreter dieser Richtung sind Karl R. Popper und Hans Albert.

rechnungen und Darstellungen produzieren, die dann doch zum ungewollten Datenfriedhof führen können.

Der »Verlust«, der sich durch statistische Zusammenfassungen an Informationen über Einzelpersonen ergibt, führt andererseits zu einem Informationsgewinn, und zwar gewinnt der Forscher Informationen über Gruppen bzw. Regelmäßigkeiten. Es geht beispielsweise nicht darum, welchen Musikgeschmack die 37. befragte Person hat, sondern darum, wie groß der Anteil von Menschen mit diesem Musikgeschmack innerhalb einer Bevölkerungsgruppe ist und mit welchen soziostrukturellen Merkmalen diese Geschmacksrichtung typischerweise verbunden ist.

- Mit diesem Ziel geht es einher, dass die quantitative Forschungslogik oft mit der Untersuchung *vieler Fälle* verbunden ist, z. B. vieler Befragter oder vieler Quellen. So kann sie den Blick auf Regelhaftigkeiten, Häufigkeitsanteile, häufig zusammen auftretende Merkmalskombinationen (z. B. auf »hohes Einkommen« und einen bestimmten Musikgeschmack) etc. richten anstatt auf individuelle Besonderheiten. Oft sollen die untersuchten Fälle darüber hinaus repräsentativ sein, das heißt, sie sollen für eine noch größere Anzahl von definierten Fällen stehen und damit einen möglichst hohen Allgemeinheitsgrad erreichen. Der Forscher will etwa nicht nur etwas über 300 Befragte aussagen, sondern über seine Zielgruppe, z. B. Jugendliche in Großstädten insgesamt. Ob man repräsentative, verallgemeinerbare Ergebnisse erzielt, ist unter anderem eine Frage des Auswahlverfahrens (dazu Kap. 5).

Die folgende Tabelle fasst in der linken Spalte die Merkmale der quantitativen Forschungslogik nochmals zusammen. Es wird deutlich, dass diese Merkmale zwar auch den Umgang mit Zahlen beinhalten (z. B. durch die Anwendung statistischer Verfahren), sich aber keineswegs darin erschöpfen.

Die rechte Spalte zeigt spiegelbildlich die Charakteristika qualitativer Forschungslogik, die in dieser Einführung nicht vertieft werden können (s. dazu z. B. Brüsemeister 2000, Flick 1995). Typisch dafür sind unter anderem nicht standardisierte Erhebungsinstrumente (offene Interviews in Gesprächsform, unstrukturierte Beobachtung etc). Ein wichtiger Aspekt besteht darin, dass der Forscher offen an die Fragestellung herangeht. Dies bedeutet nicht, dass er gar nicht erst eine Fragestellung formulieren und überlegen müsste. Aber er ist offen z. B. für Kategorien, die sich erst aus dem Material ergeben, die er nicht durch Vorab-Überlegungen bereits vor der Erhebung festgelegt hat. Entsprechend besteht ein häufiges Ziel qualitativer Verfahren darin, ein theoretisches Konzept zu entwickeln (nicht zu prüfen), das zugleich bereits auf empirische Daten bezogen ist.

Nun geht es nicht darum, sich zu entscheiden, welche Forschungslogik man prinzipiell »besser« findet. Vertreter der beiden Richtungen haben verschiedene

Quantitative Methoden	**Qualitative Methoden**
Eher linearer Forschungsablauf; u. a. Klärung *vor* der Datenerhebung, was man wozu erhebt → Ergebnisse können Hypothesen oder Forschungsfragen zugeordnet werden	Eher nicht-linearer Forschungsablauf; u. a. Offenheit für Aspekte, die sich während der Forschung ergeben, z. B. Prioritäten der Befragten; »objektive« Aspekte werden durch subjektive Deutungen gefiltert, auch der Kontext ist wichtig
Relativ striktes Regelgerüst der Forschungsschritte; Offenlegung konkreter Schritte	Regeln sind recht allgemein, Offenlegung aller Schritte wichtig
Oft beschreibend oder erklärend	Oft beschreibend oder theorieentwickelnd
Oft standardisierte Erhebungsinstrumente	Nicht-standardisierte Erhebung
Trennung von Datenerhebung und Auswertung	Trennung dieser Schritte nicht unbedingt, auch Hin-und-her-Bewegung möglich
Auswertung oft mit statistischen Verfahren	Statistik untypisch
Basis: viele Fälle	Basis: relativ wenige Fälle
Meist statistische Repräsentativität angestrebt	Kein Anspruch auf Repräsentativität, Verallgemeinerung durch Typenbildung oder Erkennen einer allgemeinen Struktur am Einzelfall

Tab. 3.1: Die Forschungslogik quantitativer und qualitativer Methoden im Vergleich

Vorwürfe gegen die jeweils andere Richtung vorgetragen. So pauschal stimmen sie jedoch auf beiden Seiten nicht. Weder ist beispielsweise die qualitative Forschung per se »lebensnäher« (bzw. in diesem Ziel erschöpft sich die Forschung nicht), noch ist z. B. die quantitative Forschung per se aussagekräftiger auf der Basis statistischer Repräsentativität. Somit ist keine Forschungsrichtung der anderen grundsätzlich überlegen, sie haben zum einen ihre jeweiligen Anwendungsbereiche – je nach der Art der Forschungsfrage –, zum anderen gibt es außerdem Mischformen quantitativen und qualitativen Vorgehens (zum einführenden Vergleich qualitativer und quantitativer Forschung vgl. Seipel/Rieker 2003; ein Integrationsversuch in der Anwendung findet sich z. B. bei Kluge/Kelle 2001).

Typische Fragearten der quantitativen Forschung richten sich – ganz grob betrachtet – auf das Ausmaß oder Häufigkeiten, z. B. wie sieht die Verteilung der Antworten Befragter auf die Ausprägungen eines Merkmals aus? Wie viele Personen haben etwa eine »sachliche« gegenüber einer »gemütlichen« Wohnungseinrichtung? Wie ändern sich die Einstellungen zu Partnerschaft und Familie im Zeitverlauf? Welche Merkmalskombinationen kommen häufig gemeinsam vor und bei welchen Gruppen besonders? Dadurch versucht der Forscher, Kausalzusammenhänge zu erfassen, etwa zwischen bestimmten Altersgruppen und einem je typischen Musikgeschmack. Auch die Frage, welche Vornamen Eltern in Zeitverlauf wie oft vergeben haben und mit welchen Einflussfaktoren dies im Zusammenhang steht, ist eine eindeutig quantitativ zu beantwortende Frage.

3.2 Forschungsschritte

In einer – idealtypischen – Übersicht sehen die quantitativen Forschungsschritte, d. h. sieht ein Ablaufschema so aus:

Thema

↓

Präzisierung des Themas

unter anderem mit Hilfe theoretischer und empirischer Literatur

- wichtige Dimensionen sammeln und systematisieren
- Begriffe im Forschungszusammenhang definieren
- Hypothesen bilden, Forschungsfragen stellen

↓

Operationalisierung

= Übersetzung in Erhebungsprozeduren, Verbindung von Hypothesen/Forschungsfragen und Beobachtungsaussagen

- Methode auswählen
- Indikatoren bilden
- Instrument verfeinern (z. B. Fragebogen oder Beobachtungskategorien entwerfen, Messvorschriften festlegen etc.)
- Weitere Entscheidungen treffen, z. B. zum Auswahlverfahren

fHierbei ist es sehr wichtig, den roten Faden, den Bezug zur Fragestellung und ihren Dimensionen nicht aus dem Auge zu verlieren. Der gesamte Prozess muss zudem »intersubjektiv nachvollziehbar« sein.

↓

Pretest

zur Überprüfung der Operationalisierung: Gültigkeit der Indikatoren, Eindeutigkeit der Begriffe etc./ Praktikabilität der Durchführung

↓

Datenerhebung

↓

Datenaufbereitung und Interpretation

u. a. Prüfung der Hypothesen

↓

Forschungsbericht, ggf. praktische Umsetzung

Tab. 3.2: Forschungsschritte der quantitativen Sozialforschung

Diese Forschungsschritte werden in den folgenden Abschnitten genauer erläutert. In einem ersten Überblick dazu, was mit den Stichworten in der Übersicht gemeint ist, kann wiederum die Vornamenstudie von Gerhards als Beispiel dienen.

Präzisierung

Zunächst einmal steht der Forscher vor der Aufgabe, die Fragestellung oder das Problem genauer zu präzisieren, wozu er auch die vorhandene Literatur heranzieht. Da kaum jemand das Rad je völlig neu erfindet, gibt es zu nahezu jedem Thema frühere oder zumindest in einigen Hinsichten ähnliche Untersuchungen und/oder theoretische Überlegungen, derer man sich für sein eigenes Thema wie aus einem Werkzeugkasten bedienen kann. Was in der Präzisierungsphase genau passiert, hängt auch vom *Forschungsdesign* ab, d. h. von einem übergreifenden Forschungsplan je nach Ziel der Untersuchung. Solche Forschungsdesigns sind z. B. die Deskription (zu einem oder mehreren Zeitpunkten), der Hypothesentest oder die Evaluation.

- Bei der *Deskription* steht die Beschreibung von Phänomenen im Vordergrund. In diesem Fall ist es beim Schritt der Präzisierung zentral, Dimensionen des Themas (d. h. wichtige Aspekte) zu sammeln und zu ordnen sowie dabei benutzte Begriffe zu klären. Auf dieser Basis können die Forscher dann konkretere Forschungsfragen oder auch Hypothesen formulieren. Statistische Zusammenhänge zwischen Merkmalen (z. B. zwischen dem Lebensalter und bevorzugten Freizeitaktivitäten), die auf Kausalzusammenhänge hindeuten, sind ebenfalls Bestandteil vieler deskriptiver Analysen, doch stehen sie meist nicht in einem engen theoretischen Kontext.
- Beim *Hypothesentest* stehen von Beginn an ein theoretischer Ansatz sowie vermutete Ursache-Wirkungs-Zusammenhänge im Vordergrund. Die Präzisierungsphase hat daher weniger Dimensionen zu klären, die die Theorie in gewissem Ausmaß vorgibt, sondern eher die theoretischen Begriffe im Forschungszusammenhang genauer zu definieren.
- *Evaluation* bedeutet die wissenschaftliche Bewertung von (Reform-)Maßnahmen, z. B. in Unternehmen (Arbeitszeitmodelle) oder in der Politik (z. B. zur Kriminalitätsbekämpfung). Diese Variante angewandter Sozialforschung kann bereits in der Phase der Programmentwicklung beginnen, sie kann aber auch zu späteren Zeitpunkten ansetzen. Zur Präzisierung bei einer Evaluationsforschung gehört es z. B. dazu, die Ziele des zu bewertenden Programms klar herauszustellen (s. zur Evaluationsforschung Stockmann 2004).

Sofern die Sammlung von Dimensionen zur Präzisierung des Forschungsthemas gehört, kann dieses zunächst durchaus ganz ungeordnet erfolgen. Der Forscher schreibt alles auf, was ihm (oder besser: ihm und mehreren anderen Personen) zu der Fragestellung einfällt, welche Aspekte es geben könnte, und ergänzt dann weitere Dimensionen aus der Literatur. In einem nächsten Schritt muss er nun die Dimensionen ordnen, z. B. nach Haupt- und Unterdimensionen oder nach Erklärungsfaktoren und zu erklärenden Sachverhalten. Die dritte Aufgabe besteht darin, die forschungsrelevanten Dimensionen begründet auszuwählen, denn kaum eine Forschung wird ein Thema erschöpfend bearbeiten können; manche Aspekte sind für die Fragestellung auf den zweiten Blick auch gar nicht sonderlich interessant. Diese Auswahl beugt zudem der Gefahr vor, irgendwann nicht mehr genau zu wissen, was der Forscher denn nun eigentlich herausfinden wollte. Schließlich beginnt der Forscher an dieser Stelle, die zentralen Dimensionen zu definieren. Hierbei ist es wichtig, nicht etwa als eine Art Pflichtübung eine Lexikon-Definition aufzuführen, sondern zu verdeutlichen, was diese Begriffe im konkreten Forschungszusammenhang bedeuten. Nur dann sind Definitionen eine nützliche Vorarbeit für die nachfolgende Operationalisierung.

Die Studie von Gerhards lässt sich, wie übrigens viele Untersuchungen, als Mischform einer deskriptiven und Hypothesen testenden Untersuchung einordnen. Zum einen trägt er eine Reihe von Dimensionen zusammen (z. B. Tradition, Schichteinfluss etc.), zum anderen geht er mindestens teilweise ausdrücklich von theoretischen Ansätzen aus, z. B. von der Individualisierungsthese.

Eine fiktive Analyse der Dimensionen könnte ausschnitthaft z. B. so ausgesehen haben:

1. Sammlung der Dimensionen: a) Deutsche und ausländische Namen? b) Wenn ausländisch, aus welchem Kulturkreis? c) Geben Eltern, Großeltern oder Paten ihre Vornamen weiter an das Kind? d) Namen christlichen Ursprungs? …
2. Ordnung der Dimensionen: Sowohl a), c), als auch d) kann der Forscher unter den Begriffen Nation/Familie/Religion zu dem Oberbegriff »Tradition« als Einflussfaktor für die Vergabe der Vornamen zusammenfassen. Aspekt b) bleibt eine eigene Dimension unter der Überschrift »Transnationalisierung«.
3. Auswahl relevanter Dimensionen: In diesem Beispiel wählt der Forscher alle vier Dimensionen als zentral aus. Er kann allerdings jetzt schon sagen, dass er aufgrund der ihm zur Verfügung stehenden Daten die familiäre Dimension auf die Eltern beschränken muss. Die Vornamen der Großeltern und Paten sind nicht bekannt.
4. Definition der relevanten Dimensionen: Unter anderem sollte sich der Forscher nun über die Begriffe »Tradition« und »Transnationalisierung« auf der

Basis seiner theoretischen Grundlage und mit Blick auf die kommende Datenerhebung Gedanken machen.

Das Ergebnis der Präzisierung sollen also klar abgegrenzte Dimensionen sein, die das Thema »der Wandel von Vornamen und seine Ursachen« spezifizieren (s. die linke Spalte in Tabelle 2.1). Häufig ist es sinnvoll, die Dimensionen weiter zu konkretisieren oder in vermutete Zusammenhänge zu bringen, indem der Forscher konkrete Unterfragen seiner Forschungsfrage oder Hypothesen formuliert. Im Beispiel lautete eine Hypothese z. B.: »Der Einfluss der Religion auf die Namensvergabe nimmt im Zeitverlauf ab«.

Definition: Hypothese
Behauptung über die Realität, die Dinge in einen (kausalen) Zusammenhang stellt.

Alle Aspekte, die ein Forscher in diesen Präzisierungsarbeiten nicht berücksichtigt, gehen in die weiteren Forschungsschritte nicht ein. Die Entscheidung darüber kann möglicherweise später (spätestens nach der Datenerhebung) nicht mehr korrigiert werden, prägt folglich die Forschungsergebnisse und sollte daher sehr gut überlegt sein. Erst dann kann es weiter gehen mit der Operationalisierung.

Operationalisierung

Nachdem der Forscher seine Frage genauer formuliert und strukturiert hat, kann er zur »Übersetzung« seiner Frage für die empirische Erhebung, für konkrete Abläufe schreiten (Operationalisierung). Unter anderem wählt er eine geeignete Erhebungsmethode aus (bei Gerhards die Inhaltsanalyse von Standesamtsregistern) und überlegt, welche Indikatoren seine Dimensionen oder die Aspekte seiner Hypothesen anzeigen.

Definition: Indikator
»Anzeiger für Sachverhalte«; er ist direkt erfahrbar und deutet auf den zu untersuchenden Sachverhalt hin (liegt er vor oder nicht, ggf. in welcher Form). So kann eine Antwort auf eine Fragebogenfrage Indikator für einen theoretischen Begriff aus einer Hypothese sein.

Beispielsweise findet Gerhards das Phänomen »Transnationalisierung« nicht unmittelbar in den Akten der Standesämter, sondern der Indikator oder die Indikatoren zeigen die Transnationalisierung an. In diesem Fall ist es der Anteil der Vornamen aus nicht-deutschen und nicht-christlichen Kulturkreisen an allen Vornamen im

Zeitverlauf. Die Zuordnung zu einem Kulturkreis nimmt der Forscher anhand von Namenshandbüchern vor.

Weiterhin ist es wichtig, sich zu überlegen, *wie* der Indikator mit dem Sachverhalt verbunden ist. Diese Überlegung prüft nochmals die Aussagekraft des Indikators und vereinfacht die spätere Auswertung.[3] Im Beispiel kann dafür diese Regel dienen: »Wenn der Anteil nicht-christlicher und nicht-deutscher Vornamen im Zeitverlauf steigt, dann ist dies ein Zeichen für Transnationalisierung«.

In manchen Fällen ist es übrigens schwieriger als in diesem Beispiel, einen (oder auch mehrere) geeignete Indikatoren zu finden, wie sich an einigen Stellen in den folgenden Kapiteln noch zeigen wird.

Erst nach diesem Schritt ist es sinnvoll, das eigentliche Erhebungsinstrument, z. B. ein Kategorienschema für die Inhaltsanalyse oder auch einen Fragebogen, zu entwickeln. Zwar kann ein Forscher auch schon vorher Ideen dazu haben, diese sollten jedoch in die Systematik der Indikatoren passen. Ansonsten lässt er sie besser fort (oder ergänzt die Systematik). Diese Entwicklung des Instruments kann z. B. heißen, dass der Forscher genaue Kategorien und Unterkategorien bestimmt – ggf. mit Definitionen oder Beispielen – und genaue Anweisungen entwickelt, was der Codierer (die Person, die das Kategoriensystem ausfüllt) wie einzutragen hat. Beim Fragebogen geht es nun um die Formulierungen von Fragen und Antworten sowie um die Reihenfolge der Fragen. Hierbei sollte der Forscher bereits überlegen, wie er die Resultate später statistisch auswerten kann.

Zur Phase der Operationalisierung gehören noch weitere Entscheidungen des Forschers, z. B. die Auswahl von Befragten oder Quellen (Gerhards wählte z. B. aus zwei Orten über eine bestimmte Anzahl von Jahren im Vier- bzw. Zweijahresabstand jeweils die ersten 100 Geburten aus).

Die Operationalisierung sollte dem Forscher selbst in ihrer Systematik bewusst sein, er muss seine Schritte und Begründungen aber auch intersubjektiv, d. h. für andere nachvollziehbar machen. Damit gibt er anderen die Möglichkeit, das Zustandekommen seiner Ergebnisse zu verstehen und zu beurteilen.

Definition: Intersubjektivität/Objektivität

Intersubjektivität wird gelegentlich neben Gültigkeit, Zuverlässigkeit und Repräsentativität als ein Gütekriterium der quantitativen Forschung genannt, das sich nicht allein auf die Operationalisierungsphase bezieht. Wissenschaftler können nicht vollständig »objektiv« sein in dem Sinne, dass sie ihre Forschungsgegenstände subjektunabhängig wahrnehmen und untersuchen könnten. Gerade in der Tradition des Kritischen Rationalismus versuchen Forscher jedoch, sich diesem Idealbild zumindest anzunähern, indem sie ihr gesamtes Vorgehen für andere klar dokumentieren und damit intersubjektiv nachvollzieh-

3 Kromrey nennt diese Verknüpfungen »Korrespondenzregeln« (1998: Kap. 4.3.1).

bar bzw. kritisierbar machen. Die Idee dahinter ist, dass die Ergebnisse so subjektiv nicht mehr sein können, wenn niemand aus der scientific community etwas an ihrem Zustandekommen auszusetzen hat und viele ggf. ähnlich vorgehen und gleiche Ergebnisse erzielen würden. Im Einzelnen soll auch die Standardisierung dazu beitragen, von der Person des Forschers (seinen Erwartungen, Erfahrungen, Einstellungen etc.) möglichst unabhängige Ergebnisse zu erzielen.

Durchführung und Auswertung

Das Instrument sollte unbedingt erst einen Vortest/Pretest durchlaufen. Die Forscher könnten möglicherweise wichtige Kategorien übersehen haben, unverständliche Fragen gestellt haben etc. – solche Fehler sollten an dieser Stelle möglichst auffallen. Erst danach folgt die Haupterhebung, bei der sich Forscher heute in vielen Fällen des Computers als Hilfsmittel bedienen. Bei Gerhards bedeutete die Haupterhebung die Codierung aller ausgewählten Vornamen nach den Kategorien seines Schemas.

Auch die Aufbereitung und Auswertung der Daten erfolgt in den allermeisten Fällen mit Hilfe von PC-Programmen. Dieser Schritt erfordert statistische Kenntnisse. Die statistische Auswertung dient natürlich nicht allein dem Selbstzweck, sondern es geht darum, Hypothesen zu prüfen und letztlich die Forschungsfrage zu beantworten. Hier erweist sich nun, welche Möglichkeiten die empirische Erhebung eröffnet hat.

Die Ergebnisse (bei Gerhards beispielsweise der bestätigte Bedeutungsverlust traditioneller Bindungen) dokumentiert der Forscher im Forschungsbericht ebenso wie sein methodisches Vorgehen, dessen Grenzen er durchaus offen selbstkritisch nennen sollte. Je nach Forschungsdesign ist es auch sinnvoll, die Ergebnisse an die theoretischen Ansätze rückzubinden (inwiefern hat die Untersuchung die Theorie weitergebracht?) oder Empfehlungen für die Praxis (z. B. nach einer Evaluation) zu formulieren.

Die folgenden Kapitel zeigen nun, teilweise mit bestimmten Schwerpunkten, die Forschungsschritte für verschiedene Erhebungsinstrumente ausführlicher an konkreten Beispielen.

Literaturhinweis

Zum wissenschaftstheoretischen Hintergrund:

Chalmers, Alan F. (1994): Wege der Wissenschaft: Einführung in die Wissenschaftstheorie, Berlin u. a.: Springer, 3., durchges. Auflage, insbesondere S. 1 – 76

Ein klassischer Text zum Falsifikationismus:

Popper, Karl Raimund (2002): Logik der Forschung, Tübingen: Mohr Siebeck, 10., verb. und verm. Auflage (zuerst 1934)

Übungsaufgabe

Entwerfen Sie eine Forschungsskizze anhand der Schritte in Tab. 3.2 zum Thema »Ist die Wohnungseinrichtung von der sozialen Lage (z. B. Einkommen, Bildung oder Alter) abhängig?«

4. Der Forschungsprozess mit verschiedenen Erhebungsinstrumenten

4.1 Die Inhaltsanalyse

4.1.1 Das Instrument und seine Anwendungsmöglichkeiten

Ein Instrument der Sozialforschung ist die Inhaltsanalyse, insbesondere von Texten verschiedener Art wie Romanen, Aufsätzen, Zeitungsartikeln, Einkaufslisten, Tagebüchern, Werbeslogans, aber auch von anderen Quellen wie z. B. Filmen oder Fotos. Solche Inhaltsanalysen gibt es im Ansatz auch im Alltag: Jemand, der eine Arbeitsstelle sucht, »kategorisiert« etwa Stellenanzeigen in der Zeitung danach, welche für seine Qualifikation in Frage kommen, welche Bezahlung, Entfernung zum Arbeitsplatz mit der Stelle verbunden sind usw. Er ordnet damit die Angaben in den Annoncen bestimmten Oberbegriffen zu.

Die Inhaltsanalyse als Erhebungsinstrument geht in vielen Hinsichten ähnlich, insgesamt jedoch systematischer vor. Der Forscher hat eine Fragestellung und entwirft zu ihrer Beantwortung oder zur Prüfung von Hypothesen ein Kategoriensystem, in das nun die Aussagen der Texte, die analysiert werden sollen, eingeordnet werden. Das »ausgefüllte« Kategoriensystem sollte dann die Grundlage für die Beantwortung der Forschungsfrage sein können. Es handelt sich also um eine Methode der »systematischen, intersubjektiv nachvollziehbaren Beschreibung inhaltlicher und formaler Merkmale von Mitteilungen« (Früh 2001: 25). Insofern das Kategoriensystem erst »Quellen« in »Daten« umsetzt, handelt es sich auch bei der Inhaltsanalyse bereits bestehender Texte um ein Datenerhebungsinstrument.

Beispiele für (kulturwissenschaftliche) Themen, die mit Hilfe der Inhaltsanalyse untersucht werden können, sind folgende:

- Die Studie von J. Gerhards (2003) zur Vergabe von Vornamen basiert auf einer Inhaltsanalyse von Listen aus Standesämtern. Er untersuchte etwa die Frage, ob Eltern ihren Kindern heutzutage andere Vornamen geben als die vorigen Elterngenerationen und ob sie sich auf diese Weise weniger an Traditionen orientieren.
- Sind e-mails »unhöflicher« als Briefe, unterscheiden sie sich überhaupt bei ähnlicher Zielsetzung der Schreiben (z. B. Glückwünsche senden, eine Anfrage an eine Behörde richten)?

- Wie realistisch sind Arzt- und Krankenhausserien im deutschen Fernsehprogramm, z. B. hinsichtlich der Berufsrollen, des Gesundheitsverständnisses, der Verläufe und Behandlung von Krankheiten (Rosenthal/Töllner 1999)?
- Unterscheiden sich verschiedene wissenschaftliche Fachzeitschriften eines Faches in ihrem Profil (z. B. behandelte Themen, Bekanntheitsgrad der Autoren, Länge der Beiträge, Verhältnis von Theorie –Forschung – gezielten Mischungen, Anteil ausländischer Titel im Literaturverzeichnis)? Hat sich das Profil der einzelnen Zeitschriften – und damit das der wissenschaftlichen Disziplin – im Zeitverlauf verändert?
- Unterscheiden sich die Arbeitsmarktchancen in verschiedenen Regionen Deutschlands, soweit es sich in Stellenannoncen (z. B. in der Breite der Branchen, geforderter Qualifikationen etc.) niederschlägt?
- Werden Frauen in der Sportberichterstattung anders dargestellt als Männer? Man kann z. B. die Häufigkeit der Berichterstattung über Männer/Frauen untersuchen, Unterschiede in der Nennung körperlicher Merkmale oder die Häufigkeit, mit der Journalisten außersportliche Rollen (z. B. die der Ehefrau) gegenüber den sportlichen Leistungen erwähnen etc. (Rulofs 2003).
- Haben sich Kontaktanzeigen im Laufe der Zeit gewandelt? Sieht etwa der Traumpartner oder die Traumpartnerin heute ganz anders aus als vor 25 Jahren (z. B. Gern 1992, Buchmann/Eisner 2001)?

Welche Anwendungsmöglichkeiten bietet die Inhaltsanalyse allgemeiner gesehen? Unter der Bedingung, dass geeignete Quellen vorliegen, können Forschende Daten aus unterschiedlichen Zeiträumen untersuchen und vergleichen. Beobachtungen kann man nur von Dingen und Prozessen durchführen, die gerade, das heißt »in Echtzeit« ablaufen (es sei denn, man »beobachtet« z. B. ein Video). Bei Befragungen lässt sich Vergangenes nur insoweit erheben, als sich die Befragten daran erinnern. Dabei kann die heutige Perspektive auch bei Menschen mit gutem Gedächtnis das Vergangene durchaus verändern. Einige Zeit nach einer bestandenen Prüfung könnte jemand z. B. die Belastungen, die sich durch die Vorbereitungen dafür ergeben haben, anders beurteilen als während der Lernphase selbst. Welche Einschätzung ist da nun die »richtige«? Dieses Problem stellt sich bei der Inhaltsanalyse so nicht. Das Instrument der Inhaltsanalyse ist also »nicht-reaktiv«, weil es keine Forschungsteilnehmer gibt, die direkt auf die Datenerhebung »reagieren« und ggf. das Ergebnis sogar verzerren würden.

Viele Quellen sind auch etliche Jahre nach ihrem Erscheinen noch erhältlich, z. B. Zeitschriften in Bibliotheken, Eintragungen von Vornamen bei Standesämtern, Urkunden in Archiven etc. Bei vergleichbaren Quellen für verschiedene Zeitpunkte ist dann ein Vergleich im Wandel der Zeit möglich, in den Beispielen bei den Fachzeitschriften, Vornamen und Kontaktanzeigen. Dies setzt, wie die Bedingung der Verfügbarkeit andeutete, jedoch voraus, dass es für die Fragestellung geeignete Quellen gibt, die (für die früheren Zeitpunkte) dazu auch noch aufbewahrt wurden und nun einem Forscher zur Verfügung gestellt werden. Wenn man etwas über Gefühle am Anfang einer Partnerschaft in den 1950er Jahren und heute herausfinden möchte, könnte ein Forscher ja z. B. auf die Idee kommen, Liebesbriefe zu untersuchen. Er muss sich nun mehrere Fragen stellen: 1. Sind die Liebesbriefe wirklich ein geeigneter Hinweis bzw. Indikator für die Gefühle? Möglicherweise schrieben und schreiben nur bestimmte Bevölkerungsgruppen Liebesbriefe, von Zweifeln und Kompromissen steht in diesen Schreiben vermutlich selten etwas, und vielleicht spiegeln solche Briefe teilweise eher ein taktisches Vorgehen, um sich selbst oder den/die Liebste(n) von seinen Gefühlen zu überzeugen, als die Gefühle selbst. 2. Gibt es die Liebesbriefe noch? Gerade für den Fall, dass die Beziehung (tränenreich) beendet wurde, könnten die Briefe im Feuer oder, weniger dramatisch, im Papierkorb gelandet sein. 3. Wer möchte den sehr persönlichen Briefwechsel zwischen Karl und Karla einem Forscher zur Verfügung stellen, selbst wenn bekannt ist, dass ein Forscher Liebesbriefe sucht? Dieses Problem gilt für Briefe neueren Datums wahrscheinlich fast noch stärker als für die 50 Jahre alten Briefe. 4. Geht man vom Idealfall aus, dass ein gut bestücktes »Liebesbriefarchiv« existierte, stellt sich die Frage nach der Interpretation. Könnte man etwa alle Wörter mit dem Wortstamm »Liebe« zählen und von dieser Häufigkeit auf die Intensität des Gefühls schließen? Zu diesen Auswertungsproblemen später mehr. Zunächst lässt sich festhalten: Den *Anwendungsmöglichkeiten*,

- Quellen aus unterschiedlichen, auch länger vergangenen Zeiten,
- ggf. im Zeitvergleich bei großen Textmengen untersuchen zu können und dies,
- ohne dass im Nachhinein noch Veränderungen an der Darstellung von Ereignissen und ihren damaligen Deutungen möglich wären oder die Forscher auf die Kooperation von Befragten oder Beobachteten angewiesen wären,

stehen also auch *Grenzen der Methode* gegenüber:

- Die Daten können nicht auf die Forschungsfrage zugeschnitten produziert werden (wie z. B. bei einer Befragung), sondern der Forscher muss auf vorhandene Quellen zurückgreifen. Insbesondere, wenn er die Quelle als Indikator, als Hinweis für etwas anderes nutzt (z. B. Stellenannoncen für Arbeitsmarktchancen oder Vornamen für die Orientierung der Eltern an Traditionen) muss er prüfen, ob er mit dem Indikator wirklich das Gewünschte misst, ob die Ergebnisse also »gültig« sind. Auch schriftliche zeitgenössische Quellen kann man nicht als »objektives« Abbild der Wirklichkeit ansehen (z. B. gibt ein Zeitungsartikel immer auch den Standpunkt des Autors wieder und dient bestimmten Zwecken, z. B. der Verbreitung von Neuigkeiten, die möglicherweise neuer, »besser« oder sensationeller sind als die Berichte der Konkurrenz).

- Die Quellen müssen außerdem systematisch für die Forscher verfügbar sein.

Um die Methode Inhaltsanalyse näher darzustellen, sollen die einzelnen Schritte im Folgenden zunächst allgemein und dann an einem Beispiel – der Analyse des Geschlechterverhältnisses anhand von Kontaktanzeigen – genauer nachvollzogen werden (die Beispiele sind an dieser Stelle nicht so ausführlich, wie dies in einer »realen« Studie der Fall wäre, da das Hauptaugenmerk auf den Methoden liegt). Am Beispiel werden die methodischen Anforderungen und Probleme gerade dieses Instruments deutlich, die der Forscher lösen muss. Für den Leser einer empirischen Untersuchung liegt das Augenmerk darauf, was er beachten sollte, um die methodische Qualität der Studie beurteilen zu können. Diese Punkte werden daher jeweils abschließend aufgelistet.

4.1.2 Die Schritte einer quantitativen Inhaltsanalyse

Die Schritte der Inhaltsanalyse sind (der Auflistung in Kap. 3 folgend):

1. Fragestellung präzisieren
2. Hypothesen bilden oder konkrete Unterfragestellungen formulieren
3. Begründung der Methode inklusive Festlegung der Art der Daten, Überlegungen zur Verfügbarkeit
4. Das Kernstück: Begriffe definieren, Indikatoren bestimmen und das Kategoriensystem entwerfen
5. Bestimmung der Analyse-/Codiereinheit
6. Codierbogen und Codieranweisungen erstellen, ggf. Schulung der Codierer
7. Pretest, insbesondere Prüfung der Zuverlässigkeit
8. Stichprobenziehung
9. Haupterhebung (Codierung)
10. Datenaufbereitung, Interpretation einschließlich Prüfung der Gütekriterien

Diese Schritte sind, wie in Kap. 3.2 beschrieben, als idealtypisch zu verstehen. Vielleicht fallen dem Forscher beim Probe-Codieren noch weitere Hypothesen ein, auf die er dann das Kategoriensystem nochmals systematisch abstimmt. Rückbezüge und auch Vorausblicke auf das empirisch Machbare sind also durchaus möglich und üblich. Zudem geht ein Forscher natürlich nicht so vor, dass er sich sagt: »Ich würde gern eine Inhaltsanalyse machen, welches Thema eignet sich denn dafür?« Stattdessen sucht er umgekehrt die Methode(n) nach der Präzisierung seiner Fragestellung aus.

Zu I.: Fragestellung präzisieren

DAS VORGEHEN: In den meisten Fällen ist die Fragestellung zu Anfang noch recht vage und offen für unterschiedliche Schwerpunktsetzungen. Meist ist es nicht möglich oder nicht beabsichtigt, alle Facetten einer Fragestellung zu beleuchten. Daher ist es wichtig zu formulieren – auch als Orientierung für die folgenden Forschungsschritte –, was genau man herausfinden möchte und welche Aspekte dieser Fragestellung relevant sind. Auf diese Weise wird zugleich die theoretische Einordnung des Themas möglich. Möglicherweise definiert der Forscher bereits hier erste wichtige Begriffe.

Der Forscher sollte sich in diesem Schritt darüber klar werden, was er eigentlich herausfinden möchte, nicht auf der Ebene einzelner Beschreibungen (z. B. welche Vornamen Eltern in den 1990er Jahren häufiger gewählt haben als 20 oder 30 Jahre zuvor), sondern welche (soziologische, kulturwissenschaftliche etc.) Fragestellung *hinter* diesen Beschreibungen steht (z. B. der Wandel der kulturellen Orientierungen und seine Einflussfaktoren). Dabei geht es auch darum, welchen beschreibenden oder erklärenden Anspruch und welche (sachliche, zeitliche und räumliche) Reichweite die Untersuchung haben soll[4].

Ein wichtiges Hilfsmittel zur Präzisierung des Themas ist die Sichtung bereits vorhandener Literatur, etwa empirische Studien zu ähnlichen oder zumindest vergleichbaren Aspekten sowie theoretische Texte, die beispielsweise Ideengeber für mögliche Erklärungszusammenhänge sind, bestimmte Begriffsverwendungen bereits reflektiert haben und generell helfen, die hinter der empirischen Fragestellung stehenden Annahmen zu explizieren.

4 Gläser und Laudel grenzen recht streng ein, was eine (soziologische) Forschungsfrage ist: Sie muss vom existierenden Wissen ausgehen und diesem etwas hinzufügen. Zudem muss sie nach einem allgemeinen Zusammenhang fragen (Gläser/Laudel 2001: 47 f.). Danach wäre etwa die Frage »Welche Vornamen gab es 2004 am häufigsten?« keine Forschungsfrage, weil sie nicht nach einem Zusammenhang fragt, sondern erst z. B. die Frage nach einem Zusammenhang zwischen dem Bedeutungsverlust bestimmter Traditionen und der Vergabe bestimmter Vornamen. Selbst wenn man dieser Eingrenzung nicht folgen muss, ist es sinnvoll, seine Forschungsfrage auf diese Kriterien hin einmal zu überprüfen und nur begründet von ihnen abzuweichen.

BEISPIEL: Buchmann und Eisner, die Heiratsinserate in zwei überregionalen Schweizer Zeitungen von 1900 bis 2000 analysieren, formulieren als Ziel ihrer Untersuchung die Klärung der Frage, »wie sich der langfristige Wandel von geschlechtsbezogenen Identitätsleitbildern vollzogen hat und welche gesellschaftlichen Prozesse ihre Konstruktion anleiten ... Insofern Männer und Frauen in diesen Texten [Heiratsinseraten, NB.] jene Eigenschaften, Kompetenzen und Qualitäten hervorheben, von denen sie annehmen, dass sie vom gesuchten Anderen erwartet werden, geben sie hervorragenden Aufschluss über den historischen Wandel von kulturellen Geschlechtercodes im spezifischen Kontext privater (ehelicher) Beziehungen« (2001: 76).

Es geht hier also, grob formuliert, um das Geschlechterverhältnis, um Rollenvorstellungen in einer (heterosexuellen) Partnerschaft, die in ihrem Wandel (im Laufe von »Modernisierung«) untersucht und erklärt werden sollen. Als Hinweis auf die Art des Geschlechterverhältnisses dient z. B. die Frage, welche Eigenschaften und Qualitäten welchem Geschlecht (in der Selbst- und Fremdbeschreibung) zugeordnet werden. Welche Vorstellungen von Partnerschaft (z. B. die einer strikten Arbeitsteilung mit der männlichen Zuständigkeit für den Beruf und der weiblichen für Haushalt und Familie) sind erkennbar? Die Frage nach dem historischen Wandel können z. B. folgende Aspekte weiter konkretisieren: Welche Stereotypen sind besonders stabil oder verändern sich wann in welche Richtung? Wie stark sind die Unterschiede zwischen typischen Männer- und Fraueneigenschaften in welcher Phase? Unterscheiden sich die Zuschreibungen und ihr Wandel nach bestimmten sozialen Gruppen, z. B. höheren oder niedrigeren Schichten, ländlicher und städtischer Bevölkerung etc.?

Dies sind lediglich Beispiele für die Präzisierung der Fragestellung, wie sich Vorstellungen der eigenen Person, eines Wunschpartners und der Wunschbeziehung (dies sind bereits zu unterscheidende Dimensionen!) in Kontaktanzeigen ausdrücken; andere wären natürlich denkbar. Erklärende Faktoren, das sollte den Forschenden von Anfang an bewusst sein, können sie nicht direkt aus den Kontaktanzeigen erschließen, sondern müssen sie in einem zweiten Schritt ergänzen (z. B. könnte eine bestimmte Phase des Wandels mit der Bildungsexpansion ab den 1960er Jahren zusammenfallen).

Wichtig ist zur Eingrenzung der Fragestellung auch eine Unterscheidung, die Gern (1992) vornimmt: Bei den Selbst- und Fremdbeschreibungen in Kontaktanzeigen geht es weniger um das Vorkommen bestimmter Merkmale selbst, sondern um Rollenvorstellungen. Wenn man etwa herausfinden würde, dass sich mehr Frauen als Männer als »warmherzig« bezeichnen, lässt sich daraus nicht schließen, dass Frauen die warmherzigeren Menschen sind, sondern dass Warmherzigkeit besonders für Frauen als ein positives Merkmal angesehen wird (a. a. O.: 62).

Was ist methodisch zu beachten?
Bereits hier ist es wichtig, die Fragestellung klar zu formulieren und sich nicht in Details zu verlieren. Es geht noch nicht um genaue Hypothesen oder Unterfragestellungen, sondern darum, worauf man mit seiner Untersuchung hinaus will; was man erklären möchte.

Zu II.: Hypothesen bilden oder konkrete Unterfragen formulieren

Das Vorgehen: Auf der Basis der Überlegungen im ersten Schritt kann der Forscher konkrete Hypothesen oder Unterfragen formulieren, die er dann weiter empirisch umsetzt. Dabei ist darauf zu achten, dass er den roten Faden der Fragestellung nicht aus dem Auge verliert; dass er nicht etwa nun mit ganz anderen Aspekten arbeitet als er sie im ersten Schritt formuliert hatte. Dies hört sich banal an, ist es aber, wie die Praxis zeigt, gerade bei komplexen Fragestellungen nicht. Durch die Konkretisierung in diesem Schritt zeigt sich beispielsweise, wie die Fragestellungen aus I. nun weiterverfolgt werden: etwa auf der Ebene einzelner Merkmale (z. B.: Wie vielen Inserenten ist »Treue« wichtig?) oder auf einer höheren Generalisierungsebene (z. B.: Bei wie vielen Merkmalen – erst einmal unabhängig davon, welche es sind – unterscheiden sich Frauen und Männer in »signifikanter«, d. h. bedeutsamer Weise?). Manche Hypothesen oder Unterfragestellungen richten sich auf Beschreibungen, z. B. die am häufigsten bei einer Partnerin gesuchten Merkmale in jedem Jahrzehnt. Andere stellen – auf unterschiedlichem Erklärungsniveau – Zusammenhänge zwischen Merkmalen her, z. B. zwischen Merkmalen zur Selbstbeschreibung und dem Geschlecht und Alter der sich Beschreibenden.

Um die Verbindung zur allgemeinen Forschungsfrage zu verdeutlichen und um die in diesem Schritt vorgenommene weitere Konkretisierung zu plausibilisieren, sollte jede Hypothese oder Unterfrage zumindest kurz begründet und ggf. wichtigen Dimensionen zugeordnet werden.

Wann bildet man Hypothesen, wann Unterfragen? Manchmal kann der Forscher nach seinem Gusto entscheiden, ob er den zu untersuchenden Sachverhalt als Frage oder als Hypothese formuliert. In einigen Fällen ist es allerdings schwierig, Hypothesen zu bilden, und zwar dann, wenn man vom Ergebnis nur ungenaue Vorstellungen hat. Wenn es etwa um die im Zeitverlauf stabilsten Eigenschaften der Selbst- oder Fremdbeschreibung geht, bietet es sich eventuell eher an, dies als Frage zu formulieren (Gibt es stabile Eigenschaften und welche sind das?) denn als Hypothese (»Es gibt stabile Eigenschaften« wäre möglich, aber diese können möglicherweise nicht vorab als Vermutung benannt werden).

Die Hypothesen oder Unterfragen sollten so konkret sein, dass sie eine überschaubare Anzahl von Aspekten beinhalten. Alternativ können auch sehr allgemeine Sachverhalte (z. B. »Geschlechterstereotype«) in späteren Schritten definiert und in Indikatoren »übersetzt« werden, doch ist die Bildung konkreter Hypothesen ein sinnvoller Zwischenschritt, um das Vorgehen für sich selbst und andere transparent zu machen.

Beispiel: Bislang ging es unter anderem um Merkmale, die Inserentinnen und Inserenten von Kontaktanzeigen sich selbst, anderen und der gewünschten Partnerschaft zuschreiben. Eine kleine Auswahl möglicher Hypothesen zur Konkretisierung dieses Aspektes könnte so aussehen:

1. Die Geschlechterdifferenz (die Menge der Merkmale, die eher dem einem Geschlecht und nicht dem anderen zugeordnet werden) geht sowohl bei der Selbst- als auch bei der Fremdbeschreibung im Laufe des 20. Jahrhunderts zurück (eine These bei Buchmann/Eisner 2001: 89).
   Diese These ist recht allgemein formuliert (es geht nicht um einzelne Merkmale), es handelt sich um eine Beschreibung im Zeitverlauf. Inhaltlich ist sie mit Modernisierungsansätzen verknüpft, die die Autoren zuvor näher ausgeführt haben.
2. Die gesuchten Merkmale und Eigenschaften ändern sich im Zeitverlauf, z. B. gibt es seltener den Wunsch nach Ehrlichkeit und Treue.
   Bei ähnlichem inhaltlichen Hintergrund wie in 1. geht es hier nun um die Beschreibung ganz bestimmter Merkmale (der Fremdbeschreibung) im Zeitverlauf, ggf. auch um die Festlegung von abgrenzbaren Phasen.
3. Männer legen bei der Wunschpartnerin auf andere Merkmale Wert als Frauen bei ihrem Wunschpartner, z. B. nennen Männer häufiger körperliche Merkmale, Frauen häufiger Charaktereigenschaften.
4. Männer suchen eher gleichaltrige oder jüngere Frauen, Frauen eher gleichaltrige oder ältere Männer.
5. Männer machen Angaben zur materiellen Lage eher bei der Selbstbeschreibung, Frauen eher bei der Partnerbeschreibung (eine These von Gern 1992: 90).
   Diese Thesen richten sich auf den Unterschied zwischen Frauen und Männern bei der Selbst- oder Partnerbeschreibung. Die Vermutungen können zum einen dem Alltagseindruck entstammen, zum anderen gehen sie auf bestimmte Rollenbilder vom eigenen und anderen Geschlecht zurück (bei 5. etwa, dass beide Geschlechter Männer in höherem Maße als »zuständig« für die materielle Versorgung betrachten).
6. Die Zeitungsarten haben ein bestimmtes »Anzeigenprofil«, d. h. Suchende, Gesuchte und der Stil der Anzeigen sind je nach Zeitungsart (z. B. lokale oder überregionale Tageszeitung) unterschiedlich.
   Diese These verweist auf die Datenquellen und spricht damit indirekt die Verallgemeinerbarkeit der Ergebnisse an. Sie geht davon aus, dass Zeitungen un-

terschiedliche Zielgruppen (mit in Inhalt und Form unterschiedlichen Selbst-, Fremd- und Partnerschaftsbeschreibungen) ansprechen, die die Forscher miteinander vergleichen können.

Was ist methodisch zu beachten?

Die Forscher sollten

1. den »roten Faden« der Fragestellung systematisch weiterverfolgen, dazu die Thesen oder Fragen mindestens kurz einordnen und begründen;
2. nicht zu viele Aspekte in einer Hypothese oder Frage unterbringen, besser mehrere formulieren.

Zu III.: Begründung der Methode inklusive Festlegung der Art der Daten, Überlegungen zur Verfügbarkeit

Das Vorgehen: Während z. B. bei einer Befragung klar ist, in welcher Form die Daten nach der Erhebung vorliegen (nämlich ausgefüllte Fragebögen), muss dies bei der Inhaltsanalyse erst festgelegt werden. Die Quellen können, wie beschrieben, ganz unterschiedlich sein. Es ist nahe liegend, dass der Forscher bereits bei den vorigen Analyseschritten eine Quelle vor Augen hat, die sich zur Prüfung seiner Hypothesen eignet. Er müsste sonst an diesem Punkt wieder von vorn anfangen, wenn er feststellen würde, dass seine sehr interessanten Hypothesen überhaupt nicht nachprüfbar sind. Dennoch ist an dieser Stelle eine genauere Begründung und Bestimmung der Quellen notwendig.

Begründung meint, dass die Forscher spätestens hier ausdrücklich erläutern, warum sie überhaupt zur Beantwortung ihrer Frage auf die gewählte Methode, d. h. auf das Erhebungsinstrument Inhaltsanalyse und auf die Datenquelle (im Beispiel: Kontaktanzeigen) zurückgreifen. Wie bereits erwähnt, bilden Zeitvergleiche einen besonderen Anwendungsschwerpunkt von Inhaltsanalysen. Nochmals am *Beispiel* der Studie von Buchmann und Eisner kann eine Begründung speziell für Kontaktanzeigen etwa lauten: Heiratsinserate bilden »eine Kommunikationsform, die in hervorragender Weise einen Blick in die öffentliche Darstellung des privaten Selbst ermöglicht« (2001: 86), und zwar jenseits von Ausdrucksformen lediglich »kultureller und wissenschaftlicher Eliten« (ebd.), z. B. RomanschriftstellerInnen. Sie sind zudem seit dem Ende des 19. Jahrhunderts für den Forscher in großer Zahl (sowohl von weiblichen als auch männlichen Inserenten) leicht verfügbar. Schließlich handelt es sich um »hochgradig verdichtete, standardisierte, und in ihrer Funktion über längere Zeiträume vergleichbare Textgattung mit einem relativ einheitlichen Textaufbau« (a. a. O.: 87).

Neben der Begründung der gewählten Datenquellen sind diese nun genauer zu bestimmen. Vielleicht genügte es im bisherigen Forschungsverlauf, von Printmedien auszugehen. Nun legt der Forscher fest, um welche Art von Printmedien (z. B. Tages-, Wochenzeitungen, regional oder überregional, Zeitschriften, Magazine etc.) aus welchem Zeitraum mit welchem Erscheinungsgebiet es sich in der Untersuchung handeln soll.

In diesem Schritt geht es noch nicht darum, eine Auswahl (Stichprobe) zu treffen, die dann tatsächlich zur Codierung verwendet wird, sondern der Forscher grenzt zunächst möglichst genau ein, von welchen Quellen er überhaupt ausgeht, aus denen er später ggf. eine Stichprobe ziehen kann. Das Ergebnis der empirischen Untersuchung beinhaltet entsprechend Aussagen über all diese Quellen, also z. B. entweder nur über Inhalte aus der BILD-Zeitung oder aus überregionalen Tageszeitungen allgemein. Prinzipiell müssen diese Quellen verfügbar sein bzw. gemacht werden. Dazu recherchiert der Forscher etwa in Bibliotheken, er fragt bei Archiven oder öffentlichen Einrichtungen an (z. B. Datenarchive, Tagebucharchiv Emmendingen, Standesämter, das Dortmunder Institut für Zeitungsforschung)[5] oder er veröffentlicht Aufrufe in Zeitungen oder Zeitschriften (z. B. »Stellen Sie uns Fotos von Ihren Familienfeiern zur Verfügung«).

Wichtig ist es auch, forschungsethische Aspekte zu berücksichtigen. Unproblematisch ist in dieser Hinsicht die Analyse veröffentlichter Texte. Wenn die Texte jedoch erst für den Zweck der Analyse erstellt werden (z. B. Schüleraufsätze zu einem vorgegebenen Thema) oder eine private Herkunft haben (z. B. Briefe), ist darauf zu achten, die Autoren oder »Besitzer« der Quellen über die Forschung zu informieren und die Ergebnisse in anonymisierter Form zu veröffentlichen.

Beispiel: Es sollen private Kontaktanzeigen aus zwei Jahren verglichen werden, etwa 1978 und 2003, die in deutschen Printmedien (nicht im Internet) erschienen sind. Diese Printmedien sollen insoweit eingegrenzt werden, dass sie in Deutschland und in deutscher Sprache erscheinen und folgende Arten umfassen: Überregionale Zeitungen, Lokalzeitungen (keine Anzeigenblätter) und Zeitschriften mit unterschiedlichem Adressatenkreis, die wöchentlich erscheinen (bei Zeitschriften auch monatliche Erscheinungsweise möglich), ggf. mit einer Mindestauflage, um die Grundgesamtheit nicht zu unüberschaubar zu machen. Die Zeitung oder Zeitschrift muss zu beiden Zeitpunkten erschienen sein und jeweils beide Male Kontaktanzeigen beinhalten, also eine Rubrik »Heiratsanzeigen«, »Kontakte«, »Ehewünsche und Bekanntschaften« o. Ä. Es soll sich um solche Anzeigen handeln, in denen eine Privatperson einen Partner bzw. eine Partnerin

5 Siehe dazu weitere Informationen in Anhang.

sucht, nicht Freizeitkontakte oder eine ausschließlich erotische Beziehung, was der Forscher anhand der Rubrik bestimmen kann. Auch sollen Annoncen kommerzieller Partnerschaftsvermittlungen ausgeschlossen sein.

Zur Verfügbarkeit: Überregionale Tageszeitungen sind teilweise in größeren Bibliotheken zu finden. Bei lokalen Zeitungen und Zeitschriften können die Redaktionen selbst angesprochen werden. Beide Arten kann man alternativ auch in Zeitungsarchiven recherchieren. Diese Prozedur ist jedoch nur für die Medien vorzunehmen, die später tatsächlich in die Stichprobe aufgenommen werden, damit kein unverhältnismäßiger Aufwand entsteht.

WAS IST METHODISCH ZU BEACHTEN?
Hier sollte eine ausdrückliche Begründung der Erhebungsmethode und der gewählten Datenquellen erfolgen.
Genaue Festlegung der Quellen, damit die Reichweite der Ergebnisse deutlich ist.
Sicherstellung der prinzipiellen Verfügbarkeit der Quellen.

Zu IV.: Begriffe definieren, Indikatoren bestimmen und das Kategoriensystem entwerfen

DAS VORGEHEN: Dieser Schritt bildet das Kernstück der Operationalisierung, d. h. der Umsetzung von Forschungsfragen in konkrete Messprozeduren. Zum Teil sollte der Forscher Begriffe (aus den Hypothesen und Fragestellungen) schon vor einem ersten Entwurf des Kategorienschemas definieren, denn von einer solchen Definition kann das Kategorienschema abhängen. So wird es einen Unterschied machen, ob man unter dem Geschlechterverhältnis nur Aspekte versteht, die sich (im Kontext von Kontaktanzeigen) auf Vorstellungen der gewünschten Beziehung richten, oder ob sich das Geschlechterverhältnis auch in der Fremdbeschreibung (möglicherweise in Relation zur Selbstbeschreibung) ausdrückt.

Zum Teil sind aber auch die Ober- und Unterkategorien, die erst aus der Umsetzung der Hypothesen in Indikatoren folgen, selbst erläuterungsbedürftig, um für den Codierer eindeutig zu sein.

Der Aufwand für die Begriffsbestimmung kann stark variieren. Im Beispiel lassen sich etwa »Männer (als Suchende)« relativ leicht festlegen als Verfasser in der Rubrik »er sucht sie« (oder einer sprachlichen Entsprechung). Mit der Definition ist zugleich die Kategorie festgelegt, die keiner weiteren Unterkategorien, Erläuterungen oder Beispiele für die Codierer bedarf. Je allgemeiner oder auch umfassender die Kategorie ist, desto mehr sind Erläuterungen, Beispiele und Codierregeln für den Umgang mit Grenzfällen erforderlich.

Der Forscher beginnt also zunächst damit, die Begriffe aus den Hypothesen oder Unterfragestellungen in Kategorien des Textes/der Quellen zu »übersetzen«. Der erste Entwurf wird fast nie mit der endgültigen Version übereinstimmen, ist aber jedenfalls eine Basis für Modifikationen und Ergänzungen.

BEISPIEL: Erster Entwurf eines Kategorienschemas zu Hypothese 3: »Männer legen bei der Wunschpartnerin auf andere Merkmale Wert als Frauen bei ihrem Wunschpartner, z. B. nennen Männer häufiger körperliche Merkmale, Frauen häufiger Charaktereigenschaften.«

Mann als Suchender, Frau als Wunschpartnerin	→ Rubrik »Er sucht sie«
Frau als Suchende, Mann als Wunschpartner	→ Rubrik »Sie sucht ihn«
Merkmale der gesuchten Person	→ Unterkategorien:

- Körperliche Merkmale: einzelne körperliche Merkmale (z. B. »langhaarig«) oder Gesamtbeschreibungen (z. B. »attraktiv«)
- Charaktereigenschaften im weiteren Sinne, z. B. aufgeschlossen, romantisch, mit Humor
- Merkmale, die Lebenssituation betreffend, z. B. »gerne mit Kind«
- Interessen, z. B. Sport, Reisen, Kinobesuche
- Sonstige Merkmale, die Person betreffend, z. B. Nennung des Sternzeichens, Nichtraucher

Weil sich in diesem Beispiel bereits die Hypothese selbst auf vorkommende Häufigkeiten bestimmter Merkmale richtet, die dann die Kategorien bilden, erübrigt sich fast der Analyseschritt, eine Regel zu bestimmen, *wie* die Indikatoren mit der Hypothese zusammenhängen: Wenn Männer häufiger als Frauen körperliche Merkmale als gesuchte Merkmale nennen und wenn Frauen häufiger als Männer Charaktereigenschaften nachfragen, ist dies ein Zeichen für die Bestätigung der Hypothese. Eine größere Herausforderung für den Forscher besteht in diesem Beispiel darin, korrekte und eindeutige Zuordnungen von Anzeigentexten zu den Kategorien vorzunehmen. In anderen Fällen ist die verknüpfende Regel weniger offensichtlich. Daher sollte der Forscher den Zusammenhang von Indikatoren bzw. von Kategorien mit der Hypothese oder mit den Dimensionen der Fragestellung stets prüfen.

Bei den obigen Merkmalen könnte man alternativ auch überlegen, gar nicht weiter zu kategorisieren, sondern die einzelnen Eigenschaften für sich stehen zu lassen oder höchstens bedeutungsähnliche Adjektive (wie »freundlich« und »nett« oder »ehrlich« und »aufrichtig«) zusammenzufassen. In dem Fall kann das Kategorienschema jedoch sehr lang werden, wodurch sich die Vergleichbarkeit schwieriger erschließt. Solch ein Schema ist allerdings genauer, beantwortet die Frage letztlich differenzierter als die grobe obige Einteilung. Eventuell könne man als Mittelweg weitere Unterkategorien bilden. Bei genauerem Hinsehen fällt außerdem auf, dass Merkmale der gesuchten Person teilweise anders zu kategorisieren sind als die Merkmale der suchenden Person, die über sich selbst ja genauere oder auch andere Angaben machen kann (z. B.: »180 cm großer und 75 kg schwerer Tierpfleger mit bisher schlechten Erfahrungen in der Liebe«).

DAS VORGEHEN: Diesen Entwurf kann der Forscher nun noch keinem systematischen Pretest unterziehen, er muss das Kategorienschema auf mindestens drei Aspekte hin überprüfen:

a) Sind alle möglichen und sinnvollen Ausprägungen (hier: von Merkmalen) erfasst, lässt sich also jedes Wunschmerkmal zuordnen, d. h. ist das Kategorienschema erschöpfend?
b) Ist das Kategorienschema differenziert genug, um die Hypothesen zu prüfen bzw. um die Fragen zu beantworten? (Eine zu große Differenzierung ist demgegenüber für die Gültigkeit der Ergebnisse nicht weiter tragisch, sie wäre allerdings nicht sehr forschungsökonomisch.)
c) Lassen sich alle Merkmale eindeutig einer Kategorie zuordnen? Während unter a) die Gefahr angesprochen ist, dass es für ein Merkmal keine Kategorie gibt, besteht hier die Gefahr darin, dass man ein Merkmal mehreren Kategorien zuordnen könnte. Es ist also zu fragen: Ist die Unterteilung in (Unter-)Kategorien trennscharf und zweckmäßig? Sollte der Forscher eventuell mehr oder andere (Unter-)Kategorien bilden? Die Aufteilung in Kategorien ist für die Ergebnisse ja entscheidend, da die Anteile der Nennungen pro Kategorie direkt zur Bestätigung oder Widerlegung der Hypothese führen können. Die Kategorien müssen also so eindeutig und abgrenzbar wie möglich definiert und mit Beispielen (auch für Grenzfälle) illustriert sein.

Wiederum am *Beispiel* lassen sich die möglichen Probleme zeigen:

Ad a): Formal ist der Forscher mit der Kategorie »Sonstiges« immer fein heraus, hier kann sich alles sonst nicht Zuordenbare sammeln. Wenn die Häufigkeit in dieser Kategorie allerdings später z. B. 42 Prozent beträgt, ist dieser Ausweg bedenklich, da die Aussagekraft der Kategorie nur sehr gering ist. Im Beispiel könnte man sich überlegen, ob es bereits eine Kategorie für das Merkmal »mit Kommunikationskompetenz« gibt – auf das der Forscher durch Nachdenken kommen kann oder über das er beim unsystematischen Lesen von Kontaktanzeigen stolpert. Ist es eine Charaktereigenschaft (diese Kategorie wäre dann recht weit definiert) oder handelt es sich um eine neue Kategorie »Fähigkeiten«? Wie sieht es bei »Suche Dauerbeziehung« aus? Handelt es sich vielleicht gar nicht um ein Merkmal, so dass dieser Teil der Kontaktanzeige auch nicht unter »Merkmale« codiert würde? Oder könnte eine neue Kategorie »gesuchte Beziehungseigenschaften, Beziehungsziele« sinnvoll sein?

Ad b): Vielleicht nennen sowohl Frauen als auch Männer für die gesuchte Person körperliche Wunschmerkmale in einem ähnlichen Ausmaß, aber es handelt sich jeweils um ganz andere Merkmale. Das bedeutet, man müsste die bisher gefundenen Kategorien weiter unterteilen, was auch für eine eindeutige Zuordnung (s. c)) hilfreich sein kann. Konkret sähe das etwa so aus:

Körperliche Merkmale →	
Alter:	z. B. bis 30 Jahre
Größe:	z. B. klein, groß
Figur:	z. B. schlank, mollig, XXL-Typ
Haare:	z. B. blond, langhaarig
Kleidung:	z. B. »zu Dir passen Jeans genauso wie das kleine Schwarze«
Sonstige Einzelmerkmale:	z. B. gerne tätowiert
Gesamterscheinung:	z. B. attraktiv, elegant, auch außen jung geblieben
Ausdrücklicher Hinweis:	Aussehen egal, unwichtig

Bei dieser Einteilung gibt es mehrere Probleme, die exemplarisch Punkt c) beschreibt.

Ad c): Selbst auf den ersten Blick einfach erscheinende Merkmale können sich als knifflig herausstellen. Wie sieht es beispielsweise mit der Zuordnung des Merkmals »sportlich« aus? Handelt es sich hier um ein körperliches Merkmal oder um ein Interesse? Manchmal hilft der Kontext weiter, in dem das Wort steht, z. B. deuten »sportliche Figur« oder »schlank und sportlich« auf eine Einordnung in die Kategorie »körperliches Merkmal« hin. Doch ist solch ein Kontext nicht immer gegeben. Hier ist also eine Codierregel erforderlich, damit die Codierer nicht willkürlich nach ihrem subjektiven Eindruck oder Geschmack, sondern möglichst einheitlich zuordnen.

Weiterhin kann es Textelemente geben, deren Zuordnung von vornherein schwieriger ist, z. B. weil es sich um ironisch-witzige oder bildhafte Ausdrücke handelt. Wie geht man beispielsweise mit »Mars sucht Venus« um? Beschreibt hier überhaupt ein Suchender körperliche Merkmale, und wenn ja, wie sehen diese konkret aus? »Gut aussehend« wäre dabei eine noch wenig gewagte Deutung im Gegensatz zu genauen Zuordnungen (z. B. die Annahme einer bestimmten Figur). Denn es ist unklar, welchen Bezugspunkt der Inserent hatte: Dachte er an bestimmte Beschreibungen, Statuen oder Abbildungen der Göttin, wollte er seinen Bildungshintergrund andeuten, oder fand er sich einfach originell?

Hier zeigt sich ein Grundproblem der Inhaltsanalyse, die verschiedene Arten mit zwei Polen aufweisen kann: Auf der einen Seite steht eine reine Auszählung von

Häufigkeiten (bei dieser Analyse kann ein Computer sehr hilfreich sein). Der Codierer bzw. der Computer hat (so gut wie) keinen Interpretationsspielraum, er zählt etwa, wie oft die Wörter »treu«, »Treue« oder bestimmte Wortkombinationen (z. B. »jung« und »geblieben«) in den Anzeigen vorkommen. Der Nachteil dieser Analyseart besteht darin, dass die Aussagekraft der Ergebnisse oft recht begrenzt ist, weil man nur in geringem Maße »latente« Bedeutungen oder Kontexte erfassen kann, in denen die Wörter stehen. Am anderen Pol ist eine möglicherweise größere Aussagekraft mit einem größeren Interpretationsspielraum verbunden, der die Standardisierung und damit die für die quantitative Forschungslogik wichtige *Zuverlässigkeit* gefährdet. Dies ist z. B. dann der Fall, wenn mehrere Codierer den gleichen Text nicht einheitlich zuordnen oder wenn ein Codierer im Laufe seiner Codierungen seine Maßstäbe verändert oder »dazulernt«, den gleichen Sachverhalt also anders einordnet, je nachdem, ob er in der 153. Anzeige steht oder in der 17. Anzeige.

Definition: Zuverlässigkeit (Reliabilität)
Zuverlässigkeit ist ein Gütekriterium der quantitativen Forschung neben Gültigkeit, Repräsentativität und Intersubjektivität. Sie bezeichnet die Stabilität von Ergebnissen unabhängig davon, wann genau die Ergebnisse erhoben wurden (montags oder donnerstags, bei Regen oder Sonnenschein), von wem sie erhoben wurden (Codierer Paul oder Codiererin Paula) und streng genommen auch, mit welchem Instrument sie erhoben wurden (ob man jemanden nach einem Sachverhalt fragt oder diesen beobachtet, sollte – zumindest in der Theorie – das gleiche Ergebnis bringen). Es geht also um die intertemporale, interpersonelle und interinstrumentelle Stabilität von Ergebnissen. Zuverlässigkeit ist eine notwendige, aber nicht hinreichende Bedingung für (→) Gültigkeit, d. h. wenn die Ergebnisse nicht zuverlässig sind, können sie auch nicht gültig sein. Zuverlässige Ergebnisse allein dagegen garantieren noch nicht, dass die Ergebnisse gültig sind, man kann zuverlässig »falsch« messen, z. B. anhand unangemessener Indikatoren.

Im Zweifelsfall muss der Forscher eine Textstelle, die Codierer nicht hinreichend zuverlässig zuordnen können, aus der Codierung ausschließen. Eine höchst uneinheitliche Zuordnung trotz Codierregeln deutet darauf hin, dass die Textstelle keinen gültigen Indikator für einen bestimmten Sachverhalt darstellt. Ein klares Kategoriensystem mit Definitionen, Beispielen und Regeln kann jedoch grundsätzlich auch interpretationsbedürftige Inhalte codierbar machen. Dies sieht auch Früh: »Es brauchen nicht alle Inhalte, die ein gewisses Maß an Interpretation erfordern, als angeblich inhaltsanalytisch nicht erfassbar ausgeklammert zu werden, sondern Interpretationsweisen sind durch präzise Umschreibungen und treffende Beispiele einzugrenzen und zugleich offen zu legen.« Wenn die Ergebnisse auf diese Weise zuverlässig erhoben werden können, »dann sind auch so genannte ›latente Inhalte‹ manifest und damit codierbar gemacht.« (Früh 2001: 112).

Um die in diesem Abschnitt genannten Problembeispiele »sportlich« und »Venus« handhabbar zu machen, könnten Regeln z. B. so lauten (wie sinnvoll die jeweilige Regel ist, kann nur im konkreten Forschungszusammenhang beurteilt werden, der Forscher sollte sich hier – wieder einmal – daran orientieren, was er mit der Fragestellung bzw. durch die Hypothese herausfinden will):

- »Sportlich« wird nur dann körperlichen Merkmalen zugeordnet, wenn der Kontext (z. B. sportliche Figur) eine solche Zuordnung nahe legt.
- Bildhafte Inhalte werden immer nur der allgemeinsten Deutung unter den Deutungsmöglichkeiten zugeordnet. Geht man z. B. davon aus, dass »Venus« einen Informationswert über »Frau« hinaus hat, träfe unter den körperlichen Merkmalen die Kategorie »Gesamterscheinung« zu (der man dann eventuell die Unterkategorie »darunter mit dem Stilmittel: bildhafte Zuordnungen« hinzufügen könnte, um diese Eintragungen später wiederum mit entsprechender Vorsicht zu interpretieren).

An diesen hier nur exemplarisch gezeigten Problemen zeigt sich, wie wichtig die sorgfältige Erstellung eines Kategoriensystems – ggf. mit Definitionen, Beispielen, Codierregeln – ist. Die Güte der Daten, insbesondere die Zuverlässigkeit und Gültigkeit, hängen unmittelbar mit der Güte des Kategoriensystems zusammen. Das zentrale Gütekriterium der Gültigkeit gilt natürlich für jede Art von Forschungsergebnissen, daher soll der Begriff nun nochmals ausdrücklich und allgemein bestimmt werden.

> Definition: Gültigkeit (Validität)
> Gültigkeit ist ein Gütekriterium der quantitativen Forschung neben Zuverlässigkeit, Repräsentativität und Intersubjektivität. Gültig sind Ergebnisse dann, wenn man das gemessen hat, was man auch messen wollte. Dies bedeutet z. B., dass man angemessene Indikatoren verwendet hat und dass das Instrument und die Erhebungssituation (z. B. die Anwesenheit Dritter bei einer Befragung) die Ergebnisse nicht systematisch verfälschen. Ein Beispiel für einen (mit hoher Wahrscheinlichkeit) gültigen Indikator wäre, die Wörter »schlank« und »attraktiv« der Kategorie »körperliche Merkmale« (die ja auch in einer Hypothese vorkommt) zuzuordnen. Ein Beispiel für einen zweifelhaften Indikator wäre es, ironische, witzige oder bildhafte Wendungen wörtlich zu nehmen, wenn man z. B. »Venus« als eine ganz bestimmte körperliche Erscheinung codieren würde.
> Je nach Autor werden verschiedene Arten von Gültigkeit unterschieden, die hier nicht im Einzelnen aufgeführt werden können (vgl. Kromrey 1998: Kap. 4.3.2; Schnell/Hill/Esser 1999: Kap. 4.3.2.2). Das Kriterium, ob jemand das gemessen hat, was er messen wollte, ist jedoch eine gute allgemeine Annäherung für verschiedene Varianten von Gültigkeit.

Noch ein allgemeiner Hinweis: In einigen Lehrbüchern listen die Autoren verschiedene Arten inhaltsanalytischer Ansätze auf, die sich darauf richten, was das Kategoriensystem erschließt: z. B. Häufigkeiten (bestimmter Wörter oder Kategorien, »Frequenzanalyse«), Bewertungen (wird z. B. das Attribut »mollig« eher gewünscht oder gerade abgelehnt?, »Valenzanalyse«), die Intensität von Bewertungen (»Intensitätsanalyse«), zusammen vorkommende Wörter (kommen z. B. »natürlich« und »ehrlich« besonders oft in Kombination in einem Inserat vor?, »Kontingenzanalyse«) etc. (Beispiele bei Kromrey 1998: 320 – 322). Solche Auflistungen können sinnvoll sein, um Forschern Ideen zu liefern, indem sie verdeutlichen, dass es verschiedene Arten von Kategorien oder Kategorisierungen gibt. Natürlich beanspruchen solche Auflistungen nicht, vollständig die Möglichkeiten und Ebenen (z. B. die manifesten und latenten Bedeutungen) der quantitativen Inhaltsanalyse zu erfassen. Bei der Anwendung auf eine Forschungsfrage muss sich ein Forscher jedes Mal neu konkret fragen, was das Instrument der Inhaltsanalyse für sein Erkenntnisinteresse leisten kann und soll (weitere Varianten der Inhaltsanalyse z. B. bei Früh 2001: Kap. 2 des 2. Teils; Merten 1995: Kap. 8).

Was ist methodisch zu beachten?

1. Definitionen und Indikatoren/Kategorien müssen auf die Hypothesen bezogen sein.
2. Das Kategoriensystem sollte erschöpfend, trennscharf und im Differenzierungsgrad der Hypothese angemessen sein.
3. Eine Zuordnung von Kategorien zu den Hypothesen kann helfen, die Zweckmäßigkeit des Kategoriensystems zu reflektieren und insgesamt systematisch vorzugehen.
4. Besteht ein Interpretationsspielraum bei der Codierung, so müssen Umschreibungen/Definitionen, Beispiele und Codierregeln (z. B. für den Umgang mit Grenzfällen) diesen Spielraum handhabbar machen.
5. Auf diese Weise sollen die Zuverlässigkeit und die Gültigkeit der Daten erhöht werden.
6. Der Forscher sollte die Schritte der Erstellung des Kategoriensystems gut dokumentieren.

Zu V.: Bestimmung der Analyse-/Codiereinheit

Das Vorgehen: In diesem Schritt bestimmt der Forscher die Zähleinheit oder auch die Analyse- und Codiereinheit. Die Analyseeinheit ist das Element, über das er eine Aussage anstrebt, z. B. eine Kontaktanzeige, ein Zeitungsartikel etc. Die Ergebnisse beziehen sich auf diese Analyseeinheit, z. B. »in 85 Prozent der Kontaktanzeigen kommen Aussagen zum Alter vor«.

Die Codiereinheit ist die Einheit, auf die das Kategorienschema angewandt wird. Wenn man sich das Kategorienschema als Strichliste vorstellt, bedeutet dies:

Pro Codiereinheit prüft der Codierer, welche Kategorie zutreffend ist und macht entsprechend einen Strich. Geht es etwa um eine Themenanalyse von Leitartikeln in Tageszeitungen, wird pro Artikel ein Thema (man könnte auch zwei Hauptthemen zulassen) codiert. Ist die Codiereinheit dagegen ein Abschnitt oder ein Satz, prüft der Forscher entsprechend pro Abschnitt oder Satz, welche Kategorie jeweils zutreffend ist. Ohne eine Bestimmung der Zähleinheit kann man nicht anfangen zu zählen, daher ist ihre Festlegung ein wichtiger Zwischenschritt.

BEISPIEL: Die einzelnen Kontaktanzeigen stellen die Analyseeinheit dar, über sie wird eine Aussage angestrebt. Bei manchen Kategorien stellt die Anzeige als ganze auch die Codiereinheit dar (z. B.: Ist der Verfasser eine Frau oder ein Mann? → genau eine Codierung pro Codiereinheit). In anderen Fällen (z. B. Eigenschaften der suchenden oder gesuchten Person) muss man streng genommen alle »bedeutungstragenden« Wörter codieren, kann also pro Analyseeinheit Kontaktanzeige mehrere Kategorien codieren (z. B. schlank (→ Aussehen) *und* humorvoll (→ Charakter)). Im Überblick:

Beispiel	**Analyseeinheit**	**Codiereinheit**
	Darüber will man etwas aussagen, darauf beziehen sich die Ergebnisse	Darauf wird das Kategorienschema angewandt; pro Codiereinheit gibt es eine Codierung (oder maximal zwei)
Kategorie »Geschlecht der inserierenden Person«	Kontaktanzeige	Kontaktanzeige
Merkmale der Selbstbeschreibung	Kontaktanzeige	»bedeutungstragende« Wörter/ Wortkombinationen

Tab. 4.1: Analyse- und Codiereinheit bei Inhaltsanalysen

Die Wahl von einzelnen Wörtern oder kleinen Sinneinheiten als Codiereinheit kann man im Fall der Kontaktanzeigen so begründen, dass ein Inserent bei relativ knappem Annoncen-Platz, den er zur Verfügung hat (jede Zeile kostet Geld), jedes Wort gut überlegen wird.

Was sind »bedeutungstragende« Wörter? Leichter ist es vielleicht zu sagen, was nicht bedeutungstragend ist, nämlich Wörter, die für die Fragestellung nicht interessant sind. Das sind z. B. unbestimmte Artikel oder Präpositionen. Dabei ist es eher zu eng, wenn man sich – wie Kops (1984) – auf Adjektive als allein bedeutungstragend beschränkt. Häufig ergibt sich der gemeinte Sinn auch erst aus Wortkombinationen. Beispielsweise liefert das Wort »geblieben« noch keinen Aufschluss über die Codierung, wohl aber die Kombination »jung geblieben«. Wichtig ist die Beachtung von Wortkombinationen auch bei Verneinungen. Bei »lieber romantische Abende als Disco« dürfte man sicherlich nicht »Disco« als Freizeitinteresse kategorisieren. Die Regel lautet also: Wörter, die erst in Verbindung mit anderen ihren gemeinten Sinn ergeben, werden zu (Codier-)Einheiten zusammengefasst – man sieht, dass sich auch hier wieder ein Interpretationsspielraum ergibt.

Das Problem der Interpretationsspielräume, das bei der Erstellung des Kategorienschemas auftrat, zeigt sich hier nochmals in neuem Gewand: Entweder man definiert Codiereinheiten rein formal (ein Abschnitt, ein Satz etc.). Dann sind die Einheiten leicht zu identifizieren, allerdings schlagen sich dann stilistische Elemente im Ergebnis nieder. Angenommen, ein Forscher zählt pro Absatz als Codiereinheit einmal, z. B. die Häufigkeit vorkommender Themen: In diesem Fall kommt ein Thema bei einem Verfasser, der viele Absätze verwendet, entsprechend häufiger vor als bei einem Verfasser, der weniger, dafür längere Absätze macht. Dieses Ergebnis ist hinsichtlich seiner Gültigkeit sicherlich anzuzweifeln, weil es (auch) den Stil und nicht (allein) die Bedeutung bestimmter Inhalte zum Ausdruck bringt.

Alternativ kann man die Codiereinheiten inhaltlich, als Sinneinheit definieren, z. B. beginnt die nächste Einheit dann, wenn ein neues Thema anfängt. Solch ein Vorgehen erscheint möglicherweise zunächst als gültiger, doch wächst auch der Spielraum der Codierer, womit die Zuverlässigkeit tendenziell gefährdet ist.

Auf das Beispiel der Kontaktanzeigen trifft dieses Problem nur in der Weise zu, dass auch hier teilweise statt einzelner Wörter Sinneinheiten zu codieren sind. Diese Sinneinheiten sind nicht formal bestimmt, sondern die Codierer müssen sie erst festlegen. Das ist in diesem Fall jedoch einfacher als z. B. bei Zeitungsartikeln, was Sie bei der versuchsweisen Einteilung eines Zeitungsartikels und einer Kontaktanzeige in Sinneinheiten schnell feststellen können.

Was ist methodisch zu beachten?

1. Analyse- und Codiereinheit sind eindeutig zu bestimmen. Die Entscheidung für formale vs. inhaltliche Einheiten sollte der Forscher dabei sorgfältig abwägen.
2. Falls es bei der Festlegung von Codiereinheiten (als Sinneinheiten) Interpretationsspielräume gibt, müssen ggf. Abgrenzungsregeln (entsprechend den Codierregeln beim Kategoriensystem) aufgestellt werden.

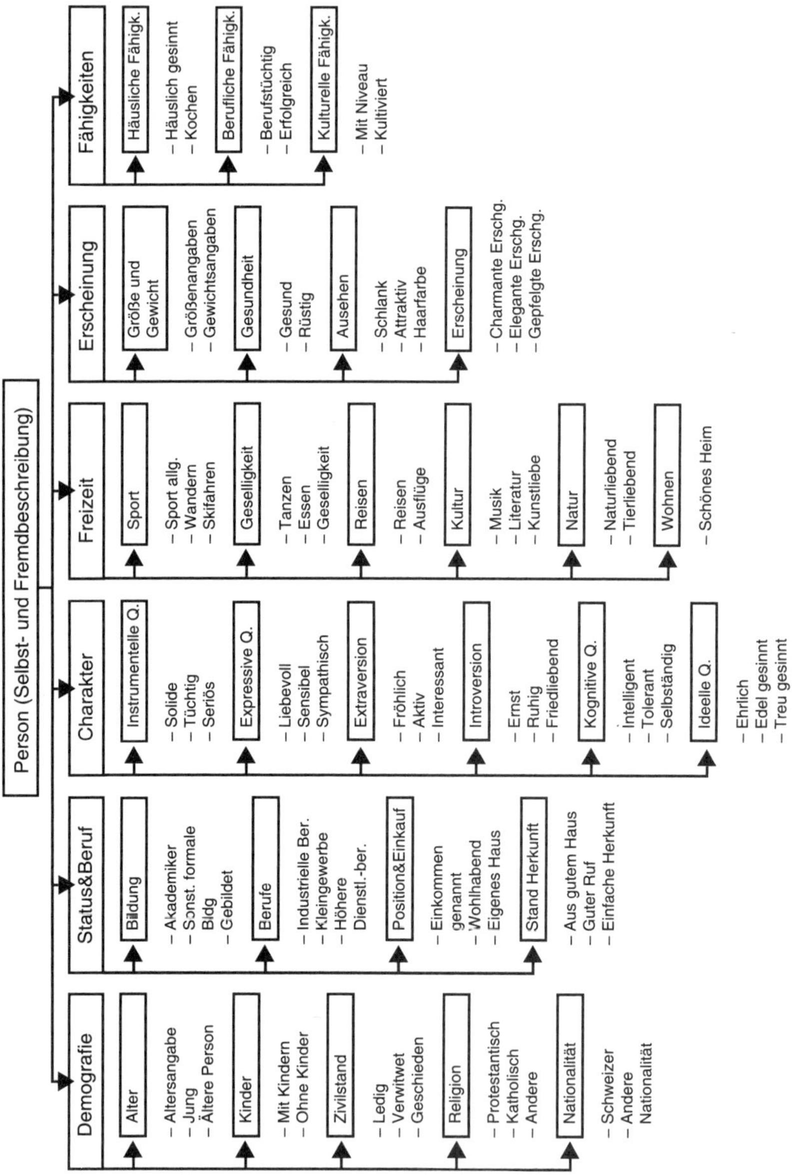

Abb. 4.1: Struktur eines inhaltsanalytischen Wörterbuchs. 6 Identitätsfelder, 29 Attributsbereiche, 139 Attribute (Auswahl) (Buchmann/Eisner 2001: 103)

Zu VI.: Codierbogen und Codieranweisungen erstellen, ggf. Schulung der Codierer

DAS VORGEHEN: Hier ist nochmals eine Systematisierung der beiden vorigen Schritte gefragt. Wie sieht das konkrete Kategorienschema aus, welche Codieranweisungen sind zu befolgen? Die Codierer können einige Probecodierungen (noch keinen systematischen Pretest) vornehmen, um zu prüfen, ob sie die Logik des Kategoriensystems verstanden haben.

BEISPIEL: Für die Selbst- und Fremdbeschreibung haben z. B. Buchmann und Eisner (2001: 103) folgendes Kategorienschema entwickelt. Die Baumstruktur weist auf die Ober- und Unterkategorien hin, die Unterkategorien werden durch Beispiele illustriert. Die Autoren geben an, dass sie mit diesem Kategorienschema (und einigen demografischen Angaben) unter Nutzung der Software »Textpack«[6] 95,5 Prozent des bedeutungstragenden Textes erfassen konnten.

Ein weiteres Beispiel ist Kraemer (1998) entnommen, die deutsche und französische Heirats- und Bekanntschaftsanzeigen im Zeitvergleich untersucht (hier wird nur ein Auszug aus dem Kategoriensystem dargestellt). Während das Schema von Buchmann/Eisner einen guten Überblick gibt, geht dieses Kategoriensystem stärker ins Detail:

3	**Körperattraktivität** In dieser Kategorie werden alle jene Attribute erfaßt, die das äußere Erscheinungsbild beschreiben, seien es allgemeine Angaben wie »vorzeigbar«, »gute Figur«, objektiv feststellbare Merkmale wie »blond«, »schlank«, exakte Gewichtsangaben, oder typbezogene Einschätzungen wie »elegant«, »sportlich«, »jungenhaft«. Sofern aus der Anzeige hervorgeht, daß das Attribut »sportlich« nicht als Typbezeichnung für die äußere Erscheinung (z. B. als Gegensatz zu »elegant«) zu verstellen ist, sondern als Hinweis auf sportliche Betätigung in der Freizeit (z. B. »sportlich (Tennis, Ski, Radfahren)«), so wird es der Kategorie Interessen/Freizeitaktivitäten/Hobbys zugeordnet. Auch Altersangaben werden als Unterkategorie dieser Kategorie geführt, da sie häufig Hinweise auf die Körperattraktivität geben (z. B. »jünger aussehend')
3.1	Alter
3.1.1	exakte Angaben 34 Jahre alt
3.1.2	Umschreibung Endvierzigerin, jung, älterer
3.1.3	Altersdifferenz (im Hinblick auf gewünschten Partner) bis 11 J. älter, bis 20 J. älter, 1 – 11 J. älter
3.1.4	Altersbereich (in dem das Alter des gewünschten Partners liegen sollte) 35 – 40

6 Nähere Informationen unter www.gesis.org/Software/Textpack.

3.1.5	Alter unbedeutend Alter unbedeutend
3.2	Größe
3.2.1	allgemeine Größenangaben mittelgroß, klein, groß petite, très grand, grande
3.2.2	exakte Größenangaben 170cm
3.4	Angaben zum äußeren Erscheinungsbild
3.4.1	allgemeine, umschreibende Angaben angenehme Erscheinung, gut aussehend, gutes Äußeres, vorzeigbar, gute Erscheinung, jünger aussehend, smarte Erscheinung, strahlende Erscheinung, sympathische Erscheinung, gepflegte Erscheinung, jugendliche Erscheinung physique agréable, bien physiquement, physique acceptable, physionomie agréable, physique bien
3.4.2	konkrete Angaben zum Aussehen blond, schlank, hübsch, auch mollig, gute Figur, weibliche Formen, vollschlank, hübsche Figur, volle Figur, stattlich, 64 kg mince, blonde, yeux marrons, plutôt ronde, formes Renoir, yeux bleus, jolie, beau, 70 kg, yeux verts, brune, blonde, belle, tonique
3.4.3	typmäßige Charakterisierung des Aussehens feminin, jungenhaft, anziehend, elegant, markant, attraktiv, apart, fesch, nordischer Typ, schick, sportlich, flott élégante, féminine, mignonne, type nordique
3.5	Gesundheit gesund sain, bonne santé

Abb. 4.2: Kategorienschema für eine Inhaltsanalyse I (Kraemer 1998: 233 f.)

Eine – diesmal fiktive – Darstellung eines konkreten Codierbogens, der nicht nur die Kategorien auflistet, sondern auch die auszufüllende Maske zeigt, könnte so aussehen:

Name des Codierers:	______________	
Zeitung:	______________	
Datum der Zeitungsausgabe:	______________	
Laufende Nummer der Anzeige:	______	
Geschlecht der inserierenden Person:	______	
Anzahl der bedeutungstragenden Wörter/Wortkombinationen:	______	
Kategorie »Selbstbeschreibung: Körperliche Merkmale«:	______	x
Darunter: Alter	______	x
Größe	______	x
…		
Kategorie »Interessen«:	______	x
…		

Abb. 4.3: Kategorienschema für eine Inhaltsanalyse II (fiktiv)

Wenn der Forscher solche Codierbögen nicht in einem Papierausdruck, sondern direkt am Computer ausfüllt, kann er im Anschluss relativ komfortabel die Häufigkeiten der vorkommenden Kategorien zählen lassen. Manche Computerprogramme unterstützen den Codiervorgang noch stärker oder ersetzen ihn nahezu bei entsprechender Vorbereitung des Kategoriensystems. Diese Computerunterstützte Inhaltsanalyse (CUI) soll im Folgenden kurz dargestellt werden.

EXKURS: COMPUTERUNTERSTÜTZTE INHALTSANALYSE: Seit der Zugang zu PCs, Software und maschinenlesbaren Texten für forschende Wissenschaftler etwa ab den 1990er Jahren zunehmend einfacher geworden ist, zeigen sich die Vorteile der Computerunterstützung auch bei der Inhaltsanalyse: Zum einen kann der Computer die konventionelle *Codierung* teilweise ersetzen oder zumindest ergänzen. Dies gilt insbesondere für sehr große Textmengen, bei denen der Computer schnell Ergebnisse liefert, nicht ermüdet, die Regeln der Codierung nicht unbewusst verändert etc. Unabhängig von manueller oder automatisierter Codierung können Computerprogramme zum anderen bei der *Auswertung* von Daten (z. B. Zählung von Häufigkeiten in den Kategorien, Darstellung der Ergebnisse in Tabellen und Grafiken etc.) hilfreich sein (z. B. in Excel oder SPSS). Auf die Auswertung kommt Kap. 6 zurück, hier geht es zunächst um die Codierung: Der Computer kann natürlich viel zuverlässiger und schneller zählen, wie viele Wörter ein Text hat, wie oft – absolut und relativ – bestimmte Wörter darin vorkommen usw. So könnte der Computer problemlos feststellen, wie oft in ausgewählten Kontaktanzeigen die Wörter »treu« bzw. »Treue« vorkommen.

In vielen Fällen erstellt der Forscher ein Kategoriensystem, das aus einem Wörterbuch, also Wortlisten und auch Codierregeln besteht. Das Programm ordnet dann Wörter oder Phrasen mit Hilfe dieser Wortlisten den Codes zu. Verfeinerungen dieses »diktionärbasierten« Ansatzes (hierzu und zum Folgenden: Züll/Landmann 2002) ergeben sich beispielsweise dadurch, dass der Computer in den Wörtern ihre Grundform erkennen kann (also z. B. in ›kam‹ ›kommt‹ und ›gekommen‹ das Wort ›kommen‹) und entsprechend zuordnet (»Lemmatisierung«). Weiter gibt es Ansätze zur »Disambiguierung«. Dies bedeutet, dass das Programm die zutreffende Bedeutung eines Wortes durch den Zusammenhang bestimmt, in dem es steht. So kann z. B. eine Negation im Umfeld des Wortes (nicht, kein etc.) berücksichtigt und erkannt werden, dass eigentlich das Gegenteil gemeint ist (z. B. »ich bin kein Disco-Typ«).

Dennoch stößt die Computer-Codierung an Grenzen, wenn man allein an die – zugunsten der Aussagekraft für einige Fragestellungen unumgänglichen – Interpretationsspielräume von Codierern denkt, die manuell codieren. Es kommt hinzu, dass zwar die Codierung per Computer recht schnell und problemlos erfolgt, dass aber die Entwicklung eines einsatzfähigen Diktionärs durchaus großen Aufwand mit sich bringt. In Einzelfällen gibt es allgemein zugängliche Diktionäre zu bestimmten Themen (z. B. das »Dresdner Angstwörterbuch«). Früh bezweifelt jedoch den Nutzen solcher Wörterbücher. Zum einen sei es schwierig, bei spezifischen Fragestellungen mit allgemeinen Wortlisten zu arbeiten. Zum anderen seien solche Wörterbücher wenig flexibel z. B. gegenüber Veränderungen von Bedeutungen (2001: 268 f.). Eine andere Gruppe computergestützter Codieransätze arbeitet ohne solche Wörterbücher. Sie untersuchen z. B., welche Wörter oft gemeinsam vorkommen und ob sich daraus bestimmte Muster erkennen lassen (»Co-Occurence-Ansatz«). Allerdings können hier meist nur die am häufigsten vorkommenden Wörter in die Analyse einbezogen werden.

Diese knappen Ausführungen zeigen, dass der Computer nicht alle Probleme lösen und Forscherarbeit nicht vollständig ersetzen kann (z. B. helfen Wortlisten bei Bild- statt Textquellen gar nicht weiter). Sie zeigen aber auch, dass es über das reine Zählen bestimmter Wörter hinaus Entwicklungsbestrebungen gibt, die dazu führen, dass Computerprogramme zumindest ergänzend wirken und bei manchen Fragestellungen sogar die manuelle Codierung ersetzen können. Auch Buchmann/Eisner (2001) haben beispielsweise für ihre Analyse von Heiratsannoncen die Software »Textpack« (für eine diktionärbasierte Codierung) genutzt. Weiterentwicklungen sind natürlich auch zukünftig eine notwendige Aufgabe. Beispielsweise planen Züll/Landmann (2002) ein Informationssystem im Internet, durch das man bisherige »CUIs« recherchieren kann, damit nicht jeder Forscher das Rad neu erfinden muss.

Was ist methodisch zu beachten?

1. Der Codierbogen sollte übersichtlich sein, dem Kategorienschema vollständig entsprechen und insgesamt alle notwendigen Informationen enthalten; er sollte problemlos und eindeutig ausgefüllt werden können. Ggf. wird die Auswertung bereits vorbereitet (z. B. durch Felder für die Auszählung der Summen).
2. Die Codierer sollten über den Zweck der Forschung gut informiert werden und möglichst sicher bei der Codierung sein.

Zu VII.: Pretest, insbesondere Prüfung der Zuverlässigkeit

Das Vorgehen: Beim Pretest, also Vor-Test, soll das Instrument einer Prüfung unterzogen werden. Fehler – etwa Ungenauigkeiten, Überschneidungen von Kategorien etc. – will der Forscher möglichst an dieser Stelle erkennen und beheben. Bei der Inhaltsanalyse zeigt sich hier ein Vorteil dieser Methode: Da man in der Regel auf Quellen zurückgreift, die es schon gibt, kann man die Codierung (sofern die Zeit vorhanden ist) beliebig oft ohne zusätzliche Kosten wiederholen. Dies wäre bei einer Befragung problematischer, sicherlich wäre es nicht praktikabel, eine Person kurz nacheinander etliche Male mit jeweils nur leicht veränderten Fragebogenvarianten zu befragen. Codierer können die Codierungen jedoch so lange üben, bis sie sich sicher fühlen, auch im Umgang mit Grenzfällen. Dieses Vorgehen erhöht die Zuverlässigkeit. Vor dem Pretest erfolgt also eine Schulung der Codierer, bei der sie mit dem Thema und Ziel der Forschung, dem Kategoriensystem und den Codierregeln vertraut gemacht werden.

Die Zuverlässigkeit im Sinne der möglichst übereinstimmenden Codierung mehrerer Codierer kann man auch mit einer Maßzahl berechnen: Sofern Interpretationsspielraum besteht, ist es sicherlich ein gutes Ergebnis, wenn z. B. 89 Prozent aller Codierungen übereinstimmen (nach der Formel: 2 x Anzahl der übereinstimmenden Codierungen/Anzahl der Codierungen von Codierer 1 + Anzahl der Codierungen von Codierer 2).

Bei der Inhaltsanalyse testen die Forscher vor allen Dingen das Instrument selbst, die Eignung der Kategorien. Wie später zu zeigen sein wird, hat der Pretest z. B. bei der Befragung weitere Funktionen, die mit der Befragungssituation zusammenhängen (z. B. in welcher Form werden die Befragten kontaktiert und um Mithilfe gebeten, wie lange dauert die Befragung im Durchschnitt, wie soll sich der Interviewer bei der Befragung verhalten etc.). Manchmal kann es sinnvoll sein, bereits die Ergebnisse des Pretests auszuwerten, um zu testen, ob die Hypothesen prinzipiell auch tatsächlich mit Hilfe der Ergebnisse überprüfbar sind.

Ist der Forscher mit dem Ergebnis des Pretests zufrieden, kann der Codierbogen endgültig erstellt und ggf. in ein Computerprogramm umgesetzt, integriert werden.

BEISPIEL: Folgende willkürlich gewählte Anzeige soll zur Probe codiert werden (ein realer Pretest müsste natürlich mehrere Anzeigen umfassen):

»Gibt es nur Frauen, die nach dem Aussehen gehen? Du solltest mittelschlank, zwischen 29 – 44 J. sein. Hobbys: Flohmärkte, Rad fahren, schwimmen. Bin 41 J. und dunkelhaarig.«

Die Codierung zu dieser Anzeige könnte so aussehen:

Name des Codierers:	Paul M.
Zeitung:	Ruhr-Nachrichten
Datum der Zeitungsausgabe:	30.08.2003
Laufende Nummer der Anzeige:	324
Geschlecht der inserierenden Person:	männlich
Anzahl der bedeutungstragenden Wörter/ Wortkombinationen:	7
Kategorie »Partnerbeschreibung: Körperliche Merkmale«:	2 (Figur, Alter)
Kategorie »Selbstbeschreibung: Interessen«:	3 (2 x Sport, 1 x Sonstiges)
Kategorie »Selbstbeschreibung: Körperliche Merkmale«:	2 (Alter, Haare)

Tab. 4.2: Codierung einer Kontaktanzeige (Beispiel)

Die Zahl 7 (bedeutungstragende Wörter) entsteht dadurch, dass Paul M. die anfängliche Frage rigoros weggelassen hat. Man könnte sie vielleicht so interpretieren, dass der Inserent aussagen möchte, dass er selbst nicht einem aus seiner Sicht gängigen Schönheitsideal entspricht. Interessant ist, dass er selbst als Wünsche an seine potenzielle Partnerin nur körperliche Eigenschaften aufzählt. Doch es gilt: Gibt es keine Codierregel, die eine eindeutige Zuordnung der Frage ermöglicht, fällt sie raus. Dies gilt ebenfalls für die Formulierung »du solltest«, die sicherlich rigider ist als z. B. »ich suche jemanden, der…« o. Ä.

Angenommen, Paula K. hätte bei dieser Probecodierung ganz ähnlich codiert, hätte aber die »Flohmärkte« nicht der Unterkategorie »Sonstiges«, sondern »Kultur« zugeordnet, so ließe sich das Maß für die Zuverlässigkeit nach obiger Formel berechnen:

$2 \times 6/7+7 = 12/14 = 0{,}86$

(6 = übereinstimmende Codierungen; erste 7 = Anzahl Codierungen Paul; zweite 7 = Anzahl Codierungen Paula).

Der Forscher sieht diese Übereinstimmung als hinreichend an, so dass der nächste Forschungsschritt nun folgen kann. Bei größeren Differenzen oder auch Unsicherheiten der Codierer müsste er zuvor das Kategoriensystem und/oder die Codierregeln überarbeiten.

WAS IST METHODISCH ZU BEACHTEN?

1. Der Pretest überprüft nochmals die Gültigkeit und Zuverlässigkeit (insbesondere die Übereinstimmung bei mehreren Codierern).
2. Hier auftretende Unklarheiten können z. B. durch zusätzliche Codierregeln berücksichtigt werden.
3. Eine kritische Selbstreflexion ist besonders an dieser Stelle wichtig. Der Forscher sollte nicht zu schnell bereit sein, das Kategoriensystem (wegen der bisherigen Mühe und um endlich zur Haupterhebung zu kommen) »abzusegnen«. Denn es wäre aufwändiger, die Haupterhebung modifiziert wiederholen zu müssen.

Zu VIII.: Stichprobenziehung

DAS VORGEHEN: Kapitel 5 macht insgesamt mit den Grundlagen der Stichprobenziehung vertraut, die immer dann notwendig ist, wenn man keine Totalerhebung durchführt. In diesem Fall bedeutet die Stichprobenziehung, dass der Forscher eine Auswahl aus allen Kontaktanzeigen trifft, die 1978 und 2003 in deutschen, wöchentlich (bzw. monatlich) erscheinenden Printmedien mit einer Mindestauflage erschienen sind – so wurde weiter oben die Grundgesamtheit der Fragestellung festgelegt. Die Forschenden wählen – begründet – ein Auswahlverfahren aus, führen die Auswahl durch und dokumentieren dabei ihr Vorgehen (z. B. kann es ja sein, dass bestimmte Zeitungsausgaben wider Erwarten doch nicht verfügbar sind; dies sollten sie festhalten). Häufig besteht ein Ziel der Auswahl darin, dass die Stichprobe »repräsentativ«, d. h. ein verkleinertes Abbild der Grundgesamtheit ist (siehe zum Gütekriterium der Repräsentativität ausführlicher Kap. 5). Nur dann können die Ergebnisse auf die Grundgesamtheit verallgemeinert werden. Hat der Forscher die Verfügbarkeit der Quellen prinzipiell sichergestellt, zeigt sich ein Vorteil der Inhaltsanalyse gegenüber anderen Erhebungsinstrumenten: Prinzipiell lassen sich alle Untersuchungseinheiten aus einer Liste ziehen, d. h. eine solche Liste ist erstens erstellbar und zweitens gibt es unter den ausgewählten Quellen keine »Verweigerer«. Dies ist anders, wenn man z. B. eine Befragung bei allen Drogenabhängigen Frankfurts durchführen möchte. Selbst bei prinzipieller Bekanntheit, die hier nicht vollständig gegeben ist, unterliegen Namen und Adressen oft dem Datenschutz. Zu den Schwierigkeiten, überhaupt eine Liste von Auszuwählenden zu erstellen, kommt die Möglichkeit für Befragte oder Beobachtete, die Teilnahme an der Forschung zu verweigern.

Auf die Probleme der Stichprobenziehung bei diesen Instrumenten kommen spätere Abschnitte zurück. An dieser Stelle sei festgehalten, dass unter der Bedingung von verfügbaren Quellen eine Auswahl relativ unproblematisch durchzuführen ist. Man kann etwa aus einer Liste aller Quellen zufällig eine bestimmte Anzahl ziehen. Eine weitere Möglichkeit demonstriert das Beispiel.

BEISPIEL: Der Forscher möchte für seine Grundgesamtheit repräsentative Ergebnisse erzielen. Er bildet zunächst verschiedene Gruppen von Medienarten, die in der Auswahl vorkommen sollen: überregionale Zeitungen, Lokalzeitungen und Zeitschriften. In jeder dieser Gruppen geht er nun mehrstufig vor. Er zieht im ersten Schritt zufällig bestimmte Zeitungen und im zweiten Schritt (wieder zufällig) eine bestimmte Anzahl von Ausgaben aus den Jahren 1978 und 2003 (nur aus solchen Ausgaben, in denen auch Kontaktanzeigen erschienen sind, z. B. aus den Samstagsausgaben). Innerhalb dieser Ausgaben gelangen jeweils alle Inserate in die Auswahl. In den (später erläuterten) Fachtermini handelt es sich um eine *geschichtete, mehrstufige Zufallsauswahl.* Dabei erspart die Mehrstufigkeit auch Arbeitsaufwand, weil der Forscher nun nicht mehr aus allen Medien der Grundgesamtheit Ausgaben auflisten und »ziehen« muss.

Streng genommen müssten die Forscher nun recherchieren, welchen Marktanteil die drei Medienarten haben und nach diesem Anteil auch die Zahl der zu ziehenden Zeitungen/Zeitschriften proportional bestimmen (wenn überregionale Zeitungen z. B. einen Marktanteil von 33 Prozent hätten, müssten bei insgesamt 15 auszuwählenden Medien 5 davon überregionale Zeitungen sein).

Zur Vereinfachung wählt der Forscher in diesem Beispiel aus jeder Gruppe nur ein Medium (wenn er tatsächlich so vorginge, wäre die Repräsentativität allerdings eingeschränkt!): Die »Frankfurter Allgemeine Zeitung«, die »Westdeutsche Allgemeine Zeitung« und »Coolibri« (eine monatlich erscheinende regionale Zeitschrift, unter anderem im Ruhrgebiet, insbesondere für jüngere Menschen, mit Beiträgen zu Musik, Kultur, Veranstaltungshinweisen etc.). Angenommen, die Kontaktanzeigen erscheinen einmal wöchentlich, hat man nun sowohl für 1978 als auch für 2003 (diese Jahre waren schon zuvor festgelegt worden, s.o.) pro Zeitung im ersten Schritt 52 Ausgaben und für die Zeitschrift 12 ausgewählt. Darauf wählt der Forscher aus jedem Jahrgang und jeder Zeitung/Zeitschrift 5 Ausgaben aus. Insgesamt liegen also

2 (Jahre) x 3 (Medien) x 5 (Ausgaben) = 30 Ausgaben vor, deren Kontaktanzeigenteile nun »physisch«, d. h. als Kopie oder als Datei, zu beschaffen wären. In diesen Ausgaben wären dann jeweils alle Kontaktanzeigen zu analysieren. Bei – fiktiven – 100 Anzeigen pro Ausgabe steht der Forscher also vor der Aufgabe, 3.000 Kontaktanzeigen zu analysieren.

Was ist methodisch zu beachten?
Hier sollte der Leser vor allem darauf achten, welches Auswahlverfahren der Forscher angewandt hat und ob die Auswahl – falls die Untersuchung dies beansprucht – repräsentativ (für welche Zielgruppe bzw. Grundgesamtheit?) ist. Die Forscher sollten entsprechend auch diesen Schritt gut dokumentieren.

Zu IX.: Haupterhebung

Nach all diesen vorbereitenden Schritten kann nun endlich die eigentliche Datenerhebung, d. h. Codierung erfolgen, entweder manuell oder per Computer. Bei manueller Codierung – deren Aufwand die Länge dieses Abschnitts sicher nicht widerspiegelt – ist weiterhin darauf zu achten, ob nicht wider Erwarten doch noch größere Unsicherheiten bzw. neue Grenzfälle bei der Codierung auftreten. Bei der automatischen Codierung wird es möglicherweise einen kleinen Anteil an Codiereinheiten geben, den das Programm nicht zuordnen konnte, diese müssten die Forscher dann ebenfalls nachcodieren.

Auffälligkeiten dieser »Feldphase« sollten die Forscher zur Sicherstellung der Intersubjektivität dokumentieren.

Zu X.: Datenaufbereitung, Interpretation einschließlich Prüfung der Gütekriterien

Das Vorgehen: Die Datenaufbereitung hat der Forscher durch die Erstellung des Codierbogens vorbereitet. Die Häufigkeiten des Vorkommens der einzelnen Kategorien und Unterkategorien sollten klar erkennbar sein, d. h. zu der Codierung gehört neben der »Strichliste« auch eine Auszählung der Summen, was kein Problem ist, wenn der Codierbogen beispielsweise in Excel angelegt wurde. Aus dieser »Urliste« sind nun weitere Darstellungen und statistische Prozeduren ableitbar, die bestimmte Ergebnisse akzentuieren, z. B. Tabellen, Grafiken oder Maßzahlen (ebenfalls meist relativ unaufwändig mit Hilfe des Computers). Solche Darstellungen sind sinnvoll, wenn sie mit den Hauptelementen der Auswertung (z. B. der Hypothesenprüfung) eng verbunden und zudem übersichtlich sind – also nicht nur erstellt werden, weil sie möglich und durch den Computer so einfach zu realisieren sind (zur Ergebnisdarstellung und Statistik siehe Kap. 6).

Zentral ist in diesem Schritt die Interpretation der Ergebnisse. Dies bedeutet hier in erster Linie die Prüfung der Hypothesen. Wenn das Kategoriensystem systematisch auf die Hypothesen gerichtet war – hieran sieht man nochmals, wie wichtig die Schritte *vor* der Datenerhebung sind – sollte der Forscher nun relativ problemlos die Ergebnisse mit den Hypothesen verbinden und diese so prüfen können. Dies sollte unbedingt systematisch geschehen. Es ist durchaus erlaubt, auch an dieser Stelle noch neue Auswertungsideen zu entwickeln oder z. B. Fragen differenzierter als zuvor angedacht zu beantworten. Diese zusätzlichen Erkenntnisse sollten dann jedoch deutlich als solche gekennzeichnet werden.

Eines geschieht hoffentlich in dieser Forschungsphase nicht: Dass man feststellt, es wären weitere oder andere Kategorien notwendig gewesen. Zwar sind solche »Versäumnisse« bei einer Inhaltsanalyse prinzipiell durch eine Wiederholung aller Forschungsschritte nachholbar, sofern nicht ganz andere, ggf. nicht verfügbare Quellen benötigt werden. Ein solches Nachholen ist jedoch sehr aufwändig.

Die Interpretation der Ergebnisse sollte mit zwei weiteren Forschungsschritten verbunden werden: Zum einen sollte der Forscher – mit etwas Distanz zu den bisherigen Forschungsphasen – nochmals die Güte der Ergebnisse anhand der Gütekriterien reflektieren: Erscheinen z. B. auch im Nachhinein die Kategorien als angemessene Indikatoren, waren die Codierregeln im Sinne einer adäquaten Zuordnung formuliert (Gültigkeit), stimmen die Codierungen verschiedener Personen auch in der Haupterhebung hinreichend überein (Zuverlässigkeit), war die Auswahl der Quellen repräsentativ? Hat der Forscher die Forschungsschritte nachvollziehbar dokumentiert (Intersubjektivität)? Die Prüfung der Gütekriterien und damit die Zusammenfassung der Möglichkeiten und Grenzen des konkreten methodischen Vorgehens führen im zweiten Schritt dazu, die Reichweite der Ergebnisse (selbstkritisch) einzuschätzen und in bisher vorliegende theoretische und empirische Erkenntnisse einzuordnen. Damit schließt sich der Kreis zum ersten Forschungsschritt, in dem die Fragestellung präzise formuliert wurde.

Beispiel: Ausschnitt einer (fiktiven) Ergebnisdarstellung zur Prüfung von Hypothese 3: »Männer legen bei der Wunschpartnerin auf andere Merkmale Wert als Frauen bei ihrem Wunschpartner, z. B. nennen Männer häufiger körperliche Merkmale, Frauen häufiger Charaktereigenschaften.«

Alle Medienarten 2003	Suchende Männer		Suchende Frauen	
Gesuchte Partnereigenschaften	absolut	%	absolut	%
Körperliche Merkmale	321	39,6	212	25,2
Charakter, Fähigkeiten	296	36,5	372	44,3
Lebenssituation	54	6,7	63	7,5
Interessen	108	13,3	145	17,3
Sonstige Merkmale	31	3,8	48	5,7
SUMME	810	100	840	100

Tab. 4.3: Kreuztabelle Geschlecht * Partnereigenschaften

Mit Rückgriff auf die (Hypothese und Kategorien) verknüpfende Regel (s.o.) wird Hypothese 3 bestätigt, da Männer absolut und relativ (d. h. in Prozent) häufiger Wert auf körperliche Merkmale legen als Frauen bei Männern; genau umgekehrt ist es bei den Charaktereigenschaften/Fähigkeiten. Die anderen Kategorien unterscheiden sich zwar auch voneinander, allerdings weniger stark[7]. Zur Einschätzung des Unterschieds könnte man nun z. B. noch ein Zusammenhangsmaß berechnen. Über solche statistischen Möglichkeiten informiert Kapitel 6. Im Rahmen der Prüfung der Hypothese könnte man weitere Differenzierungen untersuchen, z. B. welche körperlichen Merkmale (also welche Unterkategorien) besonders oft vorkommen, ob die Ergebnisse für alle Zeitungsarten, für 1978 und 2003 gleichermaßen zutreffen etc. Die Überprüfung der Reliabilität ergibt (ebenfalls fiktiv) eine Übereinstimmung der Codierer von 91 Prozent, was ein gutes Ergebnis darstellt[8].

In diesem Rahmen können nicht alle Auswertungsmöglichkeiten demonstriert werden. Ein weiteres Auswertungsbeispiel (nun nicht mehr zu Hypothese 3) zeigt jedoch ergänzend die mögliche Darstellung eines Zeitvergleichs zu der Frage, wie häufig Männer und Frauen Angaben zu ihrem Äußeren machen. Es zeigt sich, dass Frauen dies häufiger tun, die Häufigkeit im Zeitverlauf aber bei beiden Geschlechtern gestiegen ist.

WAS IST METHODISCH ZU BEACHTEN?

1. Die Datenaufbereitung und die Interpretation sollten systematisch an die Prüfung der Hypothesen und die Beantwortung der Fragestellung geknüpft werden (keine Erzeugung von »Datenfriedhöfen« oder aneinander gereihten Beschreibungen).
2. Die Prüfung der Güte und Reichweite der Ergebnisse sowie die Einordnung in bisherige (theoretische und empirische) Erkenntnisse sind ebenfalls Elemente dieser Forschungsphase.

7 Von der Berücksichtigung der relativen Abweichung wird hier abgesehen, um das Beispiel nicht zu verkomplizieren.

8 Die weiteren Vorgehensschritte unter diesem Punkt können ohne genaueren Rückgriff auf das inhaltliche Thema und einschlägige Literatur nicht geleistet werden. Die Leser seien hierzu auf »echte« empirische Studien verwiesen.

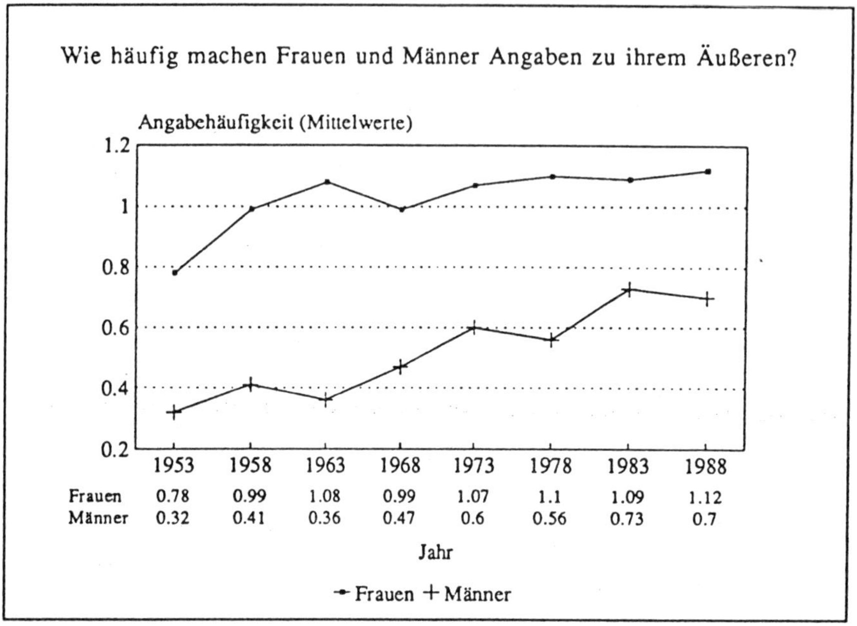

Abb. 4.4: Entwicklung der durchschnittlichen Angabehäufigkeit zum äußeren Erscheinungsbild (Gern 1992: 127)

4.1.3 Besonderheiten bei der Inhaltsanalyse historischer Quellen

In kulturgeschichtlichen Zusammenhängen bietet sich naturgemäß nicht die alternative Erhebungsmethode an, jemanden über eine (weiter zurückliegende) Vergangenheit zu befragen oder diese zu beobachten. Man ist auf Quellen angewiesen, für die sich mindestens zwei Probleme stellen: Diese betreffen zum einen – und dies oft noch in stärkerem Ausmaß als bei neueren Quellen – die Verfügbarkeit und zum anderem die Frage, ob sie einen geeigneten, gültigen Indikator darstellen. Zunächst zur Verfügbarkeit: Bestimmte Dinge wurden gar nicht schriftlich, bildlich oder in einer anderen aufbewahrungsfähigen Form festgehalten, und wenn, dann höchstens selektiv: so bleiben z. B. häufig mehr Zeugnisse von berühmten oder reichen Menschen für die Nachwelt erhalten als von Personen aus dem »normalen« Volk. Von dem, was einmal vorhanden war – Briefe, Akten, Urkunden etc. – ist heute ein oft ungewisser Anteil zerstört, entweder absichtlich (man glaubte, es sei wertlos oder wollte ganz bewusst die Erinnerung an etwas zerstören) oder durch den »Zahn der Zeit«: Schriftstücke sind verfault, angefressen, nass geworden, nicht mehr lesbar etc. Und schließlich ist das, was es tatsächlich gab und auch heute noch gibt, nicht unbedingt in einem zentralen Archiv gelagert und einer breiten Öffentlichkeit bekannt bzw. für sie problemlos zugänglich. Es gibt viele Unterlagen, die in privatem Eigentum oder dezentral in einzelnen Städten, Pfarreien etc. gelagert sind und möglicherweise erst als Quellenmaterial für bestimmte Fragestellungen erschlossen werden müssten[9]. Diese kurzen Hinweise können die praktischen Probleme des Forschers nur andeuten. Deutlich werden soll auf jeden Fall, dass durch die lückenhafte Verfügbarkeit von Quellen die Reichweite der Ergebnisse (aufgrund mangelnder Repräsentativität, s. Kap. 5) eingeschränkt sein kann.

Noch schwerwiegender ist die Frage, ob durch die Inhalte der Quellen gültige Indikatoren vorliegen für das, was man wissen möchte. Hier ist neben sorgfältiger Recherche geeigneter Quellen die Fantasie der Forscher gefragt, die Quellen neu erschließen oder auch Bekanntes neu lesen und interpretieren. Abgesehen von der Gefahr, gar keine geeigneten empirisch fassbaren Indikatoren zu finden, könnte man z. B. auch leicht in die für Forscher missliche Situation kommen, dass widersprüchliche Aussagen (verschiedener zeitgenössischer Zeugen) vorliegen. Außerdem sind die Schlussfolgerungen häufig indirekt. Man schließt z. B. von bestimmten Debatten im Parlament auf die Bedeutung des Themas in dieser Zeit. Möglicherweise ist die Schlussfolgerung aus nicht schriftlichen Quellen unter Umständen sogar noch vager. Solche indirekten Schlussfolgerungen sind immer ein wenig riskant. Sie setzen außerdem voraus, dass die Forscher die »richtige« Bedeutung der Quellen erfasst haben. Schreibt etwa jemand in früheren Jahrhunderten etwas über »Liebe«, kann man nicht einfach das heutige (übrigens ja auch nicht eindeutige) Verständnis dieses Phänomens auf den in der Quelle gemeinten Sinn übertragen und entsprechende Schlussfolgerungen ziehen. Die etwas riskanten Schlussfolgerungen sind mangels Alternativen teilweise notwendig, der oben wiederholt geschilderte Grundsatz, die Forschungsverfahren und ihre Grenzen offen zu legen, gilt also insbesondere auch hier.

4.1.4 Zusammenfassung

Eine Inhaltsanalyse »zieht« aus den Quellen Informationen, mit deren Hilfe der Forscher die Fragestellung beantworten kann. Ein zentrales Element ist das Kategorienschema, das die Informationen ordnet und systematisch mit den Untersuchungshypothesen verbindet. Ist dieses Kategorienschema nicht angemessen, zu ungenau, nicht praktikabel etc., dann ist die Gültigkeit der Ergebnisse gefährdet.

9 Ohler (1980) gibt einen kleinen Überblick über verfügbare historische Statistiken.

Eine besondere Herausforderung stellt es – für die manuelle Codierung wie für die technische Variante per Computer – dar, auch »latente« Inhalte zu codieren.

Sofern geeignete Quellen vorliegen, hat die Inhaltsanalyse den methodischen Vorteil, dass der Forscher nicht auf die direkte Kooperation von Forschungsteilnehmern angewiesen ist und dass die Codierung im Zweifelsfall wiederholbar ist. Doch hat auch dieses Instrument Anwendungsgrenzen.

Das Beispiel hat für die Analyse von Kontaktanzeigen demonstriert, wie Forscher die Fragestellung nach Geschlechterrollen und ihrem Wandel methodisch umsetzen und welche methodischen Entscheidungen sie dabei treffen.

Ein Hinweis ist an dieser Stelle noch wichtig: Hier wurde mehr oder weniger idealtypisch das quantitative Vorgehen bei einer Inhaltsanalyse dargestellt. Bereits innerhalb dieses Methodenstrangs sind viele Differenzierungen höchstens angedeutet worden. Um nur ein Beispiel zu nennen: Wie ist das Kategorienschema zu entwerfen, wenn die Quelle ein Foto, Gemälde o. Ä. ist? Zudem gibt es auch in der qualitativen Forschung Inhaltsanalysen (z. B. von niedergeschriebenen, transkribierten Interviews), die den Texten gemäß der offenen und theorieentwickelnden Vorgehensweise erst im Nachhinein Kategorien zuordnen. Die eher unangemessenen »Grabenkämpfe« zwischen quantitativem und qualitativem Methodenstrang wurden in Kapitel 3 bereits angesprochen. Gerade die Inhaltsanalyse stellt ein gutes Beispiel dafür dar, dass die Grenzen zwischen beiden Vorgehensweisen manchmal auch fließend verlaufen können. Das quantitative Vorgehen umfasst nicht ein reines Wörter-Zählen (wie ausführlich geschildert), und beim qualitativen Vorgehen gibt es einige Verfahrensweisen, bei denen sich der Forscher relativ schnell auf Kategorien festlegt und die damit der quantitativen Logik etwas näher kommen (was teilweise aus »rein qualitativer Sicht« ein wenig kritisch kommentiert wird; z. B. Flick 1995: 215). Anstelle der Abgrenzungen sollte jedoch hier das gängige Lippenbekenntnis tatsächlich zur Anwendung kommen, die konkrete Methode oder die Methoden passend zur Fragestellung auszuwählen, womit die Grenzziehung an Bedeutung verliert.

Literaturhinweise

Zur Inhaltsanalyse allgemein:

Früh, Werner (2001): Inhaltsanalyse. Theorie und Praxis, Konstanz, 5., überarb. Auflage

Merten, Klaus (1995): Inhaltsanalyse. Einführung in Methode, Theorie und Praxis, Opladen, 2., verb. Auflage (insbesondere Kap. 11)

Zur computergestützten Inhaltsanalyse:

Züll, Cornelia; Landmann, Juliane (2002): Computerunterstützte Inhaltsanalyse. Literaturbericht zu neueren Anwendungen, Mannheim: ZUMA-Methodenbericht 2002/02

Beispiele für empirische Untersuchungen, die mit quantitativer Inhaltsanalyse Kontaktanzeigen untersucht haben:

Buchmann, Marlis; Eisner, Manuel (2001): Geschlechterdifferenzen in der gesellschaftlichen Präsentation des Selbst. Heiratsinserate von 1900 bis 2000, in: Heintz, Bettina (Hrsg.): Geschlechtersoziologie, Wiesbaden, S. 75 – 107

Gern, Christiane (1992): Geschlechtsrollen. Stabilität oder Wandel? Eine empirische Analyse anhand von Heiratsinseraten, Opladen

Kraemer, Monika (1998): Partnersuche und Partnerschaft im deutsch-französischen Vergleich 1913 – 1993. Eine empirische Analyse zum Wertewandel anhand von Heirats- und Bekanntschaftsanzeigen, Münster u. a.

Zur qualitativen Variante der Inhaltsanalyse:

Gläser, Jochen; Laudel, Grit (2004): Experteninterviews und qualitative Inhaltsanalyse, Stuttgart

Mayring, Philipp (2003): Qualitative Inhaltsanalyse. Grundlagen und Techniken, Weinheim u. a., 8. Auflage

Übungsaufgaben

Aufgabe 1

Erstellen Sie ein Kategoriensystem zu folgender Hypothese: »Die Selbstdarstellung eines Inserenten/einer Inserentin ist in Kontaktanzeigen einer überregionalen Tageszeitung anders als in einer lokalen Tageszeitung.«

Aufgabe 2

Codieren Sie die folgenden sechs Kontaktanzeigen nach diesem Schema (zunächst unabhängig davon, aus welcher Art Zeitung die Anzeigen stammen, d. h. es geht nicht um die Prüfung der Hypothese, sondern um die Codierung als solche).

Er sucht sie:

1. Nur wo Liebe ist, ist das Leben erfüllt! Akad., 60/176/72, lieb u. sinnl., gepfl. u. charmant, Natur- u. Pferdefreund, internat. Kapazität, sucht aufregende, feminine, natürl. Lady bis 51 J.
2. Männer sind Schweine – ich möchte das Gegenteil beweisen! Bin 50/178/75/NR, sportl., dkl. Typ, tanze gerne, suche geistreiche Frau ab 50 J., möglichst NR, die sich einen ganz normalen Partner wünscht.

3. Nase voll von Prinzessinnen und Zicken, unkompl. Stier, 41/182, sportl. u. vielseitig, möchte wieder eine Beziehung aufbauen, jedoch ohne Stress, alles soll sich entwickeln. Wenn Du Dich traust, schreib mir mit Bild, ich antworte in jedem Fall.

Sie sucht ihn:

4. Gebildete Sie, NR, vollschlk, lebhaft u. unabhg., möchte wieder Geliebte, Freundin und Kameradin eines berufst. Herrn im besten Alter, 45 – 60 J., sein.
5. Muss man schamlos übertreiben, oder reicht's fürs Erste? Studiertes, bewegliches, langhaariges Kurvenwesen, 38, sucht gelassenen Mann, der sich selbst schon gefunden hat. Noch Fragen? Foto von Vorteil.
6. Wenn Du ein Langweiler, Öko oder Fußballfan bist, dann melde Dich bitte nicht! Attr. Sie, 29/163/59, NR, sportl., humorvoll, o. Altlasten, aber mit Katze, sucht gepfl., intellig. Mann m. Niveau, ca. 1,80 m, mit Spaß an Fitness, Skifahren, Reisen, Ausgehen...Trau' Dich und schreib' mir! BmB!

4.2 Die Beobachtung

4.2.1 Das Instrument und seine Anwendungsmöglichkeiten

Was unterscheidet die Beobachtung von der Inhaltsanalyse? In vieler Hinsicht gleichen sich die Erhebungsmethoden, denn in beiden Fällen codiert der (quantitativ arbeitende) Forscher mit Hilfe eines Kategoriensystems. Der wesentliche Unterschied besteht darin, dass er bei der Beobachtung einen Prozess untersucht, der gerade im Moment abläuft. Beispielsweise könnte er Arbeitsabläufe untersuchen oder die Kontaktaufnahme sich bisher fremder Personen auf einer Party oder im Zug. Der Forscher kann die Beobachtung nicht identisch für eine nochmalige Erhebung wiederholen (z. B. zur Absicherung oder für neue Schwerpunktsetzungen).

Die schnell vorübergehende Momentaufnahme kann teilweise dadurch entschärft werden, dass einige Situationen – wenn man z. B. an die Arbeitsabläufe denkt – immer wieder ähnlich sein können. In (Feld-)Experimenten forciert der Forscher diese Vergleichbarkeit sogar. Solch ein Feldexperiment besteht darin, in eigentlich natürlicher Umgebung (also im »Feld«) »künstliche« Reize zu setzen. Beispielsweise könnte der Forscher vermeintlich versehentlich einen Stapel Zeitschriften auf einem öffentlichen Gehweg fallen lassen, um die Hilfsbereitschaft der Vorbeigehenden zu beobachten[10]. In anderen Fällen unterliegen die Beobachtungsobjekte keiner raschen Veränderung. Beispielsweise sollten in der Studie von Bourdieu die Beobachter unter anderem die Wohnungseinrichtung und den Klei-

10 Streng genommen handelt es sich um ein Quasi-Experiment, Feldexperimente arbeiten in natürlicher Umgebung gezielt mit Versuchs- und Kontrollgruppen (vgl. zum Experiment z. B. Friedrichs 1990: Kap. 5.11, Diekmann 1996: Kap. VIII oder Atteslander 2003: Kap. 5).

dungsstil der Befragten festhalten (vgl. Kap. 2.3 und das Beobachtungsschema am Ende dieses Kapitels).

Zur Wiederholung von bestimmten Beobachtungen gibt es außerdem die Möglichkeit, Situationen mit der Kamera aufzunehmen. Doch besteht oft die Gefahr, durch die Aufnahme das Ergebnis zu verändern (alle verhalten sich plötzlich besonders »korrekt«) oder sogar die Einwilligung der Beobachteten zu ihrer »Erforschung« zu verlieren.

Die Nicht-Wiederholbarkeit sich verändernder Situationen ist deshalb gravierend, weil die Wahrnehmung der Beobachter notwendigerweise selektiv ist. Es ist unmöglich (und ja auch gar nicht im Sinne der Fragestellung), wirklich das gesamte Geschehen in einer Situation wahrzunehmen. Abgesehen von der Wahrnehmung kann zudem die Interpretation dessen, was der Beobachter sieht, falsch sein. Wie »wahrscheinlich« das ist, hängt wiederum von der Komplexität der Fragestellung ab. Levine (1998) beispielsweise hat sich mit dem Umgang mit Zeit in verschiedenen Ländern beschäftigt. Die Beobachtungen, die er als Indikatoren nahm, waren dabei unterschiedlich stark »fehleranfällig«. Er prüfte das Tempo des Lebens in einer Stadt etwa dadurch, wie schnell die Menschen (im Innenstadtbereich) eine Strecke von 20 Metern zurücklegten und ob die öffentlichen Uhren die exakte Uhrzeit anzeigten. Beides ließ sich noch recht gut standardisieren, obwohl bereits hier Hindernisse vorstellbar sind. Es wäre ja etwa denkbar, dass in einer bestimmten Region die Menschen auch bei wiederholter Messung schnell unterwegs sind, weil es dort häufig regnet (während sie in überdachten Räumlichkeiten viel langsamer gehen). Der Forscher müsste also z. B. klare Sommertage als Untersuchungsbedingung voraussetzen.[11] Vielleicht hatte sich der Beobachter – so eine fiktive Annahme – auch neben einer U-Bahn-Station postiert, wo viele Beobachtete noch schnell die nächste Bahn erreichen wollten. Eine durchschnittliche nationale Gehgeschwindigkeit hätte er dann nicht erhoben, der Indikator wäre ungültig. Ein weiterer, sicherlich ebenfalls fehleranfälliger Indikator bestand darin festzustellen, wie lange der Verkauf einer Standardbriefmarke am Schalter dauert. Levine selbst verweist auf die unterschiedlichen Gepflogenheiten, beispielsweise

11 Levine dokumentiert folgendes Beobachtungs-Setting: »Die Messungen wurden an klaren Sommertagen während der Hauptgeschäftszeit, normalerweise vormittags, an wenigstens zwei verschiedenen wichtigen Ladenstraßen der Innenstadt vorgenommen. Die ausgewählten Strecken waren eben, ohne Hindernisse, hatten breite Gehsteige und waren leer genug, dass die Fußgänger in ihrer bevorzugten Gehgeschwindigkeit gehen konnten. Um die Effekte der Geselligkeit auszuschalten, wurden nur die Zeiten einzelner Fußgänger ausgewertet. Weder Personen mit erkennbaren körperlichen Behinderungen noch solche, die offensichtlich einen Schaufensterbummel machten, wurden in die Auswertung einbezogen« (Levine 1998: 37).

verwickelte der Händler in Indonesien den Käufer in ein Gespräch (a. a. O.: 188 f.) – die Vergleichbarkeit wird dann schnell hinfällig.

Die Beobachtung zeichnet sich also meist dadurch aus, dass
- sie sich auf gerade ablaufende Prozesse richtet;
- sie nicht identisch wiederholbar ist;
- sie notwendig selektiv ist hinsichtlich der wahrgenommenen Ausschnitte des Geschehens;
- die Angemessenheit der Interpretation (was sieht der Beobachter?) falsch sein, u. a. durch die fehlende Wiederholbarkeit aber auch nicht systematisch überprüft werden kann; außerdem kann damit der »Lerneffekt« des Beobachters (der ggf. am Anfang anders kategorisiert als später) weniger als bei der Inhaltsanalyse kontrolliert werden.

Wo liegen die besonderen *Stärken* der Anwendung einer Beobachtung?

Sie ist immer dann mindestens als ergänzende Methode der Datenerhebung angebracht, wenn man unabhängig von den subjektiven Einschätzungen der Befragten deren Verhalten erheben will (z. B. sind den Befragten bestimmte Verhaltensweisen und Abläufe nicht bewusst, oder es geht um »Gegenstände«, die erst im Zusammenwirken mehrerer Menschen oder in bestimmten Situationen entstehen). Diekmann geht sogar weiter: »Wo immer möglich und vertretbar, empfiehlt es sich, das *Verhalten* durch Beobachtung zu erheben« (1996: 479 f., Hervorhebung NB.).

Beispiele für eine Bebachtung sind:
- Die Beobachtung von Abläufen, z. B. der Arbeit in einem Frisiersalon, dem »Tempo« in einer Stadt etc. Dabei sind unter Umständen auch internationale Vergleiche eher möglich als z. B. bei Befragungen, weil der Forscher das Hindernis der Übersetzung umgeht (andererseits sind natürlich verschiedene Bedeutungen gleicher Handlungsweisen durchaus denkbar).
- Die Beobachtung von Interaktionen, z. B. wie lösen Ehepaare gemeinsam ein Problem, oder wie gestaltet sich das Betriebsklima in einem Steuerberaterbüro? Bei der Beobachtung von Gruppen kann auch die Gruppendynamik selbst ein Forschungsgegenstand sein, wenn z. B. Führungskräfte einen Bewerber für eine Arbeitsstelle auswählen sollen (Fragen können unter anderem lauten: wer entscheidet letztlich, wer lässt sich überzeugen?).

Wenn ein Forscher die Beobachtung ohne das Wissen der Beobachteten durchführt (ohne andererseits forschungsethische Grenzen zu überschreiten), beispielsweise in der Öffentlichkeit, entgeht er dem Problem, dass die Forschungsteilnehmer auf die »Messung« reagieren, eine verdeckte Beobachtung ist also »nicht-reaktiv«. In solchen Fällen kommt dann kein –für die Forschungssituation demonstriertes – sozial erwünschtes Verhalten vor. Diekmann nennt das Beispiel einer Untersuchung, bei der 98 Prozent der befragten älteren Fußgänger sagten, sie bedankten sich stets, wenn sie ein Fahrzeuglenker über die Straße ließe. Bei einer entsprechenden Beobachtung taten es allerdings nur 18 Prozent – eine doch erhebliche Differenz, die in diesem Fall für die Anwendung der Erhebungsmethode »Beobachtung« spricht (1996: 479).

Definition: Nicht-reaktive Methoden
Erhebungsinstrumente, bei denen sich die »Beforschten« dieser Erhebung nicht bewusst werden, sie reagieren nicht auf die Erhebungssituation. Beispiele sind Feldexperimente, die verdeckte Beobachtung oder auch Sekundäranalysen. Forscher erhoffen sich davon, dass die Ergebnisse weniger verzerrt sind (z. B. antworten Befragte nicht sozial erwünscht, verhalten sich z. B. Passanten oder Berufstätige nicht in künstlicher Weise korrekt). Jedoch sind nicht-reaktive Methoden nicht ganz unproblematisch, es gibt Grenzen durch die Art der Fragestellungen, für die sie geeignet sind, ebenso forschungsethische Grenzen – denken Sie z. B. an die Beantwortung einer Kontaktanzeige mit anschließendem Treffen nur zu Forschungszwecken; zudem ist die Gültigkeit der Indikatoren oft skeptisch zu beurteilen (sind z. B. wirklich nur die Menschen hilfsbereit, die dem Forscher beim Aufsammeln seiner heruntergefallenen Zeitschriften helfen?).

Den oben genannten Problemen der selektiven Wahrnehmung und der Fehlinterpretation kann der Forscher mindestens ein wenig entgegensteuern, etwa durch ein klares Beobachtungsschema (das den Beobachter in möglichst wenige Entscheidungszwänge bringt), Beobachterschulung und den Einsatz mehrerer Beobachter (wobei er bei widersprüchlichen Aussagen entscheiden müsste, ob und wie er diese Ergebnisse weiter verwertet) sowie technischer Hilfsmittel, falls möglich.

Grenzen hat die Beobachtung jedoch unter anderem
- in privaten Situationen, in denen keine Einwilligung der Forschungsteilnehmer vorliegt;
- wenn zu lange Beobachtung nötig wäre (z. B. seltene Ereignisse betreffend);
- bei subjektiven Deutungen und Einstellungen, die sich nicht (unmittelbar) in Handlungen äußern;
- bei vergangenen Ereignissen und ihrer Deutung (z. B. die Lebensgeschichte aus der Sicht des Individuums).

Zusätzlich ist natürlich, wie bei anderen Erhebungsmethoden auch, zu klären, ob sich aus den Beobachtungen Schlussfolgerungen für die Forschungsfrage ziehen lassen, ob also Deutungen von Verhalten zulässig sind, die dann zugleich als Indikator dienen. Die Antwort darauf ergibt sich nicht allein aus der Beobachtung selbst, es sind immer auch theoretische Annahmen nötig. Ein Beispiel: Die Gehgeschwindigkeit zu messen, ist ein Vorgehen, das bereits Jahoda et al. in der klassischen Studie »Die Arbeitslosen von Marienthal« von 1933 angewandt haben. Die Forscher untersuchten 1931/32 ein österreichisches Dorf, dessen Bewohner durch die Schließung der ortsansässigen Fabrik fast alle unmittelbar oder mittelbar von Arbeitslosigkeit betroffen waren. Sie verwandten verschiedene qualitative und quantitative Methoden, unter anderem Interviews, Beobachtungen, Zeitverwendungsbögen, die Inhaltsanalyse von Schüleraufsätzen, statistischen Daten etc. (Jahoda et al. 1975). Eine der Methoden bestand darin, die Gehgeschwindigkeit auf 300 Metern der Ortsstraße zur Mittagszeit zu ermitteln sowie zu dokumentieren, wie oft die Personen stehen blieben. Es ergab sich, dass gut zwei Drittel der Männer, aber nur etwa ein Sechstel der Frauen mindestens zweimal stehen blieben (1975: 83). Im Zusammenhang mit anderen empirischen Ergebnissen (Zeittagebüchern, Tragen einer Uhr, offene Beobachtungen des Lebens im Dorf etc.) zogen die Forscher dann den letztlich theoretischen Schluss, dass »die Arbeiter die materiellen und moralischen Fähigkeiten eingebüßt [haben], die Zeit zu verwenden« (1975: 83). Insgesamt handelte es sich bei den Marienthalern um eine »müde Gemeinschaft« (1975: 55–64). Dies ist eine Schlussfolgerung, die – über 60 Jahre später, d. h. auch unter ganz anderen sozialen Bedingungen – Levine allein aus der Gehgeschwindigkeit nicht gezogen hat und auch nicht hätte ziehen dürfen.

Der Forscher sieht sich – nun wieder allgemein ausgedrückt – vor die Aufgabe gestellt, einerseits nicht nur reine Verhaltensbeschreibungen zu liefern, andererseits die Gültigkeit seiner Schlussfolgerungen, die im Einklang mit den empirischen Ergebnissen stehen müssen, plausibel zu machen.

In den bisherigen Ausführungen wurden bereits zwei verschiedene *Arten der Beobachtung* erwähnt.

- Zum einen ging es um die Entscheidung, offen oder verdeckt zu beobachten, d. h. ob man die »Beforschten« über die Untersuchung informiert oder nicht. Forschungsethische Grenzen sind hier auf jeden Fall zu beachten.
- Zum anderen beobachten die Forscher in natürlichen Situationen oder »künstlich«, im Labor (z. B. bei psychologischen Experimenten). Eine Zwischenform ist das Feldexperiment, bei dem der Untersuchungsleiter und sein Team gezielte Reize in die ansonsten natürliche Umgebung der Beobachteten geben.

Zwei weitere Arten lassen sich unterscheiden:

- Teilnehmende oder nicht teilnehmende Beobachtung: Der teilnehmende Beobachter hat selbst eine Rolle in der Beobachtungssituation inne, z. B. arbeitet er als Praktikant in einem Betrieb, den er untersucht. Der Vorteil ist offensichtlich: Der Forscher erhofft sich mehr Informationen über das »Innenleben« des Betriebs. Zudem wirkt die Beobachtung weniger künstlich, so dass sich die Beobachteten – so die Hoffnung – entsprechend nicht (auf Dauer) künstlich verhalten. Die teilnehmende Beobachtung bringt jedoch auch Risiken mit sich: Zunächst muss der Beobachter überhaupt eine Rolle finden, in der er das Geschehen wenig beeinflusst, aber viele Informationen erhält. Weiterhin muss er das Problem klären, wie er sich trotz seiner Teilnahme möglichst zeitnah (sonst verblasst schnell die Erinnerung) Notizen machen oder einen Beobachtungsbogen ausfüllen kann. Außerdem besteht die Gefahr, im Laufe einer längeren Beobachtung die Beobachterdistanz zu verlieren und ähnlich wie die »Insider« viele Dinge für selbstverständlich zu halten und nicht mehr wahrzunehmen. Dies kann sogar zu Rollenkonflikten zwischen dem Beobachter und dem Teilnehmer in einer Person führen.
  William F. Whyte, der – in einer weiteren klassischen Feldstudie von 1943 (»Die Street Corner Society«) – in einer mehrjährigen teilnehmenden Beobachtung ein Italienerviertel in Boston untersucht und zu diesem Zweck auch dort gewohnt hat, schreibt dazu: »Ich begann als nicht teilnehmender Beobachter. Als ich in der Gemeinschaft zunehmend akzeptiert wurde, wurde ich fast zum nicht beobachtenden Teilnehmer. Ich bekam das Lebensgefühl in Cornerville mit, aber das hieß, dass ich dieselben Dinge für selbstverständlich hielt, die meine Freunde in Cornerville für selbstverständlich hielten.« (1996: 322).
- Hoch oder mittel strukturierte Beobachtung: Diese Unterscheidung richtet sich darauf, in welchem Maße der Beobachtungsbogen dem Beobachter Kategorien vorgibt oder ihn auch offene Eintragungen machen lässt. Eine nicht strukturierte Beobachtung ohne jeglichen Bogen ist natürlich ebenfalls möglich, fällt dann aber nicht mehr unter die standardisierten Erhebungsmethoden der quantitativen Forschung. Beobachtungen unterschiedlicher Strukturierung können sich in verschiedenen Forschungsphasen durchaus ergänzen. Eine unter mehreren Möglichkeiten sieht so aus, dass die unstrukturierte Beobachtung Ideen für Kategorien des Beobachtungsschemas liefert oder dieses erweitert. Mit anderen Worten: Forscher werden kaum einen hoch strukturierten Beobachtungsbogen entwerfen können, wenn sie sich noch nie selbst im Feld befunden haben.
  In den meisten Fällen ist eine stark strukturierte Beobachtung eher nicht teilnehmend, weil sich die gleichzeitige Erledigung der Aufgaben des Teilnehmers

und das Ausfüllen des standardisierten Beobachtungsschemas kaum verwirklichen lässt.

Exkurs zur Forschungsethik: In den vorigen Abschnitten wurde das Thema der Forschungsethik angeschnitten. Generell sollten sich empirische Forscher nach ethischen Regeln richten. Ein wichtiger Aspekt besteht darin, den Forschungsteilnehmern (z. B. Befragten oder Beobachteten) in keiner Weise direkt oder indirekt zu schaden (z. B. durch Verletzung der Anonymitätszusicherung oder durch Schädigung ihres Selbstvertrauens bzw. Hervorrufen von Stress- oder Schuldgefühlen). Prinzip muss auch die Freiwilligkeit der Teilnahme an einer Forschung sein. Neben den Rechten der Untersuchten, die zu beachten sind, beinhaltet die Forschungsethik andere Aspekte wie beispielsweise den, dass die Forscher in ihren Publikationen sämtliche Finanzierungsquellen ihrer Forschung benennen sowie ihr Vorgehen offen legen sollen. Auch dürfen sie sich nicht die Ergebnisse anderer aneignen, indem sie z. B. in Publikationen zu einem Forschungsprojekt die Namen beteiligter Projektmitarbeiter nicht nennen (als Beispiel für einen Ethik-Kodex kann der der Soziologen dienen: www.soziologie.de/dgs/ethik-kodex.htm; vgl. auch Gläser/Laudel 2001: Kap. 2.3).

4.2.2 Ein Anwendungsbeispiel

In einem (fiktiven) Forschungsprojekt soll es im theoretischen Rahmen der Ansätze zu sozialer Ungleichheit, sozialen Milieus und Lebensstilen (vgl. im Überblick Burzan 2004) darum gehen, ob sich die Besucher einer Oper von denen eines Fußballbundesligaspiels unterscheiden. Unterscheidungsaspekte können etwa das Aussehen, das Verhalten und insbesondere der soziale Umgang miteinander sein. Über die Beschreibung hinaus ist es konzeptionell interessant, ob sich die (ungeschriebenen) Umgangsformen in verschiedenen Milieus oder in verschiedenen Situationen unterscheiden und ob unterschiedliche Grade der Stilisierung des Verhaltens vorliegen. In einer späteren (hier nicht näher thematisierten) Phase der Untersuchung möchte der Forscher stärker an Bourdieus Ansatz anknüpfen, indem er untersucht, ob die beobachteten Personen ein Distinktionsverhalten aufweisen.

Eine Befragung würde sich hier weniger eignen, denn möglicherweise sind den untersuchten Personen viele Aspekte ihres Tuns zu selbstverständlich oder sie würden – tendenziell sozial erwünschte – Pauschalaussagen machen (Wer würde schon sagen, dass er vor allem ins Theater geht, um gesehen zu werden?). Der Forscher wählt deshalb die Beobachtung als geeignete Methode aus (die er später, nach ersten Zwischenergebnissen, immer noch durch andere Methoden ergänzen könnte).

Durch Beobachtung kann er das Verhalten, wenngleich nicht alle Bedeutungsnuancen, direkt erheben.

Ich nehme nun an, dass sich der Forscher derzeit in einer explorativen Phase seiner Forschung befindet[12]. Er möchte zwar strukturiert, mit Hilfe eines Kategorienschemas, beobachten, doch hat er – im Gegensatz z. B. zum Vorgehen bei der beispielhaften Inhaltsanalyse im vorigen Kapitel – noch keine festen Hypothesen. Die einzelnen Kategorien sind entsprechend keine festen Indikatoren für bestimmte theoretische Konstrukte. Der Forscher möchte in dieser Forschungsphase also zunächst einmal systematisch beschreiben und sich dabei nicht durch Vorab-Annahmen den Blick für die Beobachtung zu stark verstellen. Die Strukturierung wählt er aber dennoch, um Gemeinsamkeiten und Unterschiede zwischen dem Publikum von Fußballspiel und Oper gut vergleichen zu können.

Hinsichtlich der Art der Beobachtung lässt sich weiterhin sagen, dass diese Beobachtung sich auf eine natürliche Situation richtet, nicht teilnehmend und offen ist. Zwar verkünden die Beobachter ihre Aufgabe nicht ausdrücklich, sie verstecken sich aber auch nicht und geben auf Anfrage Auskunft über ihr Tun.

Die Forschungsschritte der Präzisierung der Fragestellung, Dimensionenfindung etc. laufen ähnlich wie bei der Inhaltsanalyse ab (mit dem Unterschied des erwähnten explorativen Charakters in diesem Beispiel). Daher soll in diesem Abschnitt besonderes Augenmerk auf die Beobachtungssituation, das Beobachtungsschema sowie die Beobachterschulung für den Teil der Studie, der im Theater oder Opernhaus stattfindet, gelegt werden.

Die Beobachtungssituation im Theater

Beobachtet werden Personen, sie sind letztlich die Untersuchungseinheiten. Nun gibt es keine Liste, aus der der Forscher vorab Personen auswählen könnte (maximal die Abonnenten, die andererseits nicht zwangsläufig erscheinen müssen). Es geht also um Personen in einer bestimmten Situation: Es handelt sich um Theaterbesucher in dem Zeitraum zwischen Betreten und Verlassen des Theatergebäudes.

Ein Beobachter hat nun prinzipiell zwei Möglichkeiten:

1. Er »hängt« sich an bestimmte Personen (z. B. jede 20. eintretende Person erhält ihren »persönlichen« Beobachter) und beobachtet sie während eines bestimmten Zeitraums.

12 Exploration meint die Erkundung eines relativ unbekannten Forschungsfeldes, die in der quantitativen Sozialforschung oft als Vorstufe der »eigentlichen« Hauptuntersuchung dient.

2. Er wählt bestimmte Orte und Zeiträume aus und beobachtet die Personen in dieser vorab räumlich und zeitlich definierten Situation (z. B. Personen an einem bestimmten Tisch im Theatercafé 15 bis 10 Minuten vor der Vorstellung).

Bei beiden Varianten ist darauf zu achten, dass der Beobachter nicht überfordert wird, z. B. wird er kaum das ganze Theatercafé überblicken können. Die erste Variante hat den Vorteil, einen dynamischen Prozess zu erfassen, einen Ablauf im Verhalten einer bestimmen Person. Die andere Variante kann bestimmte Unterfragen (unterscheidet sich das Verhalten im Gastronomiebereich von dem der Flaneure auf den Gängen?) systematischer angehen. Der Forscher entscheidet sich deshalb dafür, beide Varianten zu wählen. Wichtig ist, dass letztlich ganz klar ist, wer/wo/wann/wie lange beobachtet werden soll.

Wie lange und an wie vielen Theaterabenden sollen die Beobachter aktiv werden? Die einzelnen Sequenzen dürfen nicht zu lang sein, um die Aufmerksamkeit nicht zu überfordern. Wann dieser Punkt erreicht ist, hängt sicherlich davon ab, wie komplex das Beobachtungsschema ist. Im Beispiel nimmt der Forscher im ersten Entwurf eine Sequenz von fünf Minuten an. Geht man davon aus, dass die meisten Besucher nicht eher als eine halbe Stunde vor Vorstellungsbeginn ankommen, andererseits etwa fünf Minuten vor Beginn schon viele im Theaterraum auf ihren Plätzen sitzen, bleibt die Zeit von dreißig bis fünf Minuten vor Beginn der Aufführung als Zeitraum für mögliche Beobachtungen, ebenso die Pause. Die Aufführungszeit selbst kommt für die Beobachtung aufgrund der eingeschränkten Wahrnehmung (z. B. der Mimik) bei Dunkelheit nur bedingt in Frage. Im Beispiel geht es zunächst einmal um die Zeitspanne *vor* der Aufführung.

Da somit nur eine recht begrenzte Zeitspanne als Beobachtungszeit interessant ist (der Theaterbesuch), trifft hier nicht zu, was bei anderen Forschungen wichtig sein könnte: Der Forscher könnte dort damit rechnen, dass sich die Forschungsteilnehmer bei längerer Beobachtung an die Situation gewöhnen und sich daher nach einiger Zeit nicht mehr künstlich (z. B. überkorrekt) verhalten. Dies ist hier auch deshalb kaum notwendig, weil die Theaterbesucher ohnehin in der Öffentlichkeit anderen Menschen gegenüber treten.

Zur Frage, wie viele Personen an wie vielen Theaterabenden zu beobachten sind, ist zu sagen, dass ein einziger Abend in einem einzigen Theater für verallgemeinerbare Ergebnisse nicht ausreicht. Es könnte ja sein, dass sich die Besucher z. B. bei einer Premiere anders geben als an anderen Abenden, dass die Besucherstruktur bei modernen Komponisten eine andere ist als bei der »Zauberflöte« etc. Das Thema der Auswahlverfahren und der Repräsentativität von Ergebnissen behandelt Kap. 5 näher. Hier reicht es daher aus zu sagen, dass der Forscher aus dem

Opernspielplan von drei Theatern einer Region zufällig insgesamt zehn Veranstaltungen auswählt. An jedem Abend hat er 15 Beobachter für bestimmte Personen bzw. Situationen zur Verfügung. Angesichts des explorativen Charakters seiner Untersuchung reicht die erzielte Spannbreite an Beobachtungssituationen erst einmal aus.

Das Beobachtungsschema für das Theater (erster Entwurf)

Es folgt ein Beispiel für eine ausgewählte Beobachtungssituation: Beobachtung von Tisch 8 im Theatercafé, 15 bis 10 Minuten vor der Vorstellung. Dieses Schema ist lediglich ein Entwurf, den die Forscher im nächsten Schritt einem Pretest unterziehen müssten.

Nach der Dokumentation, ob überhaupt jemand am Tisch sitzt und falls ja, welche Personen (P1, P2 etc.) jeweils wie lange, sind folgende weitere Beobachtungen vorgesehen:	
Person P1:	
Aussehen →	
Geschlecht	M, w
Alter	≤ 12 Jahre 13 – 20 21 – 30 31 – 40 41 – 50 51 – 60 61 – 70 ≥ 71 Jahre
Kleidung	legere Freizeitkleidung (z. B. Jeans und Pullover, T-Shirt oder Hemd); festliche Kleidung (z. B. Anzug, Kostüm/Kleid/Hosenanzug; keine Jeans); halbfestliche Kleidung (z. B. Jeans und Blazer/Sakko/festliches Oberteil)
Frisur	aufwändig frisiert ja/nein; Auffälligkeiten (z. B. Punk-Frisur)
Schuhe	mit flachen/hohen (> ca. 3 cm) Absätzen
Sonstige Auffälligkeiten im Aussehen	z. B. trägt viel Schmuck, ist stark geschminkt: nennen
Entsprechend für die weiteren Personen (P2, P3 etc.)	

Verhalten allein (Einzelpersonen) → Es ist jeweils anzugeben, ob die Person diese Aktivität ausgeübt hat oder nicht. Da das Beobachtungsintervall nur 5 Minuten dauert, braucht der Beobachter innerhalb dieses Intervalls keine Dauer für die einzelnen Tätigkeiten anzugeben.	
Trinkt	warmes oder kaltes Getränk; alkoholisches/nicht-alkoholisches Getränk (falls erkennbar)
Isst	Snack oder warmen Imbiss aus der Hand oder mit Besteck
Falls die Person im Beobachtungsintervall den Tisch verlässt und gegessen/getrunken hat:	gibt es Reste (Getränk/Essen)?
Liest	z. B. Programmheft
Telefoniert	ruft an bzw. wird angerufen; schreibt SMS
Umweltwahrnehmung	schaut interessiert seine Umgebung an; kein Blickkontakt zu anderen
Andere Aktivität	nennen
Keine spezifische Aktivität	
Verhalten mehrerer Personen → Zusätzlich zum Verhalten als Einzelperson sind folgende Aktivitäten zu dokumentieren, sofern sie vorkommen:	
Ankunft	Personen kommen gemeinsam/zeitversetzt; mit oder ohne Begrüßung
Unterhaltung	leise/laut (hier: Zeitspannen festlegen)
Gesprächsanteile	Spricht eine Person mehr als andere (wer?) oder ausgeglichen?
Atmosphäre bei Unterhaltung	ernsthaft, lustig etc. (Indikator nennen, z. B. häufiges Lachen)
Gestikulieren beim Sprechen	wer?
Weitere Gesten	z. B. zuprosten
Berührungen	z. B. Schulter klopfen, Kuss, Krawatte gerade rücken
Falls (Programmheft) lesen	gemeinsam?
Sonstige Handlungen	nennen; gemeinsam/aufeinander bezogen oder jeder für sich?

Tab. 4.4: Beispiel eines Beobachtungsschemas (fiktiv)

Natürlich zeigen sich auch an diesem Beispiel Probleme, die denen bei der Inhaltsanalyse zum Teil ähnlich sind. Insbesondere geht es darum, ob der Beobachter die Bedeutung dessen, was er wahrnimmt, angemessen einschätzt und ob er sie entsprechend in das Kategorienschema eintragen kann. Beispielsweise lässt sich bei der obigen Einteilung die Altersklasse nicht bei allen Personen leicht (d. h. auch: schnell) einschätzen. Für andere Einschätzungen gibt es keine klaren Indikatoren: Ab wann ist z. B. eine Unterhaltung »laut«? Die Lautstärke der Unterhaltung kann der Beobachter zudem nicht lange reflektieren, die Situation hat sich ggf. schnell wieder geändert. Er muss seinen spontanen Eindruck festhalten, denn Zeit zum Erinnern bleibt kaum im laufenden Beobachtungsprozess. Wann jemand »viel« Schmuck trägt, ist auch davon abhängig, wie viel Schmuck der Beobachter selbst als normal, d. h. als nicht »viel« ansieht. Eine Präzisierung ist hier notwendig, sofern nicht eine bestimmte Anzahl an Schmuckstücken als Grenze zu »viel Schmuck« vorgegeben ist.

In einigen Fällen ist es dem Beobachter überlassen, seinen Eindruck nicht nur zu formulieren, sondern auch den zugehörigen Indikator zu benennen (z. B. zur Kategorie »Atmosphäre bei der Unterhaltung«). Dann besteht die Gefahr, dass der Beobachter überfordert ist oder die Ergebnisse nicht mehr sehr gut vergleichbar sind. Vorstellbare Eintragungen könnten z. B. sein: »harmonisch, verstehen sich gut; Indikator: ?« oder »keine besonders zu benennende Gesprächsatmosphäre«. Eventuell muss der Forscher also sowohl mögliche Ausprägungen der Gesprächsatmosphäre als auch ihre Indikatoren genauer im Beobachtungsplan ausführen. Ein »Sonstiges, und zwar« erfasst dann hoffentlich nur noch einen kleinen Teil der Beobachtungen. Das Problem besteht darin, überhaupt »objektive« Indikatoren für bestimmte Wahrnehmungen zu identifizieren, wenn der Beobachter z. B. den Eindruck hat, jemand sei nervös (das drückt sich ja nicht immer in Schweißperlen, fahrigen Gesten und rastlosem Hin- und Herlaufen aus), er sehe »aufgedonnert« aus etc. Neben einem ausgefeilten Beobachtungsschema kann eine sorgfältige Beobachterschulung helfen, dieses – kaum grundsätzlich zu lösende Dilemma – zu mindern.

Am konkreten Beobachtungsplan sollte der Forscher – ggf. nach einem ersten Pretest – jedenfalls noch einige Aspekte verbessern. Neben den bereits genannten Punkten könnte er z. B. »halb-festliche Kleidung« genauer abgrenzen. Eine hilfreiche Strategie kann weiter z. B. darin bestehen, anstelle von zwei oder drei Alternativen (z. B. leise – laut) eine Skala vorzugeben, in die der Beobachter seine Wahrnehmung eintragen kann (z. B. leise 1 – 2 – 3 – 4 – 5 laut). Andererseits kann er etwa beim Alter die Spannbreite der Kategorien vergrößern (z. B. unter 20, 20 bis unter 40, 40 bis unter 60, ab 60 Jahre), um eine Einordnung zu erleichtern. Diese Vorschläge zeigen: Jeden noch so sorgfältig am Schreibtisch ersonnenen Beobachtungsplan muss das Forschungsteam durch Pretests weiter ausfeilen. Ein schon zuvor genannter Grundsatz gilt dabei auch hier: Die Fragestellung der Forschung darf nicht aus dem Blick geraten, damit man sich nicht in Detailbeschreibungen verliert, die wenig Aussagekraft für die Forschungsfrage haben. Es kann z. B. sein, dass es wenig relevant ist, ob sich ein Besucher vor der Aufführung die Nase putzt. Dies braucht ein Beobachter dann entsprechend nicht zu dokumentieren.

EXKURS: Auch das Beobachtungsschema in Bourdieus Studie »Die feinen Unterschiede« (s. das Ende dieses Abschnitts) ist teilweise so grob angelegt, dass der Beobachter einen Spielraum hat, den er nicht weiter dokumentieren muss, z. B. ab wann sind Haare lang, ist ein Gebäude ärmlich etc. Der Forscher muss abwägen, wie genau die Ergebnisse sein sollen und eine wie detaillierte Beobachtung er den Beobachtern andererseits zumutet. Die subjektive Einordnung z. B. »langer« Haare reichte für Bourdieus Auswertung offensichtlich aus. Weiterhin zeigt sich die Zeitgebundenheit eines jeden Beobachtungsschemas. Heutzutage wäre es beispielsweise schwierig, »Haushaltskleidung« zu identifizieren. Die Zahl der Männer, die ein Hemd mit Manschetten tragen, wäre außerhalb festlicher Anlässe schätzungsweise so gering, dass in einem vergleichsweise kurzen Beobachtungsplan andere Differenzierungen wahrscheinlich angebrachter wären.

Beobachterschulung

Ähnlich wie beim Pretest einer Inhaltsanalyse kann eine Beobachterschulung den Umgang mit Grenzfällen trainieren: Ist das Naseputzen zu dokumentieren? Was ist einzutragen, wenn ein einzelnes »Wie bitte?« in einer sonst leisen Unterhaltung laut aus ihr herausragt? etc. Die Schulung übt den Beobachterblick für die relevanten Aspekte, so dass die Beobachter sie nicht übersehen und möglichst sicher eintragen können. Insgesamt soll der Beobachter jedoch – zugunsten der intersubjektiven Nachvollziehbarkeit – eher mehr als weniger dokumentieren. Dadurch werden seine Wahrnehmungen (z. B. das »harmonische Gespräch«) nachvollziehbarer. Die Zuverlässigkeit der Beobachtungsergebnisse einer Situation durch mehrere Beobachter kann der Forscher ähnlich überprüfen wie bei den Codierern, die eine Inhaltsanalyse durchführen. Für die Beobachterschulung ist es sinnvoll, sofern möglich, neben einem Training an »Live«-Situationen auch anhand von Video-Aufzeichnungen zu lernen. In diesem Fall ergibt sich eine der Inhaltsanalyse sehr ähnliche Situation (allerdings mit einem eingeschränkten Blickwinkel), da mehrere Beobachter dieselbe Situation mehrmals in den Beobachtungsplan eintragen können. Ein weiterer Aspekt des Trainings kann unter anderem sein, eine geeignete – nicht zu lange oder akademische – Antwort zu geben auf die etwaige Frage eines Beobachteten, was der Beobachter dort mache.

In diesem Zusammenhang sei eine Anmerkung zu der Frage angefügt, wann die technische Aufzeichnung von Beobachtungen nützlich sein kann. Es wurde bereits gesagt, dass die Aufnahme das Ergebnis verändern kann oder die Beobachtung möglicherweise sogar verhindert. Eine Aufzeichnung ist insbesondere dann möglich, wenn der Forscher sie unauffällig in die Situation integrieren kann. Abgesehen von forschungsethisch bedenklichen verdeckten Aufnahmen trifft dies z. B. für Kaufhäuser zu, in denen die Kunden Beobachtungskameras oft bereits kennen. Die Aufzeichnung ist auch dann möglich, wenn der Forscher gewisse Künstlichkeiten (die andererseits vielleicht im Zeitverlauf nachlassen) in Kauf nimmt, weil er der Ansicht ist, dass sich bestimmte Merkmale und Prozesse auch in einer etwas künstlichen Situation zeigen. Beispielsweise könnte dies für eine Gruppendiskussion zu einem bestimmten Thema gelten, bei der – so jedenfalls die Annahme – trotz Kamera wichtige Positionen zum Ausdruck kommen und auch eine Gruppendynamik stattfindet.

Mögliche Ergebnisse und ihre Aussagekraft

Wie sehen mögliche Ergebnisse der Beispiel-Beobachtung aus? Man könnte sich etwa vorstellen, dass die meisten Besucher zu zweit kommen, mindestens »halbfestlich« angezogen sind und sich in mittlerer Lautstärke unterhalten. Etwa ein Viertel der Besucher trifft im Theater auf bekannte Menschen, was sich durch Begrüßungen und Unterhaltungen ausdrückt. Damit – und mit weiteren Ergebnissen dieser Art und in differenzierterer Form – liefert die Untersuchung vor allem eine Beschreibung des Geschehens, und darin bestand auch ihr vorrangiger Zweck. Die Aussagekraft kann sich weiter durch den Vergleich mit den Fußballstadionbesuchern erhöhen, wenn Vergleichsdimensionen deutlicher hervortreten (ganz klischeehaft könnte es etwa so sein, dass die Fußballfans vor dem Spiel laut sind, viel Bier trinken und fast ausschließlich legere Freizeitkleidung tragen). Weitergehende Deutungen und theoretische Einbindungen stellen kein Untersuchungsergebnis dar, sondern einen nächsten Forschungsschritt. Ob und inwiefern das Handeln der Theaterbesucher etwa ein Distinktionsverhalten ist, wie es mit sozialer Ungleichheit einhergeht etc. sind Fragen, die über die Deskription (Beschreibung) und damit über den Anspruch der Beispielstudie hinausgehen. Die Fragen zeigen damit jedoch auch deutlich die Grenzen einer Studie dieser Art. Es sei nochmals betont, dass diese Grenzen mit dem Forschungsdesign der explorierenden Deskription zusammenhängen, nicht mit dem Erhebungsinstrument der Beobachtung. Prinzipiell ließe sich die Beobachtung für eine Hypothesenprüfung ebenso einsetzen wie die im vorigen Kapitel nachgezeichnete Inhaltsanalyse.

4.2.3 Zusammenfassung

Dieses Kapitel hat mit der standardisierten Beobachtung ein Erhebungsinstrument vorgestellt, dessen Forschungsschritte ähnlich wie bei der Inhaltsanalyse ablaufen, das jedoch auch einige Besonderheiten aufweist. Dazu gehört etwa die Dokumentation von Prozessen, die gerade im Moment der Beobachtung ablaufen.

Innerhalb der standardisierten Erhebungsinstrumente nimmt die Beobachtung in der deutschsprachigen Forschungslandschaft keinen herausragenden Stellenwert ein. Diese geringe Aufmerksamkeit lässt sich beispielsweise daran ablesen, dass die ZUMA-Nachrichten (eine auf standardisierte Methoden spezialisierte Fachzeitschrift) bereits über einen längen Zeitraum hinweg keinen Artikel speziell zum Thema Beobachtung enthalten haben. Eher schon nutzen Forscher die Beobachtung im Rahmen der (hier nicht näher behandelten) nicht standardisierten Feldforschung.

Der relativ geringe Stellenwert der standardisierten Beobachtung mag – abgesehen von der mangelnden Eignung für historische Untersuchungen – mit der Beliebtheit von Befragungen zusammenhängen, die vermeintlich (langwierige) Beobachtungen durch schnelle Fragen ersetzen können, hat aber auch mit der Anforderung zu tun, intersubjektiv nachvollziehbare Kategorien zu finden, die zum einen gut (und schnell) identifizierbar und zum anderen aussagekräftig im Sinne der Forschungsfrage sind. Die verschiedenen Aspekte, die unter anderem bei der Entwicklung eines Kategorienschemas für die Beobachtung zu beachten sind, hat das Beispiel der Theaterbesucher deutlich gemacht.

Zumindest als ergänzende Methode im Methodenmix sowie für spezifische Fragestellungen sollten Forscher die Beobachtung als mögliches Instrument jedoch nicht vernachlässigen. Beispielsweise könnte die Beobachtung des Verhältnisses zwischen Männern und Frauen in verschiedenen Situationen durchaus eine geeignete Methode im Rahmen der Untersuchung von Informalisierungsprozessen (s. das Beispiel in Kap. 2.2) sein.

Literaturhinweise

Allgemein zur Beobachtung:

Grümer, Karl-Wilhelm (1974): Beobachtung, Stuttgart (Ein älteres Buch, aber als Lehrbuch detaillierter zur Methode der Beobachtung als die entsprechenden Kapitel in allgemeinen Methodeneinführungen)

Neueren Datums:
Gehrau, Volker (2002): Die Beobachtung in der Kommunikationswissenschaft: methodische Ansätze und Beispielstudien, Konstanz

Als Überblick über die qualitative Beobachtungsvariante:
Flick, Uwe (1995): Qualitative Forschung. Theorie, Methoden, Anwendung in Psychologie und Sozialwissenschaften, Reinbek; Kapitel »Beobachtungsverfahren« (S. 152 – 175)

Als klassische Feldstudie mit zwar nicht standardisierter, teilnehmender Beobachtung, die jedoch für die Besonderheiten der Methode insgesamt sensibilisieren kann:
Whyte, William Foote (1996): Die Street Corner Society: Die Sozialstruktur eines Italienerviertels, Berlin/New York: de Gruyter (amerik. Original 1943) (besonders Anhang A)

Empirische Untersuchungen, die auch standardisierte Beobachtungen einsetzen:
Levine, Robert (1998): Eine Landkarte der Zeit: Wie Kulturen mit Zeit umgehen, München u. a.: Piper
Blinkert, Baldo (1997): Aktionsräume von Kindern auf dem Land, Pfaffenweiler: Centaurus
(Die Studie enthält unter anderem einen Beobachtungsteil über den Zustand des Wohnumfeldes, allerdings gibt es keine Analyse von Handlungsabläufen anhand der Beobachtung)

Übungsaufgaben

Aufgabe 1
Entwerfen Sie im Rahmen des Anwendungsbeispiels ein Beobachtungsschema für einen Beobachter, der sich 15 Minuten an eine Einzelperson »heftet«. Dokumentieren Sie dabei auch methodische Probleme, für die Sie Lösungen finden müssen.

Aufgabe 2
Erörtern Sie die These (Pro- und Contra-Argumente), dass Beobachtungen in ethischer Hinsicht bedenklich seien.

Beobachtungsplan		
Wohnverhältnisse		
Wohnung	Häuschen	Haus
Alter des Gebäudes:		
Gebäude:		
Sozialer Wohnungsbau Normales Mietshaus	baufällig ärmlich	durchschnittl. Komfort Luxuskomfort
Anzahl der Zimmer:		
Innenausstattung:		
Vorherrschender Stil:		
Boden:		
andere Beobachtungen:		
Kleidung		
Männer:		
Arbeitsanzug Anzug m. Weste Pullover	Sportliche Kleidung (Jeans, Polohemd, usw.)	Ausgehanzug Krawatte
Art und Farbe des Hemds:		
mit Manschetten	Englischer Kragen	aufgekrempelt
Frauen:		
Haushaltskleidung Kostüm	Rock und Bluse Hose	Kleid Abendtoilette
Schuhe:		
m.h. Absätzen	m.fl. Absätzen	Hausschuhe
Make-up und Parfum:		
Gepflegtes Aussehen:	Ja/Nein	
Frisur		
Männer:		
kurzes Haar sehr kurzes Haar Koteletten Haarpomade	halblanges Haar langes Haar Oberlippenbart	Bürstenschnitt Scheitel (Seite-Mitte) Vollbart
Frauen:		
kurzes Haar sehr kurzes Haar Haarknoten Dauerwellen	halblanges Haar langes Haar ungefärbtes Haar gefärbtes Haar	toupiertes Haar stark toupiertes Haar struppiges Haar
Sprache		
sehr gepflegt fehlerhaft (genauere Angaben)	korrekt	Argot
Akzent		
Markant	leicht	ohne

Abb. 4.5: Beispiel für einen Beobachtungsplan (Bourdieu 1982: 809 f.)

4.3 Die Befragung

»Wer nicht fragt, bleibt dumm« – schon Kindern wird beigebracht, dass Fragen häufig einen sinnvollen und direkten Weg darstellt, um herauszubekommen, was man wissen möchte. Dies scheint auch für eine wissenschaftliche Befragung einleuchtend zu sein. Manchmal scheint die Befragung sogar die einzige oder zumindest einfachste Möglichkeit der Datenerhebung zu sein. Beispielsweise müsste man Menschen recht lange beobachten, um anhand ihres Verhaltens bestimmte Einstellungen festzumachen. Auch was die Menschen in der Vergangenheit erlebt haben und wie sie diese aus heutiger Sicht sehen, ist eine typische Fragestellung für das Erhebungsinstrument »Befragung«. Und tatsächlich wird die Befragung in der empirischen Forschung häufig angewandt, einige Zeit galt sie sogar als der »Königsweg« der Forschung. Nach der Lektüre der bisherigen Abschnitte wird es jedoch nicht verwundern, dass auch die Befragung zum einen Anwendungsgrenzen hat und zum anderen in der konkreten Durchführung mannigfache Verzerrungsrisiken birgt. Dies liegt unter anderem daran, dass die Befragung immer ein reaktives Erhebungsinstrument ist. Die Befragten leisten einen aktiven Beitrag zur Untersuchung, dabei wissen sie, dass sie sich in einer Umfragesituation befinden. In diesem aktiven Beitrag liegt gerade eine Stärke des Instruments (der Forscher findet im Idealfall direkt und gezielt heraus, was er wissen möchte), er birgt aber eben auch Verzerrungsgefahren. Eine besondere Anforderung besteht bei der Befragung darin, die Forschungsfragen in Fragebogenfragen zu übersetzen.

4.3.1 Fragestellung

Dies zeigt sich auch an dem für dieses Kapitel gewählten Beispiel. In dem durch die Deutsche Forschungsgemeinschaft geförderten Forschungsprojekt, das die Autorin geleitet hat (zusammen mit Uwe Schimank unter Mitarbeit von Brigitta Lökenhoff und Nadine M. Schöneck; Laufzeit vom Sommer 2003 bis zum Sommer 2005), geht es um »*Inklusionsprofile*«, das heißt um die Einbindung von Menschen in die verschiedenen Lebensbereiche (Näheres unter www.fernuni-hagen.de/SOZ/SOZ2/Projekte/Inklusionsprofile). Um herauszufinden, was die Menschen in den einzelnen Lebensbereichen wie Kultur, Politik, Wirtschaft, Familie und Freundschaftsbeziehungen, Gesundheit usw. tun, hat ein Umfrageinstitut im Auftrag des Projektteams eine Befragung durchgeführt. Die grundsätzlichen Schritte dieser Befragung sollen im Folgenden skizziert werden, um daran auch einige allgemeine Merkmale, Varianten sowie Probleme der Befragung zu verdeutlichen.

Am Anfang stand auch hier ein theoretisches Konzept: Das Forschungsteam wollte die Ungleichheitsforschung, die unter anderem die Lebenschancen verschiedener Bevölkerungsgruppen untersucht, und die Differenzierungstheorie, die Gesellschaft als aus verschiedenen Teilsystemen (oder Lebensbereichen) zusammengesetzt begreift, zusammenbringen. Die eine Richtung betont stärker das soziale Oben und Unten in einer Gesellschaft. Die andere Richtung hebt eher auf das funktional arbeitsteilige Nebeneinander von Teilsystemen ab: Das Bildungssystem ist für die Qualifikation zuständig, die Religion für den Glauben, die Wissenschaft für die Wahrheit etc. (vgl. Schwinn 2004).

»Beides zusammenbringen« – das bedeutet, die Aktivitäten in den einzelnen Lebensbereichen und in den jeweils typischen Rollen (z. B. als Wähler, Konsument, Sportzuschauer) zu betrachten. Die Gesamtheit dieser Einbindungen wird als »Inklusionsprofil« bezeichnet (diese Definition hat wiederum theoretische Anknüpfungen, auf die ich hier nicht näher eingehe). Das Profil eines Einzelnen sieht z. B. so aus, dass er stark in Familie/Freundschaften und Medien, in mittlerem Maße in Konsum, Sport und Gesundheit und in die restlichen Lebensbereiche schwach inkludiert ist. Dann wird geprüft – zumindest ist dies eine der zentralen Fragestellungen –, ob und wie sich die Inklusionsprofile je nach sozialer Lage unterscheiden, also z. B. je nach Alter, Bildung, Geschlecht oder Einkommen.

Um diese Frage beantworten zu können, mussten die Forscher also einerseits diese Merkmale der sozialen Lage erheben. Zum anderen brauchten sie das Inklusionsprofil, das aus den Einbindungen in die Lebensbereiche besteht. Dies ist noch weiter zu konkretisieren. Erstens waren die Lebensbereiche bzw. Teilsysteme zu bestimmen. Mit Rückgriff auf die Literatur wurden zwölf Teilsysteme festgelegt und überlegt, durch welche Rollen eine Person überhaupt »inkludiert« sein kann (die Berufsrollen wurden zunächst aus dem Profil herausgenommen, z. B. Lehrer im Bildungssystem oder Ärzte im Gesundheitssystem). Zweitens konzipierten die Forscher Facetten der Inklusion, und zwar zeitliche Facetten (in der Befragung spielte die Häufigkeit der Einbindung die bedeutendste Rolle vor der Dauer der Einbindung und der Frage, ob die Inklusion lebensphasenspezifisch ist) ebenso wie soziale Facetten in der Art von: Ist die Inklusion kommerziell, formalisiert, symmetrisch, interaktiv, direkt oder nicht? Jedenfalls ging es bei der Inklusion immer um tatsächliches Verhalten bzw. um Aktivitätsmuster, nicht z. B. um Einstellungen oder Handlungsmöglichkeiten.

An dieser Stelle kann das Konzept nicht näher erläutert werden (vgl. dazu Burzan/Schimank 2004). Wichtig ist hier, dass sich das Projektteam über die Fragestellung (in Kurzform: Beeinflusst die soziale Lage das Inklusionsprofil?) und ihre Dimensionen (Teilsysteme, Rollen, Facetten) klar werden musste, bevor es die empirische Umsetzung der Fragestellung genauer planen konnte.

4.3.2 Wahl der Erhebungsmethode

Bereits vor einer weiteren Operationalisierung der Fragestellung stand jedoch fest, dass eine Befragung durchgeführt werden sollte, genauer: eine standardisierte Befragung per Telefon. Dies ist kurz zu begründen. Eine Befragung hat den schon genannten Vorteil, auch eher sporadisch durchgeführte Aktivitäten (z. B. eine Zeugenaussage vor Gericht im Rechtssystem) erfassen zu können. Diesen Vorteil hat sie der Beobachtung (es sei denn, einer Langzeitbeobachtung) voraus und ebenfalls einem Zeittagebuch, also einer Tabelle, in die die Forschungsteilnehmer z. B. eine Woche lang eintragen, wann und wie lange sie welche Aktivitäten (ggf. wo und mit wem) durchgeführt haben. Die Zeitabstände (z. B. stündlich) gibt der Forscher in dieser Tabelle vor (vgl. z. B. die Zeitbudgetstudie 2001/02 des Statistischen Bundesamtes: http://www.destatis.de/presse/deutsch/pk/2003/wbdz.pdf). Die standardisierte Variante der Befragung bietet sich deshalb an, weil die Forscher in diesem Fall schon recht gut angeben und operationalisieren können, was sie wissen wollen. Das oben skizzierte Konzept deutet die zugrunde liegende Systematik an. Schließlich ist die Frage zu beantworten, warum die Befragung telefonisch erfolgen soll.

Insgesamt gibt es hinsichtlich der *Kommunikationsform* drei Grundformen der Befragung, die jeweils ihre Vor- und Nachteile aufweisen:

- persönlich-mündliche Befragung
- schriftliche Befragung
- telefonische Befragung.

Im ersten Fall, bei der *persönlich-mündlichen Befragung*, begegnet der Befragte einem Interviewer in einer face-to-face-Situation. In einer Variante füllt der Interviewer keinen Papierbogen aus, sondern gibt die Antworten in einen Computer ein. Positiv ist hier zu nennen, dass der Interviewer den Befragten, sofern er einmal in das Interview eingewilligt hat, oft zu längeren Interviews motivieren kann. Durch die Verwendung visueller Hilfen etc. (z. B. Bilder oder Listen) ist auch die Abfrage komplexer Themenbereiche möglich. Die Kontrolle der Befragungssituation ist größer als z. B. bei einer schriftlichen Befragung (dort weiß man z. B. nicht, ob der Befragte selbst/allein antwortet, ob er spontan antwortet etc.). Andererseits ist die persönliche Befragung mit relativ großem Zeit- und Kostenaufwand verbunden. Zudem ist ein möglicher Interviewereinfluss auf das Antwortverhalten im Vergleich zu den anderen Befragungsformen hier am größten – dadurch, dass der Befragte z. B. auf das Aussehen und das Alter des Interviewers reagiert, möglicherweise seine Antworten »anpasst«. Ferner kann der Interviewer zwar glaubhaft

Anonymität zusichern, sie ist jedoch nicht per se in gleichem Maße gegeben, wie es etwa bei einer schriftlichen Befragung zumindest potenziell möglich ist.

Die *schriftliche Befragung* ist auch bei vergleichsweise großen Stichproben kostengünstig. Der Forscher kann die Bögen beispielsweise postalisch verschicken (möglichst mit Freiumschlag für die Rücksendung) oder abgeben und später wieder einsammeln. Eine weitere Variante besteht in der Online-Befragung, die der Forscher per e-mail ankündigt oder zu der er Besucher einer Website auffordert. Ein Interviewereinfluss fällt weg, der Befragte kann den Bogen in aller Ruhe ausfüllen. Die Komplexität der Fragen kann in dem Maße hoch sein, in dem der Fragebogen übersichtlich gestaltet ist und gut erklärt, was wie gemeint ist. Zumindest potenziell ist Anonymität vollständig gewährleistet. Doch auch für schriftliche Befragungen gibt es ein »Aber«: Meist ist der Rücklauf der Fragebögen nicht sehr hoch, die Befragten schicken den Bogen oft nicht zurück. Häufig sind Forscher schon zufrieden, wenn sie mehr als die Hälfte der versandten Fragebögen zurückerhalten. Sie können versuchen, den Rücklauf durch nette Erinnerungsschreiben oder kleine Anreize (z. B. die Teilnahme an einer Verlosung) zu steigern, doch sind die Möglichkeiten solcher Anreize oder »incentives« begrenzt. Zum einen fehlt es an finanziellen Mitteln (Wer soll den Hauptgewinn der Verlosung bezahlen?), zum anderen könnte die alleinige Motivation zur Teilnahme durch Gewinne oder Belohnungen auch zu nachlässiger, d. h. fehlerhafter Beantwortung führen. Die schriftliche Befragungsform kann jedoch für spezielle Gruppen durchaus geeignet sein. Dies gilt insbesondere dann, wenn die Befragten ein Interesse an der Befragung haben (z. B. eine Mitarbeiterbefragung zur Arbeitszufriedenheit). Ein weiterer Nachteil wiederum einer schriftlichen Befragung klang weiter oben bereits an: Es gibt keine Kontrolle der Befragungssituation selbst. Vielleicht bittet der Befragte seine Ehefrau um ihre Meinung, wenn er selbst unschlüssig ist, eine Einstellung zu äußern etc. Dies kann zu Verzerrungen führen.

Schließlich gibt es die *telefonische Befragung*. Eine telefonische Befragung hat den Vorteil, viele regional verstreute Menschen in relativ kurzer Zeit und mit relativ geringem Kostenaufwand erreichen zu können. Zudem gewährleistet sie eine hohe Kontrolle der Befragungssituation (durch den Supervisor, eine »Aufsichtsperson« im Telefonlabor, die zugleich für Fragen zur Verfügung steht) sowie eine meist befriedigende Ausschöpfung. Das CATI (Computer Assisted Telephone Interview) bringt es schließlich mit sich, dass der Computer bei entsprechender Eingabe die Filterführung übernimmt (dass z. B. die nächste Frage nur denen gestellt wird, die zuvor angegeben haben, berufstätig zu sein) und daher dort kaum noch Fehler auftreten können. Ebenfalls entfällt eine fehleranfällige manuelle Übertragung der Angaben im Fragebogen in einen auswertbaren Datensatz. Ein Interviewereinfluss besteht, beschränkt sich aber vor allem auf die verbale Ebene (nicht

z. B. das Aussehen, bestimmte Gestik/Mimik etc.). Da die Befragten im Fall des Themas »Inklusion in die Lebensbereiche« in meist nicht mehr als 25 Minuten recht allgemeine Fragen zu ihrem Verhalten zu beantworten hatten (nicht etwa schwierige Einstellungsfragen, keine sehr detaillierten Fragen, auch keine sehr »privaten« Fragen), spricht zusätzlich nichts gegen das Medium Telefon. Bei einer längeren Befragung zu komplexen Themen, die ggf. auch ein wenig Nachdenken erfordern, würde sich eine persönliche Befragung dagegen besser eignen. In diesem Fall jedoch konnte die Befragung über das Telefon erfolgen, über das fast alle Haushalte in Deutschland verfügen und dessen Nutzung den allermeisten Menschen geläufig ist. Zwar gibt es eine wachsende Minderheit, die nur noch per Handy telefoniert und nicht mehr über einen Festnetzanschluss verfügt (insbesondere einige jüngere Menschen), aber ihr Anteil ist doch (noch) nicht sehr hoch. Zusammengefasst ist das computergestützte telefonische Interview im Vergleich zu anderen Befragungsformen für unser Beispiel wie folgt einzuschätzen:

Zeitaufwand Stichprobengröße Kontrolle der Befragungssituation Genauigkeit der Dateneingabe	GUT
Kosten Länge und Komplexität des Interviews Interviewereinfluss Gewährleistung der Anonymität aus Sicht der Befragten Ausschöpfung	AKZEPTABEL

Tab. 4.5: Einschätzung des computergestützten telefonischen Interviews als Befragungsart für das Beispiel

EXKURS: ARTEN VON BEFRAGUNGEN: An dieser Stelle wurden Befragungen nach ihrer Kommunikationsform unterschieden. Andere Möglichkeiten der Einteilung betreffen

- den Grad der Standardisierung: Für Befragungen im Rahmen der quantitativen Forschungslogik ist ein hoher Standardisierungsgrad typisch. Dies schließt allerdings einige offen gestellte Fragen (ohne feste Antwortvorgaben) nicht aus.
- die Anzahl Befragter pro Interview: Die überwiegend angewandte Form ist die Befragung je einzelner Personen (so auch bei den »Inklusionsprofilen«). Es gibt natürlich auch die Möglichkeit, eine Gruppe zu befragen. Teilweise gehören

dann die gruppendynamischen Aspekte zur Forschungsfrage hinzu (s. dazu auch Kap. 4.2 zur Beobachtung).

- die Anzahl von Befragungen im Zeitverlauf: Eine Querschnittsuntersuchung beschreibt eine Momentaufnahme zu einem Zeitpunkt. Dies ist auch für die Inklusionsprofile zunächst einmal so vorgesehen. Andere Untersuchungen sind von vorneherein so angelegt, dass mehrere Befragungszeitpunkte geplant sind, um ggf. einen Wandel (z. B. in der Lebenssituation, in den Einstellungen etc.) feststellen zu können. Wenn sogar genau dieselben Personen nochmals befragt werden, spricht man von einer Paneluntersuchung. Die Frage nach Quer- und Längsschnitt betrifft also das Untersuchungsdesign (s.a. Kap. 3).

4.3.3 Weitere Operationalisierung

Zurück zum Beispiel der Inklusionsprofile. Das Erhebungsinstrument ist nun festgelegt. Bevor der Fragebogen im Detail erstellt werden kann, soll den vorausgehenden Schritten der Operationalisierung noch etwas Aufmerksamkeit gewidmet werden. In der Übersicht in Kapitel 3 hieß es dazu, nun müsste der Forscher Indikatoren für die Dimensionen finden. In diesem Fall sind die Dimensionen einigermaßen direkt erfragbar – wenngleich die Formulierungen noch ein gutes Stück Forschungsarbeit bedeuten. Stattdessen soll das, was zu erfragen ist, noch stärker als zuvor systematisiert werden. Für das Teilsystem »Sport« sieht das beispielsweise so aus:

Rolle	Facette
Rezipient: Besucher von Sportveranstaltungen	Häufigkeit: Wie oft?
Rezipient: Interesse an Sport in den Medien	Häufigkeit: Wie oft bzw. wie stark?
Breitensportler, Sporttreibender	Häufigkeit: Wie oft? Interaktivität: Mit anderen oder allein? Formalisiertheit: Im Verein? Mitgliedschaft im Sportverein? Kommerziell: Bei kommerziellem Anbieter (z. B. Fitness-Studio)?

Tab. 4.6: Rollen und Facetten der Inklusion im Teilsystem Sport

Die Rollen im Sportsystem (abgesehen von beruflichen Rollen) sind die des Rezipienten (von Sportveranstaltungen oder in den Medien) und die des Amateursportlers. Beide Rollen sind optional (niemand muss sich für Sport interessieren oder Sport treiben) und vergleichsweise symmetrisch, d. h. die typischen Rollenbeziehungen sind wenig hierarchisch. Diese Facetten mussten daher nicht mehr erfragt werden. Wie formalisiert, interaktiv oder kommerziell die Rolle ist, liegt zumindest für den Breitensport nicht fest, ebenso wenig die Häufigkeit. Hier handelt es sich also um zu erfragende Aspekte. Bei der Rezipientenrolle haben die Forscher insbesondere auf die Häufigkeit Wert gelegt.

Zunächst hatten sie auch an eine indirekte Form der Inklusion gedacht, die sich in einem Pretest in der Frage niederschlug: »Haben Sie über Ihre Kinder mit dem Sport zu tun?« Bei näherer Überlegung fiel diese Frage dann jedoch weg: Entweder schauen die Eltern den Kindern bei ihrer Sportaktivität zu, dann sind sie auch in diesem Fall »direkte« Sportzuschauer, oder sie bringen die Kinder zur Sporthalle und holen sie ab, dann ist die Inklusion in den Sport noch nicht einmal indirekt gegeben. Es mag zwar dennoch Grenzfälle einer tatsächlich »indirekten« Inklusion geben, z. B. die Aktivitäten der Eltern beim Eltern-Kind-Turnen. Um diese Fälle herauszufinden, hätte jedoch eine einzelne Frage nicht ausgereicht. Und schließlich geht es im Projekt nicht um die genaue sportliche Aktivität (die Sportart ist beispielsweise ebenfalls nicht zentral für die Inklusion), sondern um die Inklusion in den Sport insgesamt, die das Raster hinreichend erfasst.

Je häufiger jemand Sport treibt, anderen dabei zusieht oder in den Medien etwas darüber sieht, hört oder liest, desto stärker ist die Inklusion. Die Inklusionsstärke steigt zusätzlich, wenn die Aktivität mit anderen und in formalisierter Form durchgeführt wird. Aus gesellschaftlicher oder auch differenzierungstheoretischer Perspektive ist die Einbindung einer Person in einen Bereich in interaktiver und organisationsförmiger Weise stärker zu gewichten, als wenn jemand etwas allein für sich tut. Unter anderem ist eine solche interaktive/formalisierte Inklusion verbindlicher und erfordert größeren Abstimmungsbedarf als die »einsame« Inklusion. Sie ist damit in der sozialen Dimension stärker ausgeprägt. Man sieht hier nochmals, dass theoretische Annahmen die Entscheidungen des Forschers bei den Forschungsschritten leiten.

Sofern die Facetten, die für das Teilsystem nicht ohnehin schon feststehen (wie die Optionalität beim Sport) in der Operationalisierung erfasst sind, interessiert weiteres Detailwissen (z. B. für welche Sportart interessiert sich jemand besonders?) nicht. Durch die Erhebung der Inklusion in zwölf Teilsystemen und zusätzlich von Lagemerkmalen und vereinzelten anderen Variablen ist der Fragebogen ohnehin recht breit (und damit lang) angelegt. Deshalb verzichten die Forscher auf Detailwissen über die einzelnen Teilsysteme. Dies leisten spezielle Untersuchungen, die für jedes Teilsystem für sich genommen ja auch vorliegen. Das Besondere der Untersuchung zu Inklusionsprofilen ist gerade die Betrachtung der Inklusion in die verschiedenen Teilsysteme in ihrem Zusammenhang. Dies liefern diese spezielleren Untersuchungen nicht: Man weiß nicht, wie jeweils *eine* Person in *alle* Teilsysteme inkludiert ist, sondern kann bislang höchstens anhand der Informationen über Gruppen Vermutungen anstellen. Beispielsweise sind Ältere häufiger als Jüngere religiös und gehen häufiger zum Arzt. Ob aber die Inklusion in die Teilsysteme Religion und Gesundheit systematisch zusammenhängt, ist bisher wenig empirisch fundiert. Für die Beantwortung unter anderem solcher Fragen verzichten die Forscher auf Details in den einzelnen Bereichen.

4.3.4 Entwicklung des Fragebogens – am Beispiel und allgemeine Prinzipien

Nachdem die Forscher sich also ein wie zuvor für den Sport beschriebenes Raster für jedes der 12 Teilsysteme überlegt haben und auch die potenziell erklärenden Faktoren aufgelistet haben, können sie dazu übergehen, diese Raster in konkrete Fragebogenfragen zu übersetzen. Dabei sind generelle Regeln zur Fragebogenkonstruktion zu beachten, d. h. beispielsweise, dass die Fragen möglichst kurz und klar, ohne Mehrdeutigkeiten und Suggestion etc. gestellt werden sollten. Auch die vorgegebenen Antwortmöglichkeiten sollten sowohl eindeutig als auch erschöpfend sein und die Befragten nicht in ihrem Einschätzungsvermögen überfordern (Wie differenziert lässt sich etwa angeben, wie oft man im Laufe des letzten Jahres kulturelle Veranstaltungen besucht oder bestimmte Dinge gekauft hat?). Ich komme auf solche allgemeinen Aspekte nochmals zurück, gehe aber zunächst auf das Beispiel ein.

In diesem Fall bestand eine spezielle Anforderung darin, dass die Forscher pro Teilsystem nur wenige Fragen stellen konnten, in die dann alles Wichtige im Sinne der Rollen und Facetten zu integrieren war (damit entfiel oft die Anlehnungsmöglichkeit an bestehende Untersuchungen). Die aufeinander folgende Behandlung aller Lebensbereiche sollte für die Befragten nicht langweilig sein, andererseits ist es auch nicht ratsam, seine Antwortkategorien ständig zu wechseln, also etwa als Antwortmöglichkeiten auf eine Frage nach der Häufigkeit einer Aktivität einmal »oft – gelegentlich – selten – nie« und bei der nächsten Frage »häufig – manchmal – kaum oder gar nicht« vorzugeben. Dies wäre für die Befragten verwirrend und erschwerte zusätzlich den Vergleich der Häufigkeiten von Aktivitäten in den ohnehin sehr unterschiedlichen Rollen und Lebensbereichen.

An einigen Beispielen soll nun gezeigt werden, welche Formulierungen die Forscher im Fragebogen gewählt haben.

Nehmen wir den Bereich Konsum als Teilbereich der Wirtschaft, in dem die Befragten die Rolle als Konsument innehaben. Nochmals sei daran erinnert, dass nicht interessiert, *was* die Einzelnen kaufen, sondern wie oft und in welcher Form sie die Konsumentenrolle einnehmen. Wenn man jedoch überlegt, wie man diese Forschungsfrage in eine oder wenige Fragebogenfragen übersetzen soll, ist dies gar nicht so einfach. Ein erster Vorschlag lautete:

Wie häufig gehen Sie einkaufen? (jeden Werktag, mehrmals wöchentlich, wöchentlich, weniger als einmal wöchentlich)

Bereits hier war beispielsweise die Überlegung eingeflossen, jeden Werktag statt jeden Tag zu nennen. Als ein Problem stellte sich der Begriff »einkaufen« heraus. Die Frage sollte nicht nur z. B. den Lebensmitteleinkauf erfassen, sondern auch andere Gelegenheiten, z. B. die Zigaretten am Kiosk oder Automaten, die Busfahrkarte, das Essen in der Kantine etc. Eine weitere Version lautete daher:

Gibt es Tage, an denen Sie kein Geld ausgeben (und auch Ihre Scheck-/Kreditkarte nicht benutzen)? (eigentlich nicht, das kommt durchaus immer wieder vor) Falls Klärungsbedarf: Bei Ausnahme von Sonn- und Feiertagen »eigentlich nicht« angeben

Die zusätzlichen Hinweise deuten darauf hin, dass eine zunächst einfach erscheinende Frage bei näherer Betrachtung durchaus sehr kompliziert werden kann. Schließlich wurden mehrere Fragen gestellt, um die gewünschten Informationen zu erhalten:

1. Denken Sie jetzt einmal an Situationen, in denen Sie Geld ausgeben, in bar oder mit der Scheck-/Kreditkarte: Wie oft kommt das an einem typischen Wochentag vor? (gar nicht, 1x, 2 – 5x, mehr als 5x)
2. Gibt es in einer typischen Woche auch Tage, an denen Sie kein Geld ausgeben? Falls ja: An wie vielen Tagen geben Sie kein Geld aus? (an … Tagen)
3. Wie oft haben Sie in den letzten drei Monaten Kleidung oder Schuhe gekauft? (gar nicht, 1x, 2 – 5x, häufiger)
4. Wie häufig kommt es vor, dass Sie auch mal ungeplant Dinge kaufen, z. B. beim »Shoppen«? (oft, manchmal, nie)
5. Wer kümmert sich in Ihrem Haushalt hauptsächlich um den Einkauf von Lebensmitteln und Dingen des täglichen Bedarfs? (ich selbst, andere Person(en), das ist relativ ausgeglichen).

Frage 1 und 2 erfassen hier die allgemeine Käuferrolle pro Tag und pro Woche, die weiteren Fragen nähern sich nochmals auf andere Weise dem gleichen Thema, um die generellen Einschätzungen zu stützen, entweder anhand von Beispielen (Kleidung, Schuhe, Shopping) oder anhand der prinzipiellen Zuständigkeit für Einkäufe des täglichen Bedarfs im Haushalt. Außer den genannten gibt es zum Teilsystem Konsum/Wirtschaft drei weitere Fragen, und zwar danach, ob man in der Regel vor dem Einkauf Preise vergleicht (womit die Intensität der Inklusion stiege), wie häufig man Produkte über Versandhäuser, das Internet o. Ä. bezieht (die interaktive Facette ist hier angesprochen) und schließlich die für alle Teilsysteme gestellte Frage nach dem Interesse an Wirtschaft (der Lebensbereich, zu dem der Konsum gehört) in den Massenmedien.

Ein weiteres Beispiel für die Schwierigkeit, komplexe Zusammenhänge komprimiert zu erfragen, zeigt sich beim Versuch, die Kontakte zu Freunden und Freundinnen zu erfassen. Verschiedene Dinge sind hier zu beachten. Wer zählt zu »Freunden« und nicht nur zu »Bekannten«? Welche Arten des Kontaktes sollen ein- oder ausgeschlossen werden? Wie geht man damit um, dass die Befragten zu manchen Freunden häufigeren Kontakt haben als zu anderen? Im Pretest machten außerdem einige Befragte darauf aufmerksam, dass die Häufigkeit allein ja noch nichts über die Qualität oder Intensität aussagt.

Hatten die Forscher im Pretest noch summarisch gefragt

> Wie häufig sehen Sie Ihre guten Freunde und Freundinnen? (täglich, mehrmals pro Woche, mehrmals im Monat, seltener),

so lautete die endgültige Fassung nach mehreren wieder verworfenen Versionen:

> 1. »Zu wie vielen guten Freundinnen oder Freunden haben Sie mindestens mehrmals im Monat Kontakt?« Bei Nachfrage: nicht nur persönlicher Kontakt, auch telefonisch, per e-mail usw. (zu keinem, zu 1 – 2, zu 3 – 5, zu mehr als 5, habe solche Freunde nicht)
>
> Falls 1 – 2 oder mehr genannt:
>
> 2. Gibt es darunter auch Freundinnen oder Freunde, zu denen Sie sogar mehrmals pro Woche Kontakt haben? Falls ja: zu wie vielen? (… Freundinnen/Freunde)

Die Kategorisierung der Antworten, die einen Informationsverlust gegenüber einer offenen Abfrage darstellt, wurde einerseits gewählt, um den Befragten eine (schnelle) Antwort zu erleichtern. Zudem reichte der Informationsgehalt für das Forschungsinteresse aus.

Der in einem Pretest geprüfte Fragebogen (Studierende haben im Rahmen eines Lehrforschungsprojektes 350 Personen persönlich befragt) wurde mehrmals modifiziert und ergänzt. Unter anderem gab es viele Sitzungen, in denen das Projektteam diskutierte, ob es tatsächlich alle Forschungsfragen umgesetzt hatte und wie die Formulierungen lauten sollten. Dabei war auch darauf zu achten, dass die Fragen für eine telefonische Befragung geeignet sind. Während die Befragten im (persönlich geführten) Pretest eine teilsystemübergreifende Frage zur Bedeutung der Teilsysteme mit einem Kreuz auf einer Linie (die eine Skala repräsentierte) beantworten sollten, konnte dies telefonisch natürlich nur geschehen, indem sie für die Wichtigkeit eine entsprechende Zahl (zwischen 1 und 5) angaben. Auch »fortgeschrittene« Versionen des Fragebogens haben die Projektmitarbeiterinnen an mehreren Personen getestet.

Zusätzlich hat das Zentrum für Umfragen, Methoden und Analysen (ZUMA) in Mannheim das Projektteam beraten. Schließlich hat auch das Sozialwissenschaftliche Umfragezentrum (SUZ) in Duisburg, das die Befragung durchgeführt hat, weitere Hinweise zum »Finish« des Fragebogens gegeben.

Außer den Formulierungen ist die Reihenfolge im Fragebogen ein wichtiger methodischer Aspekt. Einerseits lag es nahe, die Fragen zu einem Teilsystem zu bündeln, andererseits gab es in ähnlicher Form wiederkehrende Fragen, die dann in einem Block abgefragt wurden, z. B. Fragen nach dem Interesse für bestimmte Themen in den Medien oder die nach der Mitgliedschaft in Organisationen. Innerhalb der Teilsysteme standen am Beginn allgemeine Fragen vor spezielleren. Teilweise dienten die Anfangsfragen dabei auch als Filterfragen für weitere Nachfragen (z. B. wurde das Teilsystem Sport mit der Frage eingeleitet, ob die Befragten selbst regelmäßig Sport treiben. Für diesen Fall gab es dann Nachfragen, z. B. wie oft sie dies tun oder in welchem Rahmen, z. B. im Verein).

Zu dieser Entscheidung über die Mikrostruktur des Fragebogens war die Frage zu klären, in welcher Reihenfolge die Teilsysteme hintereinander zu schalten sind. Am Anfang sollten auf jeden Fall Fragen stehen, die das Interesse der Befragten wecken. Im konkreten Fragebogen haben sich die Forscher dafür entschieden, die sehr alltagsnahen und nahezu alle betreffenden Fragen nach der Einbindung in den Bereich Massenmedien (Wie häufig sieht jemand fern oder hört Radio?) an den Anfang zu setzen.

Einige übergreifende Fragen (z. B. ob jemand lieber mehr oder weniger Zeit für die jeweiligen Lebensbereiche hätte) stehen tendenziell am Ende des Fragebogens, ebenso einige soziale Lagemerkmale, die damit auch für den Befragten erkennbar das Ende der Befragung einleiten. Die Platzierung der Frage nach dem Einkommen am Schluss der Befragung soll verhindern, dass bei einer möglichen Antwortverweigerung (wie sie in zahlreichen Befragungen für einen gewissen Anteil Befragter typisch ist) eine schlechte Atmosphäre für die Folgefragen entsteht[13].

Das vorangegangene Beispiel hat seinen Zweck erfüllt, wenn Sie ein Gefühl dafür bekommen haben, dass es gar nicht so einfach ist, »mal eben« einen Fragebogen zu entwickeln. Nicht nur ist es wichtig, den Bezug zur Fragestellung systematisch zu erhalten, auch die Formulierungen selbst sind sorgfältig zu überlegen. Dies zeigt sich sogar dann, wenn keine »schwierigen« Themen behandelt werden, etwa solche, die sozial erwünschte (Pauschal-)Antworten provozieren können, z. B. zur Sexualität, zu Einstellungen gegenüber ethnischen Minderheiten, zum Fernsehkonsum. Einige Aspekte der Fragebogenentwicklung sollen im Folgenden nun allgemeiner angesprochen werden. Sie sind in Form von Fragen formuliert. Die Antworten sprechen wichtige Punkte an, haben jedoch nicht den Anspruch, tatsächlich alle Aspekte der Thematik zu enthalten.

Welche Antwortverzerrungen kann es bei einer Befragung geben?

Es wird zunächst angenommen, dass der Forscher bis zur Fragebogenentwicklung selbst »sauber« gearbeitet hat (denn Fehler in früheren Phasen, z. B. ungeeignete Indikatoren, würden sich ja sonst auch im Fragebogen niederschlagen). Fehlerquellen können dann insbesondere im Instrument, dem *Fragebogen* liegen (z. B. Frage- und Antwortformulierungen, Reihenfolgeeffekte, das Problem sozial erwünschter Antworten etc.) und auch durch die *Befragungssituation* entstehen. Beispiele hierfür sind der Einfluss des Interviewers (antwortet man einer jüngeren Frau das Gleiche wie einem älteren Mann zum Thema Sexualität?) oder die Anwesenheit weiterer Personen beim Interview. Man stelle sich nur vor, eine Frage laute, wie gut man sich mit seinem Partner/seiner Partnerin verstehe. Was sagt der Befragte, wenn die besagte Person neben ihm sitzt? Ein verzerrender Einfluss ist zumindest nicht ausgeschlossen.

Welche Arten von Fragen gibt es?

Um Fragearten zu ordnen, kann man eine *inhaltliche* Einteilung wählen: Geht es z. B. um Verhalten, um Eigenschaften, Meinungen oder Wissen? Beim Inklusionsprojekt etwa stand in den meisten Fällen das Verhalten im Vordergrund. Weiterhin kann der Forscher Fragen *formal* danach untergliedern, ob sie geschlossen oder of-

13 Den vollständigen Fragebogen werden Sie in dem für Ende 2005 geplanten veröffentlichten Forschungsbericht finden (bis dahin wenden Sie sich bei Bedarf bitte an das Projektteam: www.fernuni-hagen.de/SOZ/SOZ2/Projekte/Inklusionsprofile).

fen (d. h. mit oder ohne vorgegebene Antwortmöglichkeiten) sind und ob z. B. Mehrfachnennungen möglich sind (z. B. bei Vereinsmitgliedschaften). Schließlich haben einige Fragen über die Ermittlung von Antworten hinaus eine bestimmte *Funktion* im Fragebogen: Sie leiten z. B. in das Thema ein (Ein-/Überleitungsfragen). Gerade die allererste Frage sollte Interesse wecken, nicht zu schwierig oder speziell sein. Im Inklusionsfragebogen lautete sie: »Zunächst zum Thema Massenmedien: Wie häufig lesen Sie Tageszeitungen?«. Eine weitere Funktion ist die, bestimmte Befragtengruppen zu filtern (Filterfragen), die dann Folgefragen beantworten sollen (z. B. Sporttreibende nach der Häufigkeit des Sporttreibens).

Was ist bei der Formulierung von Fragen zu beachten?

Die Lehrbuchanweisungen hierzu erscheinen plausibel, teilweise fast schon banal. Die Beispiele haben allerdings angedeutet, dass die konkrete Anwendung so einfach doch nicht ist und in vielen Fällen die »ideale« Formulierung sogar gar nicht existiert. Die Kenntnis von Regeln der Frageformulierung bleibt jedoch wichtig, um sich einem »guten« Fragebogen zumindest anzunähern. Danach sollen Fragen sein:

- einfach, kurz und konkret, dabei zugleich
- eindeutig und verständlich.

Dies bedeutet, dass z. B. lange Schachtelsätze und spezielle Fremdwörter (zumindest für allgemeinere Umfragen) verpönt sind. Manchmal ist es jedoch nötig, zugunsten der Eindeutigkeit etwas genauer zu erläutern, was man meint. Die Beispiele oben haben gezeigt, dass Verständlichkeit nicht nur z. B. für Fremdwörter gilt. Selbst die Begriffe »Einkaufen« und »Freunde« können unterschiedliche Assoziationen wecken und müssen daher für die Befragten eindeutig bestimmt werden. Zur Verständlichkeit gibt es weitere Tipps wie z. B. doppelte Verneinungen vermeiden, einen eindeutigen zeitlichen Bezug nennen (z. B. »Wie oft waren Sie im Laufe der letzten 12 Monate in medizinischer Behandlung?«), sich nicht auf mehrere Dinge gleichzeitig beziehen (ein schlechtes Beispiel würde hier lauten: »Wie zufrieden sind Sie mit Ihren Kollegen und Vorgesetzten?«) und sensibel für die Verwendung wertbesetzter Begriffe sein (ein Verbrechen etwa ist eine »stärkere« Formulierung als ein Übertreten von Gesetzen).

Weitere ausgewählte Regeln lauten:
- Keine Anbiederung!
- Keine Überforderung!
- Keine Suggestivfragen oder Unterstellungen!

Krampfhaft in den »Slang« einer bestimmten Befragtengruppe (oder das, was man dafür hält) zu verfallen, kann genau das Gegenteil einer guten Gesprächsatmosphäre und optimalen Verständlichkeit bewirken.

Überforderung richtet sich nicht allein auf möglicherweise nicht vorhandene Kenntnisse (z. B.: »Wie viel Prozent Ihres Einkommens geben Sie für Kleidung aus?«), sondern auch auf die Erinnerung. Im Inklusionsfragebogen sollten die Befragten etwa einschätzen, ob sie kulturelle Veranstaltungen mehrmals pro Woche, einmal pro Woche, 1 – 3 Mal im Monat oder seltener besuchen. Eine genauere Abfrage wäre insbesondere für diejenigen, die nicht mindestens einmal pro Woche eine Veranstaltung besuchen, sicherlich oft schwierig gewesen.

Ein letztes Beispiel behandelt Suggestivfragen und Unterstellungen. Nicht nur die platte Version von »Wie allseits bekannt ist...« oder »Sind Sie auch der Meinung, dass...« ist suggestiv. Suggestion kann – oft auch vom Forscher unbemerkt – viel subtiler entstehen. Schon die nicht ausdrückliche Nennung der Antwortmöglichkeiten kann lenken, wenn die Forscher also für bestimmte Ansichten fragt: »Halten Sie diese Ansicht für richtig?« anstelle von: »Halten Sie diese Ansicht für richtig oder für falsch?«

In diesem Rahmen können nicht alle Formulierungsregeln genauer ausgeführt werden. Ergänzende Literatur findet sich am Ende dieses Kapitels.

Was ist bei der Formulierung von Antwortmöglichkeiten zu beachten?

Auch Antworten sollten, wie die Fragen, *verständlich* und *eindeutig* sein. Unter anderem sollten sie genau zur Frage passen. Das ist gar nicht so selbstverständlich, wenn man bedenkt, dass Fragebogenformulierungen oft viele Versionen durchlaufen. Teilweise kommt Uneindeutigkeit auch dadurch zustande, dass Abgrenzungen zwischen Antwortmöglichkeiten kaum zu durchschauen sind, z. B. zwischen »manchmal« und »gelegentlich«. Ein weiteres Kriterium für die Formulierung von Antworten ist ihre *Vollständigkeit*. Befragte sind verständlicherweise irritiert, wenn »ihre« Variante fehlt (z. B. ihr Fach unter abgefragten Studiengängen von Studierenden). Im Zweifelsfall sollte der Forscher zumindest die Kategorie »Sonstiges« ergänzen. Insgesamt sollte die Differenziertheit der Antwortmöglichkeiten der zu prüfenden Hypothese oder Forschungsfrage angemessen sein (bei der Inklusion haben die Forscher z. B. nicht gefragt, was und für wie viel Geld die Befragten etwas gekauft haben).

Ein anderes Beispiel für Beachtenswertes zu den Antwortkategorien sind so genannte »*Skaleneffekte*«. Gibt es etwa bei einer Einstellungsskala eine gerade Anzahl von Möglichkeiten (Beispiel a in Tab. 4.7), muss der Befragte sich oft für eine Tendenz (z. B. zustimmend oder ablehnend) entscheiden. Bei einer ungeraden Anzahl dagegen existiert eine Mitte (Beispiele b und c). Die gerade Anzahl ist leichter zu interpretieren, lässt jedoch außer Acht, dass die »Mitte« gerade auch die »wahre« Antwort sein kann. Es gibt verschiedene Möglichkeiten solcher Skalen, die Worte, Zahlen oder auch grafische Elemente benutzen, hier nur drei Beispiele:

a)	sehr wichtig ☐	eher wichtig ☐	eher unwichtig ☐	unwichtig ☐
b)		−2 −1 0 1 2 ☐ ☐ ☐ ☐ ☐		
c)	unwichtig	☐ ☐ ☐ ☐ ☐	wichtig	

Tab. 4.7: Beispiele für Antwortskalen

Welchen Einfluss hat die Reihenfolge der Fragen und Antworten im Fragebogen?

Das Inklusionsbeispiel hat gezeigt, dass es auch hier einige Regeln gibt; etwa die Regel, nicht zu »schwierig« zu beginnen. Die Aufmerksamkeit steigt dann aus Erfahrung zunächst und nimmt mit zunehmender Dauer der Befragung wieder ab. Wichtige (aber nicht heikle) Fragen platziert der Forscher daher häufig im zweiten Drittel des Fragebogens, soziodemografische Angaben, die schnell zu beantworten sind, eher am Ende. Reihenfolgeeffekte kann es sowohl im »Großen« geben, bei der Anordnung von Themenblöcken, als auch im »Kleinen«. Ein Beispiel dafür, dass auch einzelne Fragen auf die folgenden Fragen »ausstrahlen« können, wäre, dass die Einstellung zu einer Verschärfung des Strafrechts systematisch anders ausfällt, je nachdem, ob man vorher Kinder als Opfer von Verbrechen thematisiert hat oder stattdessen die Vorliebe für verschiedene Musikrichtungen. Ein weiteres Beispiel: Bei einer langen Liste von Antwortvorgaben (insbesondere dann, wenn sie nur vorgelesen werden) neigen Befragte dazu, eine der ersten oder letzten Möglichkeiten zu wählen. Dies hängt ebenfalls mit der Aufmerksamkeit zusammen.

Welche Hinweise sind zur Layout-Gestaltung eines Fragebogens zu beachten?

Es ist von der Befragungsform abhängig, welche Bedeutung das Layout hat. Bei einer persönlich-mündlichen oder telefonischen Befragung kommt es insbesondere darauf an, dass der Fragebogen für den Interviewer übersichtlich ist, dass alle Anweisungen, Filterführungen etc. eindeutig sind. Bei einer schriftlichen Befragung (ob in Papier- oder elektronischer Version) ist neben der Übersichtlichkeit darauf zu achten, dass der Bogen für den Befragten optisch ansprechend ist. Dies betrifft

z. B. die Schriftgröße oder den Platz zum Ausfüllen. Bei Online-Fragebögen läuft teilweise eine Leiste mit, die die Befragten darüber informiert, welchen Anteil der Befragung sie bereits »geschafft« haben. Bosnjak berichtet darüber hinaus beispielsweise von Effekten, die Bilder oder Hintergründe haben können. Z. B. entschieden sich Kunden in einem Online-Shop systematisch anders für Produkte, je nachdem ob Wolken oder Banknoten den Hintergrund der Seite bildeten (2003: 114 f.). Es gibt somit verschiedene Möglichkeiten der Gestaltung, deren Sinn und Einfluss der Forscher zu prüfen hat.

Welche Aufgaben hat der Pretest?

Der Pretest ist eine »kleine« Erhebung vor der Hauptbefragung, die mögliche Fehler und Nachteile so gut es geht offen legen soll, damit der Forscher sie beheben kann. Die Aufmerksamkeit des Forschers richtet sich dabei auf verschiedene Dinge, z. B. die Verständlichkeit und Eindeutigkeit der Fragen sowie die Vollständigkeit der Antwortmöglichkeiten. Weitere Punkte sind etwa die Übersichtlichkeit des Bogens und die Richtigkeit der Filterführung (also das Stellen der richtigen Fragen für spezielle Untergruppen, z. B. Eltern) sowie die durchschnittliche Länge der Befragung im Zusammenhang mit der Motivation der Befragten. Zusätzlich können erste Auswertungstests Aufschluss geben. Auch der Pretest wird nicht zum »perfekten« Fragebogen führen, aber die Forscher können doch hoffen, besonders grobe Schnitzer zu entdecken.

Von der Vorgehensweise her gibt es zum einen die Möglichkeit, dass der Interviewer Probleme und Auffälligkeiten (nach den oben genannten Kriterien, aber auch allgemein) beobachtet und darüber berichtet. Der Forscher kann die befragte Person aber auch aktiver ins Pretest-Geschehen einbinden, indem er sie auffordert, den Fragebogen zu kommentieren, sein Verständnis der Fragen auszudrücken etc. (vgl. auch Porst 1998: 34 – 40).

Wie soll sich ein Interviewer/eine Interviewerin verhalten?

Im Allgemeinen ist es für standardisierte Befragungen typisch, dass der Interviewer sich möglichst freundlich-neutral verhält. Die Standardisierung soll ja die gleiche Fragebedeutung für alle Befragten bewirken. Ausführliche individuelle Erläuterungen des Interviewers zur Frage beispielsweise würden diesen Effekt wieder zunichte machen. Diese »Intervieweranweisung« kann in der Praxis natürlich ein Problem darstellen, wenn der Befragte zurückfragt: »Was meinen Sie mit …?« Die höfliche Standardantwort darauf wird es kaum geben, sondern ist situationsabhängig, wenngleich Prüfer und Stiegler (2002) versuchen, dazu einige Hinweise zu geben (z. B. der Befragte solle von dem ausgehen, was er selbst unter dem Begriff versteht). Eine Interviewerschulung ist also sinnvoll, die den Interviewer über grobe Ziele der Befragung informiert und auch auf einige andere Punkte eingeht, z. B. dass der Interviewer bei Skepsis der Befragten die Vertraulichkeit der Daten erwähnen könne etc. Bei einer telefonischen Befragung ist eine gewisse Übung gerade für den Anfang des Telefonats empfehlenswert, in der die Anrufer die Zielperson für die Befragung gewinnen möchten. Also: Zwar soll in erster Linie der Fragebogen gut sein, damit ein »guter« Interviewer gar nicht notwendig ist, eine gewisse Übung im Umgang mit verschiedenen (problematischen) Situationen im Interview ist dennoch sicherlich von Vorteil.

Sind spezielle Gruppen speziell zu befragen?

Bei einer allgemeinen Umfrage der Bevölkerung ist es sicher nicht sinnvoll, z. B. für verschiedene Altersgruppen, Bildungsgrade oder »Subkulturen« je eigene Bögen zum gleichen Thema zu entwickeln. Der Grund dafür lautet, dass die Vergleichbarkeit des Frageverständnisses und damit der Antworten noch weniger gegeben ist als bei einem wohl überlegten allgemeinen Fragebogen für alle.

Wenn es jedoch darum geht, eine bestimmte Bevölkerungsgruppe standardisiert zu befragen, kann sich der Forscher über mögliche Besonderheiten im Antwortverhalten informieren, bevor er einen Fragebogen entwirft. Dazu gibt es durchaus Quellen in der Fachliteratur. Zwar sollte er, wie oben erwähnt, (platte) Anbiederungen vermeiden, doch kann er bestimmte Punkte berücksichtigen. Ein Beispiel hierzu: Fuchs (2004) findet Hinweise darauf, dass bei Kindern und Jugendlichen, möglicherweise aufgrund noch geringerer kognitiver Fähigkeiten, stärkere Antworteffekte zu beobachten sind. D. h. sie reagieren in höherem Ausmaß als ältere Befragte auf die Reihenfolge der Antwortmöglichkeiten, Skaleneffekte etc.; mit anderen Worten: Formulierungen und Reihenfolgen im Fragebogen haben einen vergleichsweise großen Einfluss auf die Antwort, ganz unabhängig vom erfragten Sachverhalt.

Beispielsweise ist der Anteil von Befragten mit mehr als 2 ½ Stunden täglicher Fernsehdauer generell bei der Antwortvariante a) größer als bei Variante b) (s. Tab. 4.8). Dies gilt für alle Altersgruppen, für Jüngere (im konkreten Test 13–15jährige) aber in wesentlich höherem Ausmaß als für Ältere (18–21jährige).

Die Konsequenz ist, dass Forscher bei der Fragebogenentwicklung, sofern sie Kinder und jüngere Jugendliche in standardisierter Form befragen wollen, noch sorgfältiger vorgehen müssen als bei Erwachsenen.

Antwortskala a)	Antwortskala b)
☐ Bis 2 ½ Stunden	☐ Bis ½ Stunde
☐ Bis 3 Stunden	☐ Bis 1 Stunde
☐ Bis 3 ½ Stunden	☐ Bis 1 ½ Stunden
☐ Bis 4 Stunden	☐ Bis 2 Stunden
☐ Bis 4 ½ Stunden	☐ Bis 2 ½ Stunden
☐ Über 4 ½ Stunden	☐ Über 2 ½ Stunden
(Fuchs 2004: 72 f.)	

Tab. 4.8: Antwortskalen am Beispiel Fernsehkonsum
Frage zum täglichen Fernsehkonsum: Wie viele Stunden am Tag schaust Du ungefähr fern?

Ist es bei all den genannten »Fallen« überhaupt möglich, gültige Ergebnisse durch Befragungen zu erzielen?

Je länger man sich mit Regeln zur Fragebogengestaltung und den Forschungsschritten einer Befragung befasst, desto eher könnte man den Eindruck gewinnen, dass ein Forscher kaum »wahre« Antworten bzw. gültige Ergebnisse durch eine Befragung erzielen kann. Zu sehr sind subtile Effekte der Fragen, der Antwortalternativen, des Interviewers, der Situation, ja vielleicht sogar das Wetter für das Antwortverhalten verantwortlich. Dieser Eindruck ist jedoch einseitig. Natürlich gibt es die Effekte. Der Forscher sollte sie kennen, um sie zumindest abmildern (wenngleich nicht vollständig verhindern) zu können. Den Lesern von Umfrageergebnissen können entsprechende Methodenkenntnisse dabei helfen, Angaben aus empirischen Untersuchungen immer mit ein klein wenig gesundem Misstrauen zu begegnen.

Andererseits wäre es überzogen zu sagen, dass Erkenntnisse durch Umfragen nicht möglich seien. Ein Forscher kann beispielsweise selbstbewusst davon ausgehen, dass sich die Verzerrungseffekte der Frage »Besuchen Sie kulturelle Veranstaltungsbesuche überwiegend allein, überwiegend mit anderen oder genauso oft allein wie mit anderen?« (die Frage wurde nur Personen gestellt, die angegeben hatten, kulturelle Veranstaltungen zu besuchen) in einem vertretbaren Rahmen halten und die allermeisten Befragten eine grobe, dabei zutreffende Antwort geben können. Weiterhin sprechen auch eingetroffene Prognosen für die Befragungsmethode. Gerade in der Marktforschung beispielsweise (die nicht in allen, aber in einigen Hinsichten mit einer wissenschaftlichen Umfrage vergleichbar ist) würden Auftraggeber kaum dauerhaft viel Geld für Ergebnisse ausgeben, wenn sie diese nicht erfolgreich in entsprechende Werbekampagnen umsetzen könnten. Diese Gründe sprechen für einen sorgfältigen und zugleich offensiven Umgang mit den drohenden »Fallen« einer Befragung.

Dabei sollten Forscher nicht übersehen, dass Befragungen als Instrument allgemein ebenso ihre Anwendungsgrenzen haben wie andere Erhebungsinstrumente auch. Wenn ein Forscher beispielsweise auf Ergebnisse abzielt, die möglichst unabhängig von den subjektiven Deutungen der Einzelnen sind, ist eine Befragung, so gut er sie auch durchführen würde, schlichtweg nicht geeignet.

Diese Liste an Fragen zur Befragung mit dazugehörigen Ausführungen ließe sich noch (fast) endlos weiter fortführen. Für einen ersten Überblick sind jedoch bereits viele wichtige Aspekte genannt worden, so dass der folgende Abschnitt das Beispiel »Inklusionsprofile« ab dem Forschungsschritt der Datenerhebung fortsetzen wird.

4.3.5 Durchführung der Erhebung und Aufbereitung der Daten

Der fertige Fragebogen zum Projekt »Inklusionsprofile« wurde mit dem Umfrageinstitut, das die telefonische Befragung durchführte, ein letztes Mal abgesprochen. Dieses Institut mit 50 Plätzen im Telefonstudio wurde aus mehreren Angeboten nach dem besten Preis-Leistungs-Verhältnis ausgewählt. Das Institut hat dann selbst einen eigenen kleinen Pretest mit 20 Personen durchgeführt, um den in den Computer übertragenen Fragebogen zu testen (z. B. daraufhin, ob es keine Filter- oder sonstigen technischen Fehler gibt[14] oder ob sich wirklich alle Fragen für die Telefonversion eignen) sowie um die durchschnittliche Interviewdauer zu ermitteln (abgesehen von der Aufmerksamkeit der Befragten hatten die Forscher nur für eine bestimmte Dauer, nämlich eine halbe Stunde pro Interview, Forschungsgelder zur Verfügung. Der Preis der Erhebung selbst hängt davon ab, allerdings zusätzlich auch von der Zahl der Interviews, der Anzahl der Kontaktversuche, der Komplexität der Filterführung etc.). Ein wichtiger Schritt betrifft als Nächstes die Auswahl der Befragten. Dieses Buch behandelt die Auswahlverfahren in einem eigenen Kapitel. Dort wird das Inklusionsbeispiel wieder aufgenommen, so dass an dieser Stelle davon ausgegangen werden kann, dass die Zielgruppe der Befragung und die Auswahl geklärt sind und nun die Telefonnummern der potenziellen Befragten vorliegen.

Als weitere Vorbereitung fand eine Schulung für die Interviewer statt (z. B. erfuhren die Interviewer hier grundsätzliche Ziele des Projekts). Diese erhielten fer-

14 Leider kam es trotz aller Sorgfalt doch zu Filterfehlern, die sich erst nachträglich herausstellten. Insbesondere ist die Tatsache zu nennen, dass nur solche Befragte nach ihrem Zeitaufwand für eine Organisationsmitgliedschaft gefragt wurden, die in der Organisation auch ein Amt ausübten. Eigentlich war es vorgesehen gewesen, alle Organisationsmitglieder nach ihrem Zeitaufwand für die jeweilige Mitgliedschaft zu befragen.

ner eine schriftliche Kurzinformation zum Projekt, die sie auf Nachfrage an ihre Gesprächspartner weitergeben konnten. Nachdem das Projekt im Juli 2003 begonnen hatte, fand die Befragung dann vom 17. September bis zum 25. Oktober 2003 statt (werktags zwischen 15 und 21 Uhr, samstags zwischen 12 und 18 Uhr; sonntags fanden keine Interviews statt).

Der einzelne Interviewer erhielt Telefonnummern, für die jeweils bis zu zehn Kontaktversuche vorgesehen waren. Ergab sich ein Kontakt (nicht z. B. ein Anrufbeantworter, der Pfeifton eines Faxgerätes, die Ansage »kein Anschluss unter dieser Nummer«), klärte der Interviewer, ob es sich nicht um einen Geschäftsanschluss handelte (z. B. Arztpraxis Dr. Schmidt). Darauf folgte diese Gesprächseinleitung:

»Wir führen im Auftrag der FernUniversität Hagen eine Umfrage zum Thema Lebensbedingungen in Deutschland durch[15]. Dazu würde ich gerne eine Person aus Ihrem Haushalt befragen, und zwar die Person, die zuletzt Geburtstag hatte und mindestens 18 Jahre alt ist. Sind Sie das selbst, oder ist das eine andere Person in Ihrem Haushalt?«

Der Interviewer informierte die Zielperson nun noch darüber, dass das Gespräch ca. 20 Minuten dauern würde und dass die Angaben selbstverständlich anonym bleiben würden. Willigte die Person in das Interview ein, konnte es mit der ersten Frage (»Zunächst zum Thema Massenmedien: Wie häufig lesen Sie Tageszeitungen?«) losgehen. Am Schluss bedankte sich der Interviewer für die Mitarbeit des bzw. der Befragten. Die Interviews dauerten im Schnitt knapp 25 Minuten. Bei Problemen der Interviewer stand ein Supervisor zur Verfügung. Am Schluss der Erhebungsphase hatten die Interviewer insgesamt 2.110 Interviews geführt.

Dadurch, dass die Interviewer die Daten bereits bei der Erhebung in den Computer eingaben, war es relativ einfach, die Antworten nun in einen Datensatz zu übertragen, der statistische Auswertungen zulässt. Im Projekt arbeiten die Forscher mit der gängigen Software SPSS (Superior Performance Software System). Die Basis einer solchen Ergebnisdatei ist eine Matrix (ähnlich wie bei Excel), bei der jede Zeile für einen Fall steht (im Beispiel gab es 2.110 Zeilen) und die Spalten für je ein Merkmal, z. B. Einkommensgruppe (VARIAB1) oder Häufigkeit der medizinischen Behandlungen im letzten Jahr (VARIAB2). In den Zellen der Tabelle selbst befinden sich die Ausprägungen des Falls, die Antworten aus der Befragung (z. B. unterste Einkommensgruppe und dreimal in medizinischer Behandlung für Fall Nr. 1). Diesen Ausprägungen ist eine Zahl zugeordnet (z. B. unterste Einkommensgruppe = 1, höchste Einkommensgruppe = 5).

15 Gegenüber den Befragten haben die Interviewer nicht den im Allgemeinen erklärungsbedürftigen Begriff »Inklusionsprofile« verwendet.

Eine Beispielmatrix könnte (als Ausschnitt) so aussehen:

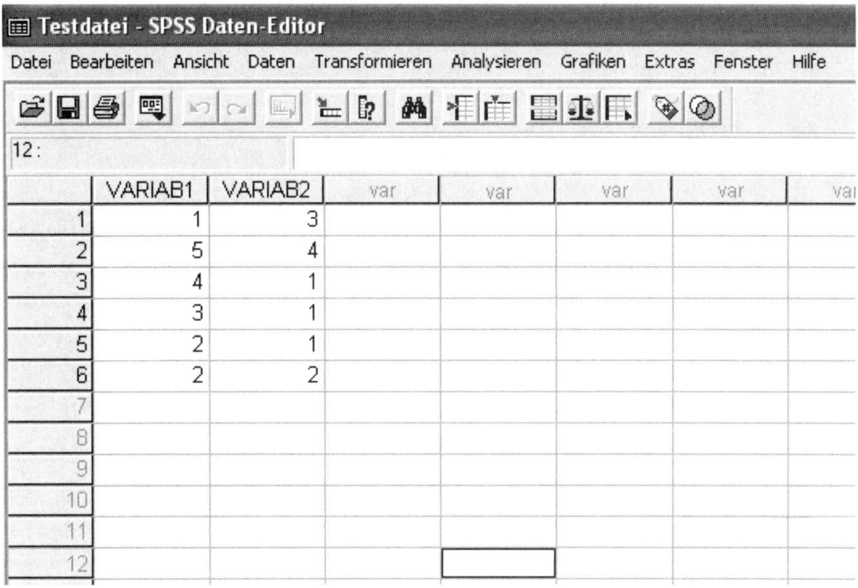

Abb. 4.6: SPSS- Datenmatrix

Man kann sich leicht vorstellen, dass bei einer solchen Tabelle mit 2.110 Zeilen und ca. 150 Spalten schnell Eingabefehler entstehen können, wenn man die Werte manuell eingibt. Bestimmte Kontrollen sind möglich (wenn z. B. eine 5 als Ausprägung auftaucht, wenn es eigentlich nur eine 1 oder 2 geben sollte, oder wenn Personen ohne Partner auf einmal einen großen Anteil ihrer Freizeit mit diesem verbringen), doch ist es auf jeden Fall die bessere Variante, bereits im Computer gespeicherte Daten nur noch in dieses Dateiformat übertragen zu müssen.

Im Beispiel waren die meisten Fragen geschlossen, d. h. mit vorgegebenen Antwortkategorien, denen für die Codierung eine Zahl zugeordnet wird. Einige Fragen waren jedoch offen gestellt. Die Antworten hierzu mussten im Nachhinein codiert werden, z. B. die Berufsangabe oder die Organisation, in der jemand Mitglied ist. Die Befragten wurden zwar gebeten, den Beruf/die Organisation einem Teilsystem wie z. B. Sport, Politik etc. zuzuordnen, doch gab es dennoch Bedarf, »Sonstige« oder inkonsistente Einordnungen im Nachhinein zuzuordnen (z. B. wurden im Projekt Polizisten der Politik, nicht dem Recht zugeordnet).

Hat man eine Tabelle der Daten in SPSS oder einem anderen Format erst einmal vorliegen (im Inklusionsprojekt wenige Tage nach dem Ende der Feldphase), kann man mit Hilfe des Programms vergleichsweise leicht vielerlei Ergebnistabellen, Grafiken etc. erstellen – und dabei auch schnell sehr viel Papier(müll?) produzieren. Diese Ergebnisse muss der Forscher dann im Hinblick auf seine Forschungsfrage auswählen und interpretieren.

4.3.6 Ausblick auf die Auswertung

An dieser Stelle soll nicht die Vermittlung statistischer Verfahren erfolgen (das Thema Statistik nimmt Kapitel 6 in allgemeiner Form nochmals auf), aber es soll doch angesprochen werden, was das Projektteam mit dem Datensatz getan hat, um die Forschungsfrage zu beantworten[16]. Ein erster Auswertungsschritt besteht typischerweise darin, eine Grundauszählung für die Häufigkeitsverteilungen der einzelnen Merkmale vorzunehmen, also z. B.: Wie viele Frauen und Männer haben geantwortet, wie viele Personen treiben regelmäßig Sport oder waren wie oft im letzten Jahr in medizinischer Behandlung? Im zweiten Schritt geht es dann um Zusammenhänge mehrerer Variablen: Wählen Frauen oder Männer häufiger? Sehen Ältere mehr fern? etc. Ein Spezifikum der vorliegenden Untersuchung bestand darin, dass die Forscher über die Einzelfragen hinaus für jeden Lebensbereich eine zusammengefasste Antwort dazu geben wollten, ob jemand gar nicht, schwach, mittel oder stark z. B. in die Politik oder den Konsum »inkludiert« ist. Im Laufe mehrerer Monate (!) intensiver Arbeit haben sie für jedes Teilsystem einen Index gebildet, der über Punktevergaben zu den Einzelfragen und ihre Aufsummierung einen Gesamtpunktwert einer Person in dem Teilsystem ergibt. Diese Punktzahl entscheidet dann darüber, wie stark die Inklusion in das Teilsystem ist. Beispielsweise bekommt jemand Punkte dafür, dass er Sport treibt, und nochmals zusätzlich welche dafür, dass er es mit anderem im Verein tut (allerdings verdoppeln die »Zusatzpunkte« die Punktzahl nicht). Wie viele Punkte man für welche Frage bzw. welche Ausprägung eines Merkmals vergibt, muss sorgfältig überlegt und so gut wie möglich auch theoretisch begründet werden. Soweit also ein kleiner Einblick in die methodischen »Abgründe« der Auswertung. Die Indizes haben in den folgenden Auswertungsschritten in hohem Maße geholfen, übersichtliche Ergebnisse und auch grafische Darstellungen dieser Ergebnisse zu erzielen. Die Forscher konnten nun etwa statt der Einzelfragen die Indizes (d. h. ein Merkmal pro Teilsystem mit nur drei Ausprägungen) verwenden, wenn sie die Inklusion mit den Lagemerkmalen (Bildung, Alter etc.) verglichen, und so zu zusammengefassten Ergebnissen kommen.

16 Das Projekt ist derzeit noch nicht beendet, und es ist zudem abzusehen, dass viele (Spezial-)Fragen im Untersuchungszeitraum nicht beantwortbar sind. Hier gibt es demnach Material für Sekundäranalysen (vgl. Kap. 4.4).

Ein Beispiel liefert der Zusammenhang zwischen der Inklusion in die Intimbeziehungen (Partner, Familie, Freundschaften) und verschiedenen Altersgruppen. Man kann ablesen, dass die Älteren in diesen Lebensbereich schwächer eingebunden sind als die Jüngeren. Dies ist unter anderem dadurch zu erklären, dass über 60jährige seltener mit eigenen Kindern in einem Haushalt leben.

Inklusionen Intimbeziehungen * Alter

		Alter kategorisiert					
		18–29. J.	30–44 J.	45–59 J.	60 J. und älter	Angabe verweigert	Gesamt
Inklusion	schwach	20,3 %	20,1 %	28,7 %	51,1 %	57,1 %	29,3 %
Intimbez.	mittel	48,6 %	40,6 %	45,3 %	31,7 %	28,6 %	41,3 %
	stark	31,1 %	39,3 %	26,0 %	17,2 %	14,3 %	29,4 %
Gesamt		n=399 100,0 %	n=700 100,0 %	n=543 100,0 %	n=454 100,0 %	n=14 100,0 %	n=2110 100,0 %

Tab. 4.9: Inklusion in das Teilsystem »Intimbeziehungen«, unterteilt nach Altersgruppen

Grafisch ist die Inklusion aller Befragter in das Teilsystem Intimbeziehungen z. B. so darstellbar:

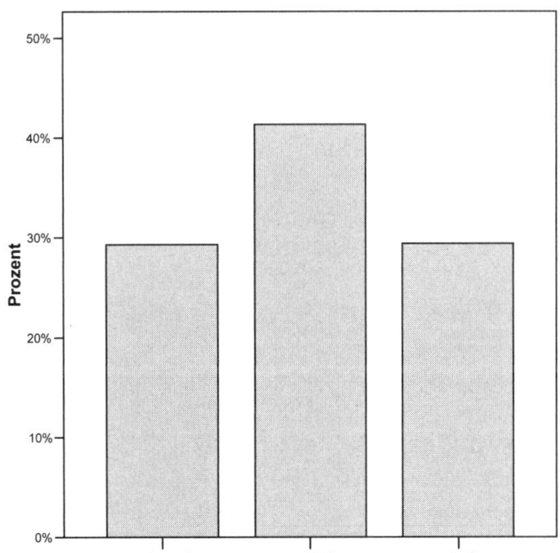

Abb. 4.7: Inklusion in das Teilsystem »Intimbeziehungen« (n=2.110)

Dies ist nur ein kleiner Einblick in die Auswertungen, die im Projekt durchgeführt wurden. Doch Sie erinnern sich vielleicht: Der Zusammenhang zwischen der Inklusion in die Teilsysteme und der sozialen Lage war gerade eine zentrale Fragestellung des Projekts insgesamt gewesen, der man sich auf diese Weise zumindest ein Stück annähert.

4.3.7 Zusammenfassung

Dieses Beispiel und die allgemeinen Hinweise zur Befragung haben die Spezifika der Forschungsschritte dieses Instruments aufgezeigt. Es bietet vielfältige Chancen zur Datenerhebung, doch andererseits müssen Forscher zahlreiche Aspekte berücksichtigen, wenn ihr reaktives Instrument nicht verzerrt messen soll. Diese Aspekte richten sich z. B. auf die Befragungsart und -situation sowie auf Formulierungen, Reihenfolge und Gestaltung im Fragebogen etc. Durch die voranstehenden Ausführungen haben Sie eine Basis erhalten, um sich verschiedene empirische Untersuchungen mitsamt ihrem Fragebogen einmal aus einem neuen Blickwinkel anzuschauen (ein Beispiel wäre etwa der Fragebogen in Bourdieus Untersuchung »Die feinen Unterschiede«; 1982). Dies ist unbedingt zu empfehlen, möglichst auch im Vergleich zu Untersuchungen, die mit nicht standardisierten bzw. qualitativen Befragungsformen gearbeitet haben (als ein beliebiges Beispiel sei die Untersuchung von Bette et al. 2002 zu Biografien von Spitzensportlern genannt, in dem Athleten, ihre Trainer und Eltern in Form von Leitfadeninterviews befragt wurden).

Literaturhinweise

Zur Fragebogenentwicklung:

Fuchs, Marek (2004): Kinder und Jugendliche als Befragte. Feldexperimente zum Antwortverhalten Minderjähriger, Mannheim: ZUMA-Nachrichten, H. 54, Jg. 8, S. 60–88

Kirchhoff, Sabine et al. (2003): Der Fragebogen. Datenbasis, Konstruktion und Auswertung, Stuttgart, 3., überarb. Auflage

Noelle-Neumann, Elisabeth; Petersen, Thomas (1998): Alle, nicht jeder: Einführung in die Methoden der Demoskopie, München, 2. Auflage (insbesondere Kap. II)

Porst, Rolf (1998): Im Vorfeld der Befragung: Planung, Fragebogenentwicklung, Pretesting, Mannheim: ZUMA-Arbeitsbericht 98/00

Porst, Rolf (2000): Question Wording – Zur Formulierung von Fragebogen-Fragen, Mannheim: ZUMA How-to-Reihe Nr. 2

Zur Befragung allgemein:

Möhring, Wiebke; Schlütz, Daniela (2003): Die Befragung in der Medien- und Kommunikationswissenschaft. Eine praxisorientierte Einführung, Wiesbaden

Scholl, Armin (2003): Die Befragung. Sozialwissenschaftliche Methode und kommunikationswissenschaftliche Anwendung, Konstanz

Ältere, aber nach wie vor informative Methodentexte zum Interview:

Scheuch, Erwin K. (1973): Das Interview in der Sozialforschung, in: Koenig, René (Hrsg.): Handbuch der empirischen Sozialforschung, Bd. 2, Stuttgart, S. 66 – 190

Erbslöh, Eberhard (1972): Das Interview, Stuttgart

Zu Telefonumfragen:

Hüfken, Volker (Hrsg.) (2000): Methoden in Telefonumfragen, Wiesbaden

Zu Online-Umfragen:

ADM, ASI, Statistisches Bundesamt (2003): Online-Erhebungen. 5. Wissenschaftliche Tagung, Bonn: IZ Sozialwissenschaften (Sozialwissenschaftliche Tagungsberichte Bd. 7)

Übungsaufgaben

Aufgabe 1

Beurteilen Sie die Formulierungen der folgenden Fragebogenfragen und Antwortkategorien nach ihrer Zweckmäßigkeit (sofern das ohne den Forschungszusammenhang möglich ist), und machen Sie ggf. Alternativvorschläge.

a) Gehen Sie gern ins Theater und in Konzerte?
   Oft/gelegentlich/selten/nie
b) Wie intensiv ist der Kontakt zu Ihren Nachbarn?
   Sehr intensiver Kontakt/nicht sehr intensiver Kontakt/so gut wie kein Kontakt
c) Bitte sagen Sie uns Ihre Meinung zu der folgenden Aussage: ›Es ist nicht gut, wenn Bürger sich gegen Möglichkeiten der politischen Partizipation entscheiden‹. Trifft diese Aussage aus Ihrer Sicht
   voll und ganz zu/eher zu/eher nicht zu oder überhaupt nicht zu?
d) Kommt es in dieser schnelllebigen Zeit auch einmal vor, dass Sie sich langweilen?
   Oft/häufiger/ab und zu/selten/nie
e) Welchen Beruf hat Ihr Vater? ____________________ (offene Abfrage)

Aufgabe 2
Entwerfen Sie einen kleinen Fragebogen zum Thema: »Wie gehen Studierende mit der Zeit um?« Vergleichen Sie Ihr Ergebnis anschließend mit dem Fragebogen, den Jens Jetzkowitz, Hartmut Lüdtke und Jörg Schneider in ihrer Studie »O Tempora, o Mores. Wie Studierende mit der Zeit umgehen« (Wiesbaden 2004) vorstellen.

Aufgabe 3
Schauen Sie sich den von Bourdieu verwendeten Fragebogen für die Studie »Die feinen Unterschiede« an (Bourdieu 1982: S. 800 – 808). Angenommen, Sie wollten eine ähnliche Untersuchung in Deutschland im kommenden Jahr durchführen. Was müssten Sie im Fragebogen ändern?

4.4 Die Sekundäranalyse empirischer Daten

4.4.1 Merkmale einer Sekundäranalyse

Die Sekundäranalyse hätte auch unter der Überschrift der Inhaltsanalyse platziert sein können, denn der Forscher nutzt hierzu bereits existierende Quellen, um aus ihnen Daten für seine Fragestellung herauszufiltern. Das Besondere bei der Sekundäranalyse, das ihre eigenständige Behandlung erklärt, besteht darin, dass die Quellen in diesem Fall Datensätze früherer Untersuchungen (häufig Befragungen) sind. Ein Forscher könnte sich beispielsweise die Daten aus dem Projekt »Inklusionsprofile« darauf hin anschauen, ob sich Personen mit mehreren Organisationsmitgliedschaften nach ihren sozioökonomischen Merkmalen voneinander unterscheiden und in welcher Reihenfolge sie die Mitgliedschaften nennen – eine Frage, die im Projekt selbst nicht an zentraler Stelle verfolgt werden kann. Von einem weiteren Beispiel für eine Sekundäranalyse war zuvor bereits die Rede (s. Kap. 2.3): Bourdieu nutzte Daten des INSEE, einer französischen Entsprechung des Statistischen Bundesamtes, sowie andere Datenquellen (insgesamt 51 Studien) für seine Untersuchung. Teilweise richteten sich die Untersuchungen auf allgemeine Themen, teilweise aber auch auf einzelne Aspekte wie z. B. auf den Kinobesuch oder auf die Moral (Bourdieu 1982: Anhang II).

Als Sekundäranalyse bezeichnet man allgemein »die auswertende Beobachtung von Daten, die nicht durch den analysierenden Forscher oder in dessen Auftrag erhoben worden sind … Der Datennutzer und Auswerter [hat] in der Regel keinen Einfluss auf das Zustandekommen der ihm nun vorliegenden Daten.« (Porst 1999: 116). Die Daten liegen in der günstigsten Variante als Rohdaten (z. B. als

SPSS-Datensatz, s. Kap. 4.3) vor. In weniger günstigen Fällen kann ein Forscher lediglich bereits aufbereitete Daten (z. B. Tabellenbände) nutzen. Im engeren Sinne handelt es sich damit bei der Sekundäranalyse gar nicht um ein Erhebungsinstrument als Methode zur Gewinnung neuer Daten. Ähnlich wie bei der Inhaltsanalyse werden Rohdaten aus anderen Quellen aber durch die Auswahl und ggf. Neuzusammenstellung von Variablen als Daten für die eigene aktuelle Untersuchung gewonnen. Von einer Analyse empirischer Untersuchungen im Allgemeinen unterscheidet sich die Sekundäranalyse dadurch, dass sie so weit wie möglich auf die Rohdaten (nicht nur die Ergebnisse) früherer Studien zurückgreift.

Eine Sekundäranalyse bereits erhobener Daten bietet große *Vorteile* (Porst 1999: 117):

- Es ist Zeit und Kosten sparend, wenn nicht jeder Forscher zur Bearbeitung seiner Fragestellung eine gesonderte Erhebung durchführt, sondern auf im Idealfall große Datensätze (z. B. mit vielen Befragten) zurückgreifen kann.
- Forscher können publizierte Ergebnisse ihrer Kollegen mit Hilfe der Datensätze direkt nachvollziehen, überprüfen und ggf. erweitern bzw. in andere Zusammenhänge stellen. Solche eine Zusammenarbeit (bei der nicht jeder in seinem eigenen Elfenbeinturm tätig ist) fördert die Transparenz und die Güte wissenschaftlicher Ergebnisse.
- Schließlich werden einmal erhobene Daten durch die »Mehrfachverwendung« intensiver genutzt, was angesichts der oft geringen Ausschöpfungsquoten bei Befragungen umso sinnvoller erscheint.

Den hauptsächlichen *Nachteil*, den die Sekundäranalyse aufweist, teilt sie mit der Inhaltsanalyse allgemein: Die Daten sind in der Regel nicht exakt auf die Fragestellung des Forschers zugeschnitten. So kann es z. B. sein, dass die Fragen und Antwortkategorien im Fragebogen ein klein wenig anders gestellt waren als erwünscht, dass einige Aspekte der nun interessierenden Fragestellung völlig fehlen oder dass die Befragtengruppe nur in Teilen der angestrebten Zielgruppe entspricht. Diesen Nachteil muss der Sekundärforscher hinnehmen. Er wird die Daten seiner Fragestellung so gut wie möglich anpassen, was nur in Ausnahmefällen optimal gelingen wird. Beispielsweise greifen Lebensstilforscher gelegentlich auf Untersuchungen zu Freizeitaktivitäten zurück. Diese Adaption funktioniert natürlich nur dann, wenn ihre Definition und Operationalisierung von »Lebensstil« diese Freizeitaktivitäten als zentrales Element ansehen (und nicht z. B. die Wohnungseinrichtung oder Konsumpräferenzen).

Im Folgenden sollen zwei regelmäßig wiederholte Mehrthemenbefragungen, die in Deutschland systematisch als Quelle zur Sekundäranalyse erhoben werden, kurz vorgestellt werden, bevor auch in diesem Kapitel ein Beispiel die Sekundäranalyse konkretisiert.

4.4.2 Beispiele für Quellen zur Sekundäranalyse

ALLBUS

Die Allgemeine Bevölkerungsumfrage der Sozialwissenschaften (ALLBUS) ist eine Umfrageserie zu Einstellungen, Verhaltensweisen und Sozialstruktur der Bevölkerung in der Bundesrepublik Deutschland. Die Erhebungen werden seit 1980 in zweijährigem Abstand durchgeführt, und zwar wird in persönlichen Interviews (CAPI: Computer Assisted Personal Interviews) jeweils ein repräsentativer Querschnitt der bundesdeutschen Bevölkerung befragt. Der ALLBUS ist ein gemeinsames Vorhaben zweier Institutionen, von ZUMA (Zentrum für Umfragen, Methoden und Analysen) in Mannheim und dem ZA (Zentralarchiv) in Köln (www.gesis.org/Dauerbeobachtung/Allbus). Die Daten werden der Öffentlichkeit zeitnah für Analysen zur Verfügung gestellt (mit Ermäßigungen für Studierende). Sie eignen sich sowohl für die Quer- als auch Längsschnittanalyse sowie teilweise für internationale Vergleiche durch die enge Kooperation mit anderen Befragungen (insbesondere mit dem ISSP: International Social Survey Programme).

Bis 1990 bestand die Grundgesamtheit der Befragten aus allen Wahlberechtigen in Westdeutschland einschließlich West-Berlin, seitdem aus der erwachsenen Wohnbevölkerung (die auch Ausländer einschließt) in Ost- und Westdeutschland. Aus dieser größeren Grundgesamtheit wird jeweils eine Stichprobe mit etwa 3.500 Befragten (realisierte Interviews) gezogen.

Jede ALLBUS-Befragung erfasst detaillierte demografische Informationen zum Befragten und seinem Partner/seiner Partnerin. Neben Einzelfragen und kleineren Themenblöcken – die in Zwei- bis Vierjahresabständen wiederholt werden – gibt es pro Erhebung ein bis zwei Themenschwerpunkte, die in einem zehnjährigen Turnus wiederkehren. Solche Schwerpunkte sind z. B. Einstellungen zu sozialer Ungleichheit oder politische Partizipation. Im Jahr 2000 gab es kein explizites Schwerpunktthema, es wurden Fragen aus dem gesamten bisherigen ALLBUS-Programm repliziert, d. h. wiederholt (ein Methodenbericht zum ALLBUS 2000 findet sich bei Koch et al. 2001). Es gab hier z. B. Fragen zu Freundschaftsbeziehungen, zum politischen Interesse, zur Einstellung zum Schwangerschaftsabbruch, zur deutschen Vereinigung, zu Erziehungszielen, zum Kinderwunsch etc. 2002 lautete der Schwerpunkt »Religion, Weltanschauung und Werte«.

Die ALLBUS-Datensätze kann jeder über das Zentralarchiv in Köln (ZA) beziehen, das im Übrigen auch andere Datensätze zu verschiedenen Themen archiviert und zur Verfügung stellt (www.gesis.org/ZA).

SOEP

Das Sozioökonomische Panel gibt es seit 1984. Es wird jährlich in privaten Haushalten Deutschlands (seit 1990 einschließlich Ostdeutschlands) erhoben (www.diw.de/deutsch/sop/index.html). Seine Besonderheit (und die eines Panels allgemein) besteht darin, dass die Befragung im Wesentlichen immer bei *denselben* Personen und Familien stattfindet, dabei sind jeweils alle erwachsenen Haushaltsmitglieder in die Untersuchung einbezogen. Von den 1984 befragten 5.921 Haushalten in Westdeutschland konnten die Interviewer 2002 nach 19 Wellen immerhin noch 3.889 Haushalte erreichen. Neben der Haupt- gibt es einige Zusatzstichproben, unter anderem eine überproportionale Ausländerstichprobe.

Themen sind auch hier unter der Überschrift des politischen und gesellschaftlichen Wandels beispielsweise Erwerbs- und Familienbiografien, die Wohnsituation, Einkommensverläufe, Gesundheit, Partizipation und Lebenszufriedenheit.

Das DIW (Deutsches Institut für Wirtschaftsforschung) in Berlin stellt den anonymisierten Datensatz Universitäten und anderen Forschungseinrichtungen gegen eine Gebühr zur Verfügung. Das Institut bietet zudem regelmäßig Workshops an, die die Nutzung der Daten erläutern. Dass diese nicht ganz unkompliziert ist, zeigt bereits die Einsicht, dass ein Forscher sich immer ganz genau darüber klar sein muss, was er (z. B. im Zeitverlauf) vergleicht, etwa Haushalte (deren Besetzung wechseln kann) oder Personen (die den Haushalt wechseln können). Wer nicht selbst Sekundäranalysen durchführen, aber dennoch vom SOEP profitieren möchte, kann sich auf der angegebenen Internetseite des DIW über Publikationen auf der Basis des SOEP informieren.

Einen weiteren Zugang für Sekundäranalysen stellt das Statistische Bundesamt dar (www.destatis.de) bzw. auf europäischer Ebene EUROSTAT (vgl. den Link im Anhang), die im ersten Zugriff allerdings am ehesten bereits aufbereitete Daten (z. B. als Tabellen oder Grafiken) liefern. Datengrundlagen können hier als Möglichkeiten unter vielen z. B. der Mikrozensus oder Zeitbudgetstudien sein. Der Mikrozensus ist die amtliche Repräsentativstatistik, für die jährlich ein Prozent der Haushalte in Deutschland befragt wird. Wer eine Frage zu Häufigkeitsverteilungen hat, kann mit ein wenig Suchaufwand beim Statistischen Amt ganz unterschiedliche Informationen erhalten (die nicht alle kulturwissenschaftlich hoch interessant sind), von der Struktur der Binnenschifffahrt bis zum Anteil Übergewichtiger im letzten Jahr.

4.4.3 Eine Anwendungsskizze für eine Sekundäranalyse

Bei der Sekundäranalyse gibt es hinsichtlich des Ablaufes keine grundlegend neuen Aspekte. Auch hier wird der Forscher sein Thema präzisieren und seine Dimensionen, Hypothesen oder Forschungsfragen operationalisieren. Bei diesem Schritt ist er allerdings darauf angewiesen, Indikatoren bzw. konkrete Variablen zu finden, die zu seinen Dimensionen passen. Stärker als bei einer Primärerhebung würde der Forscher seine konkreten Hypothesen also mit dem vorhandenen Material abstimmen (bei der Primärerhebung kann er – zumindest idealtypisch – linear vorgehen: Zunächst Hypothesen aufstellen, dann Indikatoren zuordnen etc.).

Bedingung ist es zudem, vorab zu klären, ob die vorliegende empirische Untersuchung, die er nutzen will, nicht nur durch erhobene Merkmale zu der eigenen Fragestellung passt, sondern von der Anlage der Studie überhaupt. Dies betrifft z. B. die Zielgruppe bzw. die Stichprobe, Zeit und Ort der Durchführung und eine positive Einschätzung der Gütekriterien (Zuverlässigkeit, Gültigkeit, Repräsentativität). Die Auswertung erfolgt dann wiederum in ganz ähnlicher Weise wie bei selbst erhobenen Daten.

Angenommen, jemand möchte sekundäranalytisch verschiedene Ergebnisse zur subjektiven Zeitwahrnehmung zusammenstellen. In dem Inklusionsprofile-Fragebogen würde er drei Variablen (d. h. nicht allzu viele) finden, die diese Zeitwahrnehmung betreffen:

fr72: »Für welche der folgenden Lebensbereiche hätten Sie lieber mehr Zeit, wofür würden Sie lieber weniger Zeit aufwenden, und wobei ist der Zeitaufwand gerade richtig?«
Es werden nun die einzelnen Bereiche genannt, z. B. Beruf und Karriere/Partner, Familie, Freunde/Aus- und Weiterbildung/im Gesundheitsbereich, z. B. Zeit für Arztbesuche …
Die Antwortkategorien lauten jeweils: (1) Gern mehr Zeit
(2) Zeitaufwand gerade richtig
(3) Lieber weniger Zeit
(4) Weiß nicht
(5) Antwort verweigert

fr74: Ich lese Ihnen nun zwei Aussagen vor: Wenn Sie mal über Ihren Alltag nachdenken bitte sagen Sie mir, wie sehr beide Aussagen auf Sie zutreffen.
fr74a Aussage 1: »Ich bin immer sehr beschäftigt«
fr74b Aussage 2: »Ich fühle mich oft unter Zeitdruck und getrieben«
(1) Trifft voll und ganz zu
(2) Trifft eher ja zu
(3) Trifft eher nicht zu
(4) Trifft überhaupt nicht zu
(5) Weiß nicht
(6) Antwort verweigert

Je nach Hypothese können zu diesen Merkmalen erklärende Faktoren herangezogen werden, für die Variablen zur Verfügung stehen, z. B. Lagemerkmale wie die Bildung, das Haushaltseinkommen, die Erwerbstätigkeit, das Alter etc.

Eine Hypothese könnte dann beispielsweise lauten: »In Vollzeit erwerbstätige Personen geben häufiger an, sich unter Zeitdruck zu fühlen, als in Teilzeit und nicht Erwerbstätige«. Hierfür braucht der Forscher zusätzlich fr17 (Sind Sie Vollzeit erwerbstätig, Teilzeit erwerbstätig oder haben Sie einen Nebenerwerb oder sind Sie nicht erwerbstätig?)

Eine andere Hypothese könnte sein, dass überwiegend mit ihrem Zeitaufwand zufriedene Menschen sich eher nicht unter Zeitdruck fühlen. In diesem Fall sind keine zusätzlichen Variablen erforderlich, es ist allerdings zu operationalisieren, was »überwiegend mit dem Zeitaufwand zufrieden« bedeutet (z. B. wenn eine Person in mehr als der Hälfte der Lebensbereiche die Antwort »Zeitaufwand gerade richtig« gegeben hat).

Vor der Auswertung der Daten müsste der Forscher kritisch überprüfen, ob die Primärforscher methodisch sauber gearbeitet haben und ob er die Daten für seine Zwecke verwenden kann. Beispielsweise wären die Ergebnisse nutzlos für eine Untersuchung zur Zeitwahrnehmung Jugendlicher, weil im Projekt »Inklusionsprofile« nur Personen ab 18 Jahren befragt wurden. Ist die Prüfung positiv ausgefallen, so kann die statistische Auswertung beginnen, die am Beispiel der ersten Hypothese so aussehen könnte:

			Sind Sie Vollzeit erwerbstätig, Teilzeit erwerbstätig, haben Sie einen Nebenerwerb oder sind Sie nicht erwerbstätig?				
			Vollzeit erwerbstätig	Teilzeit erwerbstätig	Nebenerwerb	nicht erwerbstätig	Gesamt
»Ich fühle mich oft unter Zeitdruck und getrieben.«	trifft voll und ganz zu	Anzahl %	206 21,0 %	46 17,0 %	13 15,9 %	70 9,1 %	335 15,9 %
	trifft eher zu	Anzahl %	317 32,3 %	102 37,8 %	13 15,9 %	132 17,2 %	564 26,8 %
	triffte eher nicht zu	Anzahl %	360 36,7 %	97 35,9 %	45 54,9 %	334 43,4 %	836 39,8 %
	trifft überhaupt nicht zu	Anzahl %	98 10,0 %	25 9,3 %	11 13,4 %	233 30,3 %	367 17,5 %
Gesamt		Anzahl %	981 100 %	270 100 %	82 100 %	769 100 %	2102 100 %

Tab. 4.10: Kreuztabelle »Erwerbstätigkeit« * »Sich getrieben fühlen«. Kontingenzkoeffizient C=0,306; der Zusammenhang ist signifikant bei einem Signifikanzniveau von 1 % zweiseitig

Der Prozentvergleich bestätigt die Hypothese: Am häufigsten fühlen sich in Vollzeit Erwerbstätige »voll und ganz« getrieben (21 %), »überhaupt nicht« getrieben sind am ehesten Nicht-Erwerbstätige (30,3 %). Ein deutlicher Zusammenhang zeigt sich auch durch das Zusammenhangsmaß (hier den Kontingenzkoeffizienten C für nominales Messniveau; sein Betrag nähert sich mit zunehmender Stärke des Zusammenhangs dem Wert 1 an). Für dessen Interpretation ist es allerdings notwendig, statistische Kenntnisse über Maßzahlen, Skalenniveaus, Signifikanz etc. zu haben. Einige Hinweise darauf gibt Kapitel 6, hier sei immerhin das Ergebnis genannt: Erwerbstätigkeit und das Gefühl des Getriebenseins hängen statistisch gesehen deutlich zusammen.

Damit und anhand weiterer Hypothesenprüfungen kann ein Sekundärforscher also zu Forschungsergebnissen gelangen, ohne selbst eine Erhebung durchführen zu müssen. Jedoch haben sich an diesem kleinen Beispiel bereits Grenzen der Anwendung gezeigt: So enthält der Fragebogen »Inklusionsprofile« etwa lediglich drei Variablen zur Zeitwahrnehmung. Es liegt deshalb für den Sekundärforscher nahe, weitere Untersuchungen zum Thema zu recherchieren. Hier zeigt sich dann jedoch eine weitere Begrenzung: Selbst wenn die Daten vergleichbar sind (z. B. die gleiche Zielgruppe betreffen), können sie nicht mehr auf Merkmalsebene »gemixt« werden. Das heißt: Angenommen, eine andere Studie enthält ein Merkmal »Einstellung zu: Wie schnell vergeht die Zeit?«, so kann der Forscher zwar dieses Ergebnis und die Antworten zur Getriebenheit aus der Inklusionsstudie nebeneinander stellen. Er kann die Antworten jedoch nicht mehr in einer Kreuztabelle gegenüberstellen, denn es hat ja nicht jeweils ein und dieselbe Person beide Fragen beantwortet.

Trotz dieser Begrenzungen sollten Forscher auf die vielfältigen Möglichkeiten der Sekundäranalyse, zumindest als Ergänzung ihrer eigenen Daten, zum Vergleich oder in anderen Forschungsphasen, z. B. zur Hypothesenfindung, nicht verzichten.

Literaturhinweis

Porst, Rolf (2000): Praxis der Umfrageforschung, Stuttgart/Leipzig/Wiesbaden, 2., überarb. Auflage, Kapitel 6

Übungsaufgabe

Schauen Sie sich den ALLBUS-Fragebogen 2002 (www.gesis.org/Dauerbeobachtung/Allbus/documents/pdfs/frabo2002capi.pdf) bzw. eine neuere Fassung an, und sichten Sie Fragen zum Thema »Einstellungen zu Partnerschaft und Familie«. Formulieren Sie drei Hypothesen, und ordnen Sie diesen anschließend die Merkmale (Fragebogenfragen) zu, die zu ihrer Prüfung benötigt würden.

4.5 Zwischenbilanz und Anmerkungen zur Methodenkombination

Sowohl die allgemeinen Ausführungen als auch die Beispiele in diesem Kapitel haben gezeigt, dass die verschiedenen Erhebungsinstrumente ihre jeweiligen Anwendungsgebiete haben, z. B. ermöglicht die Inhaltsanalyse teilweise Zeitvergleiche, kann die Beobachtung Interaktionszusammenhänge klären, eruiert die Befragung am besten Einstellungen.

Andererseits gibt es bei jedem Instrument Anwendungsgrenzen und auch allgemeine sowie spezifische Fallstricke in der konkreten Durchführung, durch die der Forscher sich anhand begründeter methodischer Problemlösungen lavieren muss. Auf diese Weise können im Idealfall abgesicherte empirische Ergebnisse entstehen, die sich an theoretische Konzepte rückbinden lassen.

Die Möglichkeit, Methoden (insbesondere im Sinne verschiedener Erhebungsinstrumente) zu kombinieren, ist nicht in jedem Fall, aber häufig gegeben. Dabei sind nicht allein Kombinationen der hier behandelten quantitativen Methoden gemeint, sondern qualitative Methoden können ebenfalls Berücksichtigung finden. Dass diese Möglichkeiten nicht immer ausgeschöpft werden, hat teilweise eher pragmatische als methodische Gründe: Es fehlt z. B. an Zeit, an Geld oder an Erfahrung im Umgang mit bestimmten Methoden.

Wenn ein Forscher eine Methodenkombination plant, ist es wichtig zu klären, welches Ziel er damit verfolgt:

Geht es darum, mit verschiedenen Methoden komplementär unterschiedliche Aspekte einer Fragestellung zu erfassen?

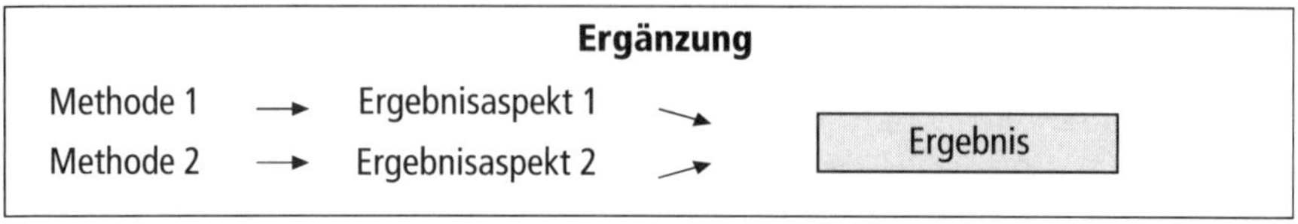

Abb. 4.8: Methodenkombination, Typ »Ergänzung«

Beispielsweise ergänzte Gerhards seine Methode der Inhaltsanalyse um eine Befragung, in der er subjektive Motive der Vornamensvergabe untersuchte.

Oder wendet der Forscher verschiedene Methoden in unterschiedlichen Forschungsphasen an?

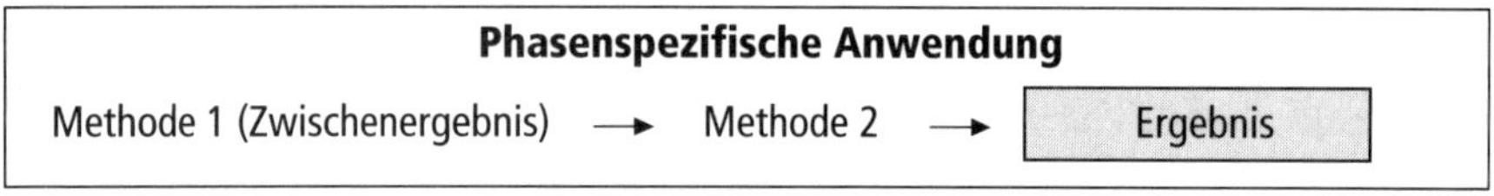

Abb. 4.9: Methodenkombination, Typ »Phasenspezifische Anwendung«

Zum Beispiel können Experteninterviews oder Sekundäranalysen eine Basis zur Erstellung eines quantitativen Befragungsdesigns sein. Oder qualitativ erhobene Typologien werden quantitativ auf ihre Häufigkeitsverteilung untersucht. Es ist ebenso möglich, aus einer standardisierten Befragung neue Zielgruppen herauszufiltern (z. B. Menschen mit einem bestimmten Inklusionsprofil), die dann in Intensivinterviews erneut befragt werden. Mayring nennt diese letztgenannte Variante bei einer Kombination von quantitativen und danach qualitativen Methoden »Vertiefung«. Die andere Reihenfolge bezeichnet er je nach Eigenständigkeitsgrad der qualitativen Ergebnisse entweder als Vorstudien- oder als Verallgemeinerungsmodell (Mayring 2001: Absatz 21).

Schließlich ist es ein mögliches Ziel, mit verschiedenen Methoden das Gleiche zu messen, um die Methodenanwendung und damit auch die Ergebnisse zu validieren, d. h. um ihre Gültigkeit zu kontrollieren.

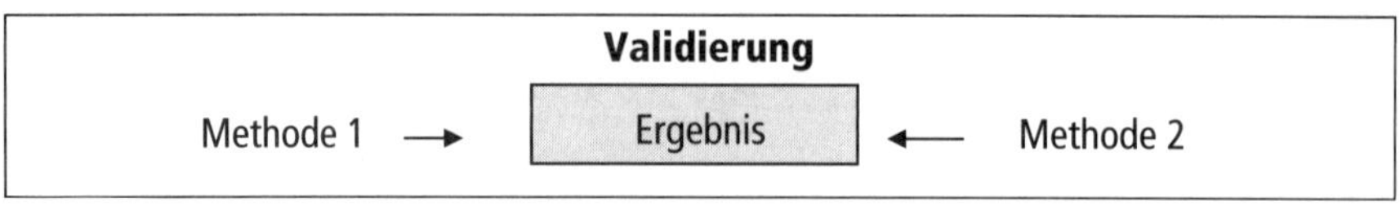

Abb. 4.10: Methodenkombination, Typ »Validierung«

Beispielsweise könnte der Forscher seine Untersuchungsgruppe zum einen bitten, einige Tage ein Zeittagebuch zu führen, andererseits könnte er die Personen einige Zeit später im Interview um eine Schilderung des gestrigen im Vergleich zu einem typischen Tagesablauf bitten. Es ist allerdings offensichtlich, dass solche Erhebungs-»Häufungen« bei ein und derselben Person an Grenzen ihrer Motivation stoßen können.

Diese Variante der Methodenkombination ist nicht ganz unkompliziert, denn zum einem müssen die Ergebnisse vergleichbar sein. Der Forscher muss also sicherstellen, dass sich die Methoden tatsächlich auf den gleichen Forschungsgegenstand richten (Seipel/Rieker sind z. B. recht skeptisch, ob der Forscher dies in der Regel erreichen kann, insbesondere, wenn es um eine Kombination quantitativer und qualitativer Methoden geht; 2003: 246 f.). Zum anderen gerät der Forscher dann in ein Dilemma, wenn sich die Ergebnisse nicht gegenseitig bestätigen, sondern mindestens teilweise widersprechen. Was ist in einem solchen Fall zu tun? Der Forscher sollte natürlich nochmals überprüfen, ob bei einer der Operationalisierungen und Methodenanwendungen im weiteren Sinne Fehler vorgekommen sind, die die Gültigkeit der Ergebnisse beeinträchtigen. Kann er dies ausschließen, bleiben zwei Möglichkeiten. Entweder der Forscher startet eine neue Untersuchung mit besonderer Berücksichtigung der strittigen Punkte. Oder es gelingt ihm, die nur auf den ersten Blick widersprüchlichen Ergebnisse in ein neues theoretisches Konzept zu integrieren. Die Ergebnisse würden theoretisch neu so interpretiert, dass sie keinen Widerspruch mehr darstellen. Damit wäre die Methodenkombination sogar zu einem Hilfsmittel zur Erlangung neuer (theoretischer) Erkenntnisse geworden.

Kelle/Erzberger (2001) nennen ein Beispiel: In einer Studie zum Übergang von der Schule in den Arbeitsmarkt in der (ehemaligen) DDR vor und nach 1989 gaben 60 Prozent der befragten Akademiker an, dass die offizielle Vermittlungsstelle zentral für ihre Arbeitsplatzsuche gewesen sei. Die Schlussfolgerung lag nahe, dass das von staatlicher Seite propagierte System rigider Kontrolle von Karriereverläufen erfolgreich war. Qualitative Interviews dokumentierten jedoch ein recht hohes Maß an individueller Selbstbestimmtheit der Karriere. Die »Auflösung« lag – wie die Forscher anhand der qualitativen Gespräche herausfanden – darin, dass eine informelle Verständigung von Betrieb und Arbeitssuchendem dazu führte, dass der Betrieb eine Planstelle einrichtete, diese der zuständigen Behörde meldete und der Arbeitssuchende gleichzeitig gezielt diese Stelle dort nachfragte (und in der Regel auch bekam). Etwas theoretischer ausgedrückt, lag die Lösung der Divergenz darin, dass der Forscher die Funktion und Funktionsweise der staatlichen Instanz neu bestimmte (Kelle/Erzberger 2001: 115 – 118).

Ob oder wie häufig eine solche Vorgehensweise möglich ist, ist pauschal nicht einzuschätzen. Etwas einfacher in der Durchführung und Deutung erscheinen die gegenseitige Ergänzung von Methoden oder die phasenspezifische Anwendung. Sowohl die Validierung als auch die Ergänzung von Ergebnissen und Perspektiven bezeichnet man auch als »*Triangulation*« (ursprünglich ein Verfahren, bei dem man die Lage eines unbekannten Punktes C durch Messungen von zwei bekannten Punkten A und B aus bestimmt; vgl. zur Triangulation und ihren Varianten z. B. Flick 2004; Kelle/Erzberger 2001).

Welche Methode und ggf. Methodenkombination ein Forscher letztlich wählt, muss unbedingt abhängig von der Forschungsfrage sein. Manchmal wird es gar nicht notwendig sein, mehrere Methoden anzuwenden, z. B. zieht die Untersuchung von Meinungen recht eindeutig eine Befragung nach sich (wenn der Forscher auch noch wissen möchte, ob diese Meinungen im Verhalten zum Ausdruck kommen, sieht es möglicherweise schon wieder anders aus). Dieser Hinweis auf die Abhängigkeit von der Forschungsfrage ist als Lippenbekenntnis weit verbreitet, doch gibt es faktisch neben den genannten Integrationsbestrebungen gerade zwischen qualitativen und quantitativen Methodenanhängern durchaus auch gewisse Grabenkämpfe, was sich z. B. in der Lehre, meist getrennten Methodenlehrbüchern und auch der Forschungspraxis widerspiegelt. Der bekennende »Multi-Methodiker« ist leider noch relativ selten anzutreffen. Doch wird es Ihnen als Leser empirischer Ergebnisse mit guten Kenntnissen zu verschiedenen Methoden jedenfalls möglich sein, gelungene Methodenanwendungen, ob anhand einer Methode oder auch Methodenverknüpfungen, zu würdigen und andernfalls ihre Grenzen zu erkennen.

Literaturhinweise

Zur Methodenintegration gibt es insbesondere Literatur, die sich mit Verknüpfungsmöglichkeiten quantitativer und qualitativer Ansätze befasst. Viele Aspekte gelten jedoch auch für die Kombination verschiedener quantitativer Methoden. Das Kapitel in Seipel und Rieker dient einem ersten Überblick, der Band von Kluge und Kelle setzt sich sowohl methodologisch als auch an Beispielen mit der Methodenintegration auseinander.

Seipel, Christian; Rieker, Peter (2003): Integrative Sozialforschung: Konzepte und Methoden der qualitativen und quantitativen empirischen Forschung, Weinheim/München, Kapitel 6

Kluge, Susann; Kelle, Udo (Hrsg.) (2001): Methodeninnovation in der Lebenslaufforschung: Integration qualitativer und quantitativer Verfahren in der Lebenslauf- und Biographieforschung, Weinheim/München (darin befindet sich auch der angegebene Artikel von Udo Kelle und Christian Erzberger)

Übungsaufgabe

Welche Methode oder Methodenkombination eignet sich für die Untersuchung

- des Musikgeschmacks von Jugendlichen (was, wo und wie hören sie?)
- des Zeitmanagements berufstätiger Eltern?

Skizzieren Sie, welche Methoden wie zur Anwendung kommen könnten.

Geben Sie auch an, welches Ziel die ggf. von ihnen gewählte Methodenkombination verfolgt.

5. Auswahlverfahren

Dieses Kapitel kehrt von den im vorigen Abschnitt angedeuteten Grundsatzdiskussionen nun noch einmal zum konkreten Forschungsprozess zurück. Eine Auswahl zu treffen von Interviewpartnern, auszuwertenden Zeitschriften, zu beobachtenden Menschen oder Situationen etc. ist Bestandteil der oben dargestellten Forschungsschritte. Da dieser Schritt bei allen Erhebungsinstrumenten zu vollziehen ist, ist es sinnvoll, ihn außerhalb des jeweiligen Zusammenhangs gesondert zu betrachten. Im Forschungsprozess erfolgt dieser Schritt natürlich *vor* der Erhebung. Im Zusammenhang dieser Einführung war es jedoch vorrangig, den Ablauf der Erhebungen an Beispielen zunächst einmal im Überblick vorzustellen, bevor ein bestimmter Punkt, in diesem Fall die Stichprobenziehung, vertieft wird.

In den meisten Fällen erheben Forscher nicht bei allen in Frage kommenden Forschungsteilnehmern bzw. Quellen ihre Daten, d. h. sie führen keine Vollerhebung durch. Oft sind es zu viele Untersuchungseinheiten oder die Erhebung nähme zu viel Zeit in Anspruch, manchmal ist der Zugang zu tatsächlich allen »Forschungsobjekten« der Zielgruppe auch gar nicht gegeben. So ist es in den Beispielen nicht vorgesehen, alle in deutschen Printmedien erschienenen privaten Kontaktanzeigen der letzten 25 Jahre zu untersuchen. Ebenso wäre es unrealistisch, die gesamte Wohnbevölkerung Deutschlands ab 18 Jahren zu befragen.

Eines haben Forschende jedoch schon erreicht, wenn sie Eingrenzungen wie die obigen formulieren können: Sie legen auf diese Weise ihre Zielgruppe (auch: die *Grundgesamtheit*, d. h. diejenigen Fälle, auf die sich die Untersuchungsergebnisse beziehen sollen) fest, aus der sie dann möglicherweise – noch ganz unabhängig vom Verfahren – eine Auswahl ziehen. Wenn unbekannt ist, wer/was sich überhaupt in der Grundgesamtheit befinden soll, sind Auswahlverfahren nutzlos. Die Beispiele in den vorhergehenden Kapiteln geben durchaus Konkretisierungen über »Kontaktanzeigen« und »Menschen in Deutschland« hinaus an, etwa nur private, nicht kommerzielle Kontaktanzeigen, oder die Wohnbevölkerung, d. h. nicht nur Menschen mit deutscher Staatsangehörigkeit.

Hat der Forscher seine Zielgruppe definiert, muss er im nächsten Schritt entscheiden, ob eine Vollerhebung in Frage kommt. Dies ist dann der Fall, wenn die Grundgesamtheit überschaubar ist, z. B. alle derzeit tätigen Professorinnen und Professoren der FernUniversität in Hagen. Je größer die Grundgesamtheit ist, desto unwahrscheinlicher ist es, dass die Untersuchung in einem überschaubaren Zeit- und Kostenrahmen tatsächlich alle Fälle in eine Erhebung einbeziehen kann. Die weitgehendsten Möglichkeiten bietet hier die Inhaltsanalyse, bei denen Dokumente im weiteren Sinne die »Fälle« darstellen. Diese müssen zwar verfügbar sein, sie müssen jedoch nicht z. B. ihre Bereitschaft zur Mitarbeit erklären.

Hat der Forscher sich gegen die Vollerhebung und für eine Stichprobe entschieden, muss er im nächsten Schritt das Auswahlverfahren bestimmen. Ein wichtiges Kriterium hierfür ist, ob die Stichprobe repräsentativ sein soll.

Definition: Repräsentativität

Repräsentativität ist ein Gütekriterium der quantitativen Forschung neben Gültigkeit, Zuverlässigkeit und Intersubjektivität. Empirische Ergebnisse sind dann repräsentativ, wenn sie von der Stichprobe auf die Grundgesamtheit (d. h. auf die angebbare Zielgruppe der Untersuchung) verallgemeinerbar sind. Dafür muss die Stichprobe ein verkleinertes Abbild der Grundgesamtheit sein. Dies bedeutet, dass die Merkmalsstruktur der Stichprobe annähernd mit der der Grundgesamtheit übereinstimmt (z. B.: wenn bekannt ist, dass es in der Grundgesamtheit einen Männeranteil von 49 Prozent gibt, sollte auch der Anteil in der Stichprobe in den meisten Fällen nicht zu sehr von diesem Wert abweichen).

Weitere Kriterien für das Auswahlverfahren neben der Repräsentativität lassen sich an folgenden Fragen ablesen:

- Welche Informationen hat der Forscher über die Grundgesamtheit (wer gehört dazu, welche Strukturmerkmale hat sie), gibt es z. B. sogar eine Liste?
- Gibt es, abhängig von der Forschungsfrage, weitere Ziele, sind z. B. bestimmte Gruppen innerhalb der Grundgesamtheit besonders zentral?
- Welche Ressourcen stehen zur Verfügung, z. B. Geld für Interviewer, und insbesondere auch Zeit?

Je nach Beantwortung dieser Fragen bieten sich unterschiedliche Auswahlverfahren an, von denen einige nun im Überblick vorgestellt werden sollen. Eine grobe Unterscheidung lässt sich zunächst treffen zwischen der *Zufallsauswahl* und *nicht zufallsgesteuerten Auswahlverfahren.*

Angenommen, Sie würden sich in die nächste Fußgängerzone stellen und »rein zufällig« einige Personen um ihre Teilnahme an einer Befragung bitten. Wäre das eine Zufallsauswahl? Nein, im methodischen Sprachgebrauch würde man hier von einer *»willkürlichen Auswahl«* sprechen. Zufällig ist eine Auswahl dagegen dann, wenn der Forscher (resp. Interviewer etc.) persönlich keinen Einfluss darauf hat, wer aus der Grundgesamtheit in die Auswahl gelangt. In der Fußgängerzone könnte sich der Interviewer möglicherweise doch eher nett lächelnde Menschen herauspicken oder solche, die zumindest nicht hochgradig eilig aussehen. Wichtiger ist dabei aber ein anderer Punkt: Der Interviewer weiß gar nicht, aus welcher

Zufallsauswahl
→ einfach (z. B. Karteiauswahl)
→ komplex (z. B. geschichtet, mehrstufig, Klumpenauswahl)

Nicht zufällige Auswahl, z. B.
→ willkürlich
→ Quotenauswahl
→ bewusste Auswahl

Abb. 5.1: Einige Auswahlverfahren im Überblick

Grundgesamtheit er seine Auswahl getroffen hat. Beispielsweise handelt es sich bei Personen in der Kölner Innenstadt nicht unbedingt um Kölner Bürgerinnen und Bürger, es könnten auch Touristengruppen, Geschäftsleute aus anderen Städten etc. unterwegs sein. Daraus folgt, dass eine solche Befragung zwar relativ wenig aufwändig ist, dass sie jedoch nicht repräsentativ sein kann. In der Wissenschaft können Forscher willkürliche Stichproben eigentlich nur als Pretest verwenden.

5.1 Zufallsauswahlverfahren

Definition: Zufallsauswahl
Jedes Element der Grundgesamtheit hat die gleiche (oder – bei komplexen Zufallsauswahlen – die bekannte), von Null verschiedene Chance, in die Auswahl zu gelangen. Damit hat der Forscher/Interviewer persönlich keinen Einfluss darauf, welche Elemente der Grundgesamtheit ausgewählt werden.

Ein klassisches Beispiel für eine *einfache Zufallsauswahl* ist die Ziehung der Lottozahlen. Die Grundgesamtheit – 49 Zahlen – ist bekannt und symbolisch durch Bälle vertreten. Jede Zahl kommt genau einmal vor. Das unbestechliche Ziehungsgerät wählt dann die sechs Gewinnzahlen aus diesen 49 zufällig aus. Wenn es nicht um Lottozahlen, sondern z. B. um Befragte geht, existiert in einigen Fällen ebenfalls eine Liste, z. B. von allen derzeitigen Bundestagsabgeordneten oder von allen Namen der 2004 in Freiburg standesamtlich erfassten neugeborenen Kinder. Solche Listen muss der Forscher noch »bereinigen«. Angenommen, alle Studierenden an Hochschulen in Nordrhein-Westfalen bilden die Grundgesamtheit. Aus den Immatrikulationslisten der Hochschulen müssten die Forscher dann etwa solche Personen einmal streichen, die an zwei Hochschulen in NRW gleichzeitig studieren (z. B. einmal als »ordentlicher« Student, einmal als Gasthörer). Ansonsten wäre die Chance dieser Personen, in die Auswahl zu gelangen, größer als die anderer Personen. Ähnliche Herausrechnungen fallen je nach Art der Liste bei zwei Wohnsitzen, zwei Telefonanschlüssen etc. an.

Zufallsauswahlen führen (bei sorgfältiger Durchführung, hinreichender Stichprobengröße und guter Ausschöpfung) am ehesten zu repräsentativen Ergebnissen. Dies kann mathematisch begründet werden (vgl. näher dazu z. B. Diekmann 1996: 347–354: Theorie der Zufallsstichprobe; Kromrey 1998: 273–277). Es bedeutet auch, dass der Forscher mit angebbaren Fehlerspannen von der Stichprobe auf die Grundgesamtheit schließen kann, z. B. könnte eine (fiktive) Aussage sein: »In der Stichprobe ergab sich ein Männeranteil von 49 Prozent. Mit 95prozentiger Wahrscheinlichkeit liegt der Wert in der Grundgesamtheit zwischen 47,5 und 50,5 Prozent«. Es handelt sich um das Verfahren der Intervallschätzung, der Schätzung so genannter Konfidenzintervalle für die Werte in der Grundgesamtheit (vgl. Kühnel/Krebs 2001: Kap. 8.4).

Zusammenfassend ist eine einfache Zufallsauswahl insbesondere dann anwendbar, wenn ein Verzeichnis der Auszuwählenden existiert. Dabei muss es sich nicht immer um Personen handeln, je nach Zielsetzung der Forschungsfrage können es auch Adressen bzw. Orte, Haushalte, Organisationen, Jahrgänge und Ausgaben von Zeitschriften etc. sein. Das Verfahren ist damit vergleichsweise voraussetzungsreich (solch eine Liste gibt es nicht immer oder sie unterliegt dem Datenschutz oder ist nur mühsam zu erstellen). Es ist allerdings nicht notwendig, Vorkenntnisse über die Struktur der Grundgesamtheit zu haben (z. B. darüber, wie bestimmte Merkmale verteilt sind). Wenn man es jedoch anwenden kann, ist der Forscher auf der zumindest stichprobentheoretisch sicheren Seite hinsichtlich der Repräsentativität.

Neben der einfachen gibt es die *komplexe Zufallsauswahl* in verschiedenen Varianten. Hierfür ist es charakteristisch, dass die einzelnen Einheiten zwar nicht mehr die gleiche, aber eine angebbare Wahrscheinlichkeit (größer Null) haben, in die Auswahl zu gelangen. Eine Form der komplexen Zufallsauswahl ist die *mehrstufige Auswahl*, die das Problem der erforderlichen Verzeichnisse ein wenig umgehen kann. Beispielsweise gibt es kein Verzeichnis aller 8jährigen Schülerinnen und Schüler Deutschlands. Mehrstufig könnte ein Forscher nun zunächst zufällig eine Auswahl aus Regierungsbezirken in den Bundesländern ziehen (1. Stufe). Im nächsten Schritt stellt er nur von den gezogenen Bezirken eine Liste aller Schulen auf, in denen 8jährige zu finden sind (neben Grundschulen z. B. Sonderschulen, Waldorfschulen) und wählt daraus eine Anzahl von Schulen aus (2. Stufe). Nur von den gezogenen Schulen erbittet er eine Liste aller an einem Stichtag 8jährigen Schüler und Schülerinnen, von denen er nun eine letzte Auswahl zieht (3. Stufe): Er hat nun seine Forschungsteilnehmer erhalten, ohne eine komplette Liste aller

8jährigen Schüler in Deutschland zu benötigen. Eine ähnliche Stufung könnte er etwa für Wahlbezirke, Adressen, Haushalte und Personen in Haushalten vornehmen. Beim letzten Schritt funktioniert die Auswahl häufig so, dass innerhalb des Haushalts z. B. die Person ausgewählt wird, die zuletzt Geburtstag hatte, um auch hier das Zufallsprinzip zu wahren. An diesem Beispiel zeigt sich auch, dass bei diesem Vorgehen nicht mehr jede Person die gleiche Chance hat, in die Auswahl zu gelangen: Hat man erst einmal Haushalte ermittelt, aus denen jeweils eine Person zu »ziehen« ist, kommen die Menschen aus Ein-Personen-Haushalte auf jeden Fall in die Auswahl. Bei Mehr-Personen-Haushalten liegt die Wahrscheinlichkeit der Auswahl geringer: Bei einem Vier-Personen-Haushalt beispielsweise hat jede einzelne Person dann nur noch die Wahrscheinlichkeit von einem Viertel, in die Auswahl zu gelangen (der Forscher kann diesen Effekt durch entsprechende Gewichtungen möglicherweise wieder »herausrechnen«, was wiederum nicht unumstritten ist – auch in diesem Sinne ist eine solche Auswahl »komplex«).

	Beispiel 1:	Beispiel 2:
1. Stufe:	16 Regierungsbezirke	50 Wahlbezirke, daraus
	↓	↓
2. Stufe:	20 Schulen	100 Adressen, daraus
	↓	↓
3. Stufe:	200 Schüler und Schülerinnen	je 1 Haushalt, daraus
	↓	↓
4. Stufe:	–	je 1 Haushaltsmitglied (d. h. insgesamt 100 Personen)

Tab. 5.1: Beispiel: Mehrstufige Auswahl

Ein weiteres komplexes Zufallsverfahren, eigentlich ein Sonderfall der mehrstufigen Auswahl, ist die *Klumpenstichprobe* (Cluster-Sample). Ihr Charakteristikum besteht darin, die letzte Auswahlstufe auszulassen. Es kommen alle Elemente einer Gruppe in die Auswahl, z. B. alle Schüler einer Schulklasse, alle Bewohner eines Hauses/Haushaltes oder alle Ausgaben der Zeitschrift eines ausgewählten Jahrgangs. Eine solche Auswahl hat oft inhaltliche Gründe. Wenn es z. B. um Gruppendynamiken, um das soziale Klima in einer Schulklasse geht, dann wäre es wenig sinnvoll, aus verschiedenen Schulklassen nur je eine Schülerin zu befragen.

Ein letztes Beispiel, das an dieser Stelle für die komplexen Zufallsverfahren genannt werden soll, ist die *geschichtete Auswahl.* In diesem Fall teilt die Forscherin die Zielgruppe in Teilgrundgesamtheiten auf und zieht aus diesen wiederum eine Zufallsauswahl. Beispielsweise unterteilt eine Forschungsfrage Studierende nach ihren Fachrichtungen in Kultur- und Sozialwissenschaften, Wirtschaftswissenschaften, Naturwissenschaften und Ingenieurwissenschaften. Gemäß ihrem Anteil an allen Studierenden erfolgt nun die Stichprobe: Machen die Kulturwissenschaftler etwa 10 Prozent der Studierenden an einer Universität aus und soll die Stichprobengröße insgesamt 200 Personen betragen, so würde der Forscher aus dieser Fachrichtung 20 Studierende auswählen. Das Beispiel verdeutlicht: Für eine geschichtete Stichprobe sind Informationen über Merkmalsverteilungen in der Gesamtgruppe erforderlich. Erst dann kann der Forscher eine proportionale (wie im Beispiel) oder auch eine disproportionale Stichprobe ziehen. Die disproportionale Variante ist dann sinnvoll, wenn er sich für bestimmte Teilgruppen aus der Grundgesamtheit besonders interessiert, diese aber eine Minderheit darstellen. Angenommen, jemand hat 500 Personen befragt, und darunter befinden sich 30 Ausländerinnen. Interessiert nun weiterhin, ob Ausländer, getrennt nach Geschlecht, häufiger oder seltener kulturelle Veranstaltungen besuchen als die Gesamtgruppe, dann stellen die 30 Personen für solche Differenzierungen eine sehr kleine Basis dar. Für Untersuchungen der Teilgruppen müssen diese also ggf. stärker in der Stichprobe berücksichtigt werden, als es ihrem eigentlichen Anteil entspricht. Für den Schluss von der Stichprobe auf die Grundgesamtheit sind dann wiederum mathematische Prozeduren erforderlich, die die Disproportionalität berücksichtigen.

Es lässt sich sagen, dass die Schätzungen (die der Forscher anhand der Stichprobe für die Grundgesamtheit vornimmt) geschichteter Stichproben präziser sein können als bei einfachen Zufallsauswahlen. Dafür sind jedoch Informationen darüber erforderlich, in welcher Weise sich die Zielgruppe auf die Teilgruppen aufteilt.

Studierende an einer Universität			
↙	↓	↓	↘
Fachbereich 1	Fachbereich 2	Fachbereich 3	Fachbereich 4
(Anteil 30%)	(25%)	(15%)	(30%)
↓	↓	↓	↓
60 Pers.	50 Pers.	30 Pers.	60 Pers.

Tab. 5.2: Beispiel: Geschichtete Auswahl (proportional)

Zusammenfassend gehen komplexe Zufallsauswahlen in mehreren Schritten vor. Dies kann Vorteile haben (genauere Schätzungen bei der Schichtung, Wegfall eines Verzeichnisses für alle Einheiten der Grundgesamtheit), aber auch bestimmte »Haken« (wie erforderliche Vorabinformationen oder Verzerrungsgefahren durch die Mehrstufigkeit).

5.2 Nicht zufallsgesteuerte Auswahlverfahren

Unter den *nicht zufallsgesteuerten Verfahren* wurde bereits die willkürliche Auswahl genannt, die keinen wissenschaftlichen Kriterien folgt. Ein weiteres nicht zufallsgesteuertes Verfahren, das kommerzielle Markt- und Meinungsforschungsinstitute häufig nutzen, ist die *Quotenauswahl* (vgl. Noelle-Neumann/Petersen 1998: Kap. III). Sie funktioniert – meist für persönliche Interviews – so, dass das Forschungsinstitut dem Interviewer Quoten mit Merkmalen von zu Befragenden vorgibt. Bei 10 Interviews sollen z. B. 5 männlich und 5 weiblich sein, mindestens 3 über 60 Jahre, mindestens 3 zwischen 30 und 60 Jahren und mindestens 2 unter 30 Jahren. Innerhalb dieser Quoten darf der Interviewer willkürlich Personen nach Wahl befragen. Das Ergebnis könnte dann so aussehen:

Nr.,	Geschlecht,	Alter	Nr.,	Geschlecht,	Alter
1.	m,	45 J.	6.	w,	23 J.
2.	m,	38 J.	7.	w,	22 J.
3.	m,	19 J.	8.	w,	62 J.
4.	m,	50 J.	9.	w,	61 J.
5.	m,	21 J.	10.	w,	62 J.

Tab. 5.3: Beispiel für Interviewpartner nach einem Quotenplan

Hier kann man sich gut einen Studenten als Interviewer vorstellen, der unter anderem einige Kommilitonen (4 Personen zwischen 19 und 23 Jahren) befragt hat und dem nach dem siebten Interview immer noch die drei älteren Personen fehlen. Diese müssen zusätzlich weiblich sein, denn die fünf Interviews mit Männern hat er bereits geführt. Bei 100 Interviewern (möglichst nicht ausschließlich Studierenden), die jeweils zehn Interviews führen, können sich solche Einseitigkeiten wieder ausgleichen. Dennoch wird an dem Beispiel deutlich, dass die Quoten nicht zu streng sein dürfen: Wenn als 10. Person bei entsprechender Quotierung möglicherweise eine katholische Akademikerin über 60 Jahren im 4-Personen-Haushalt einer Kleinstadt »übrig bleibt«, ist die Fälschung des Interviews fast vorprogrammiert. Bei großzügigen Quoten ist dagegen die Stichprobenziehung durchaus einfacher als z. B. bei einer einfachen Zufallsauswahl, die streng genommen ein Verzeichnis aller potenziell in Frage kommenden Befragten erforderte. Innerhalb der Quoten darf der Interviewer jeden befragen. Auch erledigt sich gleichzeitig das Problem der Ausschöpfung: Verweigert z. B. die erste kontaktierte Frau über 60 Jahre ihre Teilnahme, kann der Interviewer beliebig eine andere Person befragen, die die gleiche Merkmalskombination erfüllt. Für die Befragungen der Bevölkerung innerhalb der Einkommens- und Verbrauchsstichprobe (EVS) geben Becker und Hauser daher ebenfalls die hohe Ausschöpfung als Grund dafür an, mit der Quotenauswahl zu arbeiten: »Infolge der Freiwilligkeit der Beteiligung an den sehr umfangreichen Befragungen [würde] der systematische Fehler im Falle einer Zufallsauswahl so groß werden, dass der Vorteil, Zufallsfehler abschätzen zu können, daneben ›verblasst‹« (Becker/Hauser 2003: 73).

Für die Quotenauswahl sprechen also die vergleichsweise einfache Durchführung mit hoher Ausschöpfung sowie die – allerdings umstrittene – These der Meinungsforscher, auf diese Weise ähnlich repräsentative Ergebnisse wie durch eine Zufallsauswahl zu erzielen.

Ein Gegenargument lautet, dass der Forscher hier nicht allein (wie auch bei der geschichteten Stichprobe) Vorkenntnisse über die Grundgesamtheit benötigt, um die Quoten überhaupt festlegen zu können, sondern dass er eine wichtige – unbewiesene – Annahme treffen muss: Die Quotenmerkmale müssen mit den eigentlich interessierenden, noch zu erhebenden Merkmalen (also z. B. dem Musikgeschmack) korrelieren, d. h. zusammenhängen. Der Forscher kann lediglich die Quotenmerkmale kontrollieren. Nur durch die Unterstellung des Zusammenhangs kontrolliert er auch alle anderen Merkmale und nähert sich so dem Ideal der Stichprobe als Abbild der Grundgesamtheit an. Diese Unterstellung ist jedoch recht skeptisch zu beurteilen, besonders in Verbindung mit einem weiteren Aspekt, der willkürlichen Auswahl innerhalb der Quoten.

Mit der bewussten Festlegung von Quoten weist die Quotenauswahl ein Merkmal der *bewussten Auswahlverfahren* generell auf: Diese nutzen Vorkenntnisse über die Zielgruppe, um ganz bestimmte Elemente auszuwählen, z. B. die Zeitungen mit der höchsten Auflage oder Kontrastfälle (z. B. künstlerisch sehr aktive vs. gar nicht aktive Personen). Dieses Prinzip, typische Fälle auszuwählen oder eine Bandbreite vorkommender Möglichkeiten abzudecken, ist in der qualitativen Forschung stärker verbreitet. Statistische Repräsentativität gewährleistet die bewusste Auswahl dagegen nicht umstandslos.

Eine kurze Anmerkung zum angedeuteten Problem des Fälschens von Fragebögen: Das Problem kann insbesondere bei persönlichen Befragungen auftreten, da die Interviewer in diesem Fall weniger kontrollierbar sind als bei der Interviewsituation im Telefonlabor – und bei der schriftlichen Befragung gibt es ohnehin keinen Interviewer, der möglicherweise etwas (ver-)fälschen könnte. Umfrageinstitute gehen bei persönlichen Befragungen oft so vor, dass sie einerseits die Interviewer zumindest in einem gewissen Ausmaß kontrollieren (z. B. rufen Institutsangehörige einige Befragte an und fragen, ob sie an einem Interview teilgenommen haben). Zum anderen führen die Interviewer jeweils nur recht wenige Interviews für eine Untersuchung durch. Ist dann wirklich einmal ein notorischer Fälscher darunter, macht der Anteil »seiner« Fragebögen keinen zu großen Prozentsatz der Antworten aus und verfälscht das Umfrageergebnis damit nicht erheblich – so zumindest die Hoffnung.

Im Folgenden sollen nun am Beispiel der ausführlicheren Darstellung der Stichprobenziehung im Projekt »Inklusionsprofile« (dem Anwendungsbeispiel aus dem Befragungskapitel) einige weitere Aspekte zur Sprache kommen, die für eine Stichprobenziehung wichtig sind.

5.3 Die Auswahl der Befragten im Projekt »Inklusionsprofile«

Die Zielgruppe der telefonischen Befragung zu »Inklusionsprofilen« ist die erwachsene Wohnbevölkerung in Deutschland in Privathaushalten, soweit sie anhand von Telefonanschlüssen zu ermitteln ist. Voraussetzung für die Befragung ist zusätzlich, dass die Gesprächspartnerin bzw. der Gesprächspartner über hinreichende Kenntnisse der deutschen Sprache verfügt, um die Fragen beantworten zu können. Es erfolgt keine Übersetzung der Fragen in andere Sprachen.

Wie groß muss die Stichprobe sein, um statistische Analysen zu ermöglichen und repräsentative Aussagen zu machen? Leider kann man hier nicht einfach einen festen Anteilswert der Grundgesamtheit angeben, ebenso wenig eine bestimmte absolute Mindestanzahl. Häder geht für große Grundgesamtheiten unter der Annahme weiterer Faktoren[17] von einer Mindestanzahl von n=1068 aus (Häder 2000: 11). Damit sind jedoch noch keine ausreichenden Fallzahlen für die Analyse wichtiger Untergruppen berücksichtigt. Wenn man für das Projekt wichtige unab-

17 Für Interessierte: Die Faktoren sind eine Irrtumswahrscheinlichkeit von 5 Prozent und ein Stichprobenfehler von e=0,03. Die Berechnung folgt der Logik der weiter oben erwähnten Intervallschätzung; die entsprechende Formel wird nach n (= der Fallzahl) aufgelöst (vgl. Kühnel/Krebs 2001: Kap. 8.4.4).

hängige Variablen betrachtet, und zwar die Kombination von Bildung, Alter und Geschlecht, ergibt sich eine 24-Felder-Tabelle[18].

	Niedrige Bildung, Frauen	Niedrige Bildung, Männer	Mittlere Bildung, Frauen	Mittlere Bildung, Männer	Höhere Bildung, Frauen	Höhere Bildung, Männer
18–29 Jahre						
30–44 Jahre						
45–59 Jahre						
Ab 60 Jahre						

Tab. 5.4: Befragtengruppen nach Kombinationen von Lagemerkmalen

Dabei müssen die Proportionen zum Vorkommen dieser Merkmale in der Gesamtbevölkerung gegeben sein. Darüber hinaus sollten sich wenigstens 30, überwiegend aber mindestens 50 Fälle in jeder Zelle befinden (damit statistische Verfahren sinnvoll angewandt werden können). Unter Rückgriff auf vorliegende repräsentative Befunde (hier aus ALLBUS, der Allgemeinen Bevölkerungsumfrage in den Sozialwissenschaften) ist zu vermuten, dass die genannten Bedingungen bei einer Fallzahl von 2.100 Personen erfüllt sind (d. h. bei ca. 60 Prozent der 3.500 Befragten im ALLBUS 1996 sind die Zellen hinreichend gefüllt). Damit ist die zu erreichende *Stichprobengröße von 2.100 Personen* ermittelt[19].

Zeitweise haben die Forscher die Überlegung angestellt, ob für ein weiteres erklärendes Merkmal (Leben in Städten oder peripheren ländlichen Regionen) eine disproportionale Schichtung (vgl. Kap. 5.2) der Stichprobe notwendig sei. Bei einer Gesamtstichprobe nach Zufallsauswahl von 2.100 Personen sollte jedoch eine hinreichende Anzahl von Menschen in ausdrücklich ländlichen Gebieten eingeschlossen sein. Diese filterten die Forscher später anhand ihrer Telefonvorwahl sowie der Postleitzahl heraus (nach einer »strengen« Einteilung gab es in der Stich-

18 Es handelt sich hier nicht um eine Quotierung für die Auswahl, sondern um einen Weg, um die Stichprobengröße zu bestimmen. Wenn die Verteilung der tatsächlich gezogenen Stichprobe den Anteilen der bekannten Verteilungen für die Grundgesamtheit entspricht, ist dies eine Bestätigung ihrer Repräsentativität, die durch eine Zufallsauswahl erreicht wurde.

19 Die Verteilung der letztlich 2.110 Befragten sieht tatsächlich so aus, dass 20 Zellen mit mehr als 50 Personen besetzt sind. In vier Außen-Zellen sind es weniger als 50, aber mindestens 35 Personen.

probe allerdings lediglich – oder auch immerhin – 87 Personen, die in sehr peripheren Landregionen lebten).

Als Auswahlverfahren griffen sie auf die Zufallsauswahl zurück. Auf Telefonbefragungen zugeschnitten ist dafür das Gabler-Häder-Design (Häder 2000, Gabler/Häder 2002). Grob gesagt, werden die Telefonnummern-Anfänge, die in dem jeweiligen Ortsnetz auch tatsächlich vorkommen (so genannte 100er-Blocks), festgestellt. Beispielsweise könnte in einem Ortsnetz, in dem maximal sechsstellige Rufnummern vorkommen, solch ein Block 1234XX lauten.

Für diese 100er Blocks generiert der Computer alle möglichen 100 Zifferfolgen für die letzten beiden Ziffern (für das genannte Beispiel sind das alle Kombinationen von 123400 bis 123499). Anschließend wird aus der entstandenen Liste eine Zufallsauswahl gezogen. Mit dieser Methode lassen sich auch solche Nummern berücksichtigen, die nicht in Telefonbüchern verzeichnet sind. Natürlich gibt es dann einen gewissen Anteil an Nummern, unter denen der Anrufer keinen Anschluss bekommt. Die Fehlerquote wäre jedoch höher ausgefallen, wenn der Interviewer den Zwischenschritt mit den tatsächlich besetzten 100er-Blocks weggelassen hätte.

Hat der Anrufer einen Gesprächspartner in einem Privathaushalt erreicht, wählt er nach einem bestimmten Kriterium (wer ab 18 Jahren hatte zuletzt Geburtstag?) die Zielperson im Haushalt aus. Auf diese Weise umgeht die Untersuchung Verzerrungen, die entstehen, wenn der Interviewer jeweils die Person befragt, die den Anruf annimmt. Denn die Entgegennahme von Anrufen durch eine bestimmte Person im Haushalt selbst folgt nicht dem Zufallsprinzip.

Um die schließlich 2.110 Interviews zu erzielen, mussten 40.000 Ziffernkombinationen eingesetzt werden. Fast 27.000 davon gehörten zu den stichprobenneutralen Ausfällen (z. B. kein Anschluss unter dieser Nummer, Faxgerät, Geschäftsanschluss), bei etwa 3.400 weiteren Nummern meldete sich auch nach zehn Kontaktversuchen zu unterschiedlichen Tageszeiten kein Teilnehmer (Freizeichen, Besetztzeichen oder Anrufbeantworter). Außerdem gab es fast 8.000 nicht neutrale Ausfälle, z. B. durch Verweigerungen oder starke Verständigungsschwierigkeiten. Sofern die Gesprächspersonen im Falle von Verweigerungen nicht ohnehin einfach auflegten, gaben sie als häufigste Gründe für die Nicht-Teilnahme Zeitmangel an oder den Umstand, dass sie grundsätzlich nicht an Umfragen teilnähmen.

5.4 Ergänzungen und Zusammenfassung

Das Beispiel zeigt nochmals, dass nicht nur das Auswahlverfahren selbst für die Repräsentativität bedeutsam ist, sondern auch die *Ausschöpfung* (wie viele Ausgewählte nehmen tatsächlich teil?). Würden z. B. Menschen bestimmter Altersgruppen oder sozialer Schichten systematisch häufiger ein Interview verweigern als andere, wären die Ergebnisse verzerrt. Wie oben erwähnt, stellt sich das Ausschöpfungsproblem bei der Inhaltsanalyse kaum. Hat der Forscher die grundsätzliche Verfügbarkeit der Quellen sichergestellt, kann es zwar noch einzelne Ausfälle geben (z. B. ist gerade die interessierende Seite einer Zeitung herausgerissen, angefressen, nicht mehr lesbar etc.), solange sich diese Ausfälle nicht häufen und die Stichprobengröße damit erheblich reduzieren, ist jedoch nicht von systematischen Verzerrungen auszugehen.

Schneekloth und Leven (2003) relativieren jedoch auch für die Befragung die Bedeutung der Ausschöpfung. Weil die Ausschöpfungsrate für die Allgemeine Bevölkerungsumfrage (ALLBUS) im Jahr 2000 niedrig lag (47 Prozent in Westdeutschland, 54 Prozent in Ostdeutschland), untersuchten sie die Nicht-Teilnehmenden nach bestimmten Merkmalen, die durch das Einwohnermeldeamt und andere Quellen zur Verfügung standen. Sie berücksichtigten ebenfalls Interviewer-Merkmale und analysierten schließlich Merkmale solcher Befragter, die erst in einer Nachbearbeitungsaktion interviewt worden waren. Insgesamt stellen sie keine großen Verzerrungen der Stichprobe fest: »Die Ausschöpfung für sich genommen [ist] kein hinreichend geeigneter Indikator zur Beurteilung der Qualität einer Bevölkerungsstichprobe. Die Ergebnisse zeigen vielmehr, dass auch ›schlecht‹ ausgeschöpfte Stichproben offenbar gute Qualität aufweisen können. Wir interpretieren dies als überzeugenden Beleg für die prinzipielle Leistungsfähigkeit von zufallsbasierten Stichprobenverfahren« (2003: 50 f.). Die Stichprobe lässt sich daher ihres Erachtens sinnvoller durch bestimmte externe Vergleiche, z. B. mit Merkmalen der amtlichen Statistik, kontrollieren.

Einige abschließende Anmerkungen richten sich auf Besonderheiten der Auswahl bei den Erhebungsinstrumenten der Beobachtung, der Online-Befragung und der Panel-Untersuchung.

Für die Beobachtung ist es kennzeichnend, dass die Handlungen, Situationen etc., die die Forscher beobachten möchten, zum Zeitpunkt der Auswahl noch gar nicht existieren. Daher legen sie oft ersatzweise bestimmte Orte und Zeiträume fest, aus denen sie eine Auswahl ziehen können (z. B. die Cafeteria eines Theaters zehn bis fünf Minuten vor Beginn der Vorstellung in Kap. 4.2). Diese Zeiträume müssen lang genug sein, damit der Beobachter die entscheidenden Aspekte dokumentieren kann und um ggf. die etwas künstliche Beobachtungssituation durch Gewöhnung an den Beobachter zu entschärfen. Sie dürfen andererseits nicht so lang sein, dass sie die Aufmerksamkeit überfordern.

Eine Besonderheit bei der Auswahl im Rahmen von Befragungen stellt die Online-Erhebung über das Internet dar. Sofern die Untersuchung nicht gezielt bestimmte Gruppen anspricht (z. B. alle Abonnenten eines Newsletters bilden die

Grundgesamtheit, aus der der Forscher eine Auswahl gezielt per e-mail für die Befragung rekrutiert), so handelt es sich um eine Selbstrekrutierung innerhalb einer Bevölkerungsgruppe, die bereits bestimmte Merkmale aufweist (nicht alle bundesdeutschen Haushalte haben einen Internetzugang, unter denjenigen mit Zugang sind mehr Männer als Frauen etc.). Sie werden nicht gezielt ausgewählt, sondern entscheiden selbst, ob sie auf den Fragebogen »klicken« und ihn ausfüllen oder nicht. Bei dieser Selbstrekrutierung hat dann nicht mehr der Forscher ausgewählt. Es mag zwar sein, dass z. B. nur jeder 10. Besucher der Website den Link mit der Aufforderung zur Teilnahme an der Befragung erhält, die Grundgesamtheit bleibt aber auf die Besucher der Site innerhalb eines Zeitraums beschränkt und ist oft weitgehend unbekannt (s. näher zu Online-Stichproben Heckel 2003).

Schließlich soll kurz skizziert werden, unter welchen Bedingungen Menschen an Panel-Untersuchungen teilnehmen, d. h. Untersuchungen, bei denen die gleichen Personen in gewissen Zeitabständen mehrfach z. B. befragt werden (ein Beispiel ist das in Kap. 4.4.2 erwähnte SOEP, das sozioökonomische Panel). Da wissenschaftliche Untersuchungen keine Weltreisen unter den Teilnehmern verlosen oder andere wertvolle Anreize geben können (und wollen), sind die Forscher auf die davon unabhängige Bereitschaft der Befragten angewiesen. Die »Panel-Sterblichkeit«, also der Ausfall in früheren Wellen Befragter, trifft das Untersuchungsdesign des Panels im Kern, weil es ja gerade um Merkmale von Befragten und ihren Wandel geht. Es macht einen Unterschied, ob für zwei jeweils repräsentativ ausgewählte Bevölkerungsgruppen (aber nicht die gleichen Personen) 1995 und 2005 Ergebnisse vorliegen, oder ob es sich um tatsächlich jeweils identische Personen handelt. Ein Panel lässt sich entsprechend nur begrenzt mit neuen Teilnehmern »auffüllen«. Mika zeigt für eine Paneluntersuchung zum Thema soziale Gerechtigkeit, dass nicht der einzige, jedoch der stärkste Indikator für eine erfolgreiche Wiederholungsbefragung in der erfolgreichen Kommunikation, also einer guten Gesprächsatmosphäre zwischen Interviewern und Befragten im ersten Interview bestand (Mika 2002: 47). Solch ein Ergebnis lässt, sofern es sich generell bestätigt, darauf hoffen, dass in diesem Fall eine Strategie der Forscher zur Verbesserung der Datenqualität beitragen kann, und zwar die geeignete Auswahl von Interviewern. Eine Patentlösung für Ausschöpfungsprobleme allgemein dürfte der »gute« Interviewer allein jedoch nicht sein.

Abschließend soll das Vorgehen bei einer Stichprobenziehung nochmals *zusammengefasst* werden:

1. Zielgruppe (Grundgesamtheit) definieren
2. Vollerhebung gegen Stichprobe abwägen
3. Welche Auswahlverfahren kommen in Frage?

4. Entscheidung für ein Auswahlverfahren
5. Durchführung
6. Kontrolle der Auswahl und Ausschöpfung (insbesondere hinsichtlich der Repräsentativität).

Literaturhinweise

Gabler, Siegfried; Hoffmeyer-Zlotnik, Jürgen H.P. (1997): Stichproben in der Umfragepraxis, Opladen

Gabler, Siegfried; Häder, Sabine (2002): Telefonstichproben. Methodische Innovationen und Anwendungen in Deutschland, Münster u. a.

Übungsaufgabe

Stellen Sie sich vor, Sie sollten im Rahmen einer Auftragsforschung eine möglichst repräsentative Stichprobe zusammenstellen für folgende Grundgesamtheiten:

a) Fernstudenten/-studentinnen des B.A.-Studiengangs Kulturwissenschaften an der FernUniversität in Hagen
b) Spanische Migranten/Migrantinnen in Deutschland
c) Schüler der Klasse 10 mit sehr guten Noten in Sozialwissenschaften in Bremen

Wie gehen Sie vor? Begründen Sie die Wahl des Verfahrens und beschreiben Sie das Vorgehen.

6. Die Darstellung von Forschungsergebnissen: gelungen, fehlerhaft oder manipuliert?

Wenn die Forscher ihre Daten erhoben haben, stehen sie vor der Aufgabe, die Ergebnisse aufzubereiten, um sie erstens hinsichtlich ihrer Fragestellung interpretieren zu können und um zweitens Darstellungen für die Veröffentlichung zu entwickeln bzw. auszuwählen.

Die quantitative Forschung bedient sich zur Auswertung in den meisten Fällen der Statistik. Manche Leser könnten jetzt die Assoziation von höherer Mathematik, schwierigen Rechenprozeduren und unverständlichen Maßzahlen haben, doch wäre das sicherlich eine einseitige Sicht. Beispielsweise ist festzustellen: Im Zeitalter des fast überall verfügbaren Computers rechnet man kaum noch »manuell«, d. h. das Rechnen selbst bleibt für den Anwender eine »black box«. Was man allerdings als Forscher und als kritischer Leser noch wissen muss, ist Folgendes: Welche Prozeduren lässt man den Computer sinnvollerweise ausführen, und was bedeuten die Ergebnisse, die die Software ausgibt? Was sagt mir etwa »r= 0,63« für meine Fragestellung? Die statistische Auswertung allein macht also noch keine Interpretation aus im Sinne einer Antwort auf die Forschungsfrage.

Ein weiterer Hinweis lautet: Auch die Darstellungen von Zahlen in Tabellen und Grafiken, wie sie aus den Medien geläufig sind, sind bereits »Statistik«. Was der Laie oft weniger reflektieren kann, ist die Fehleranfälligkeit solcher statistischen Ergebnisse, die mit komplizierten Prozeduren noch nichts zu tun haben müssen.

An dieser Stelle soll *keine* Einführung in die Statistik erfolgen. Dazu bleibt zu vieles unerwähnt (z. B. das Themenfeld der Wahrscheinlichkeitsverteilungen) oder wird höchstens angedeutet. Die Zielsetzung dieses Kapitels liegt darin, Ihnen als Student der Kulturwissenschaften einen ersten Zugang zu einer kritischen Lesekompetenz in Bezug auf statistische Ergebnisse zu vermitteln. Wer genauer, breiter und tiefer in das Thema einsteigen möchte, kann und sollte im nächsten Schritt auf die Literatur und die Medien zurückgreifen, auf die am Ende des Abschnitts bzw. im Anhang hingewiesen wird.

Dieses Kapitel ist in zwei Teile gegliedert: Der erste Abschnitt gibt einen kurzen Überblick darüber, was Statistik überhaupt will, und welche Teilbereiche, also »Schubladen« es gibt. Im zweiten Abschnitt werden (ganz bestimmt nicht vollständig) einige Beispiele dazu vorgestellt, was bei der Deutung von Tabellen, Grafiken und Maßzahlen zu beachten ist und welche Fehler vorkommen können.

6.1 Nutzen und Teilbereiche der Statistik

Welchen Zweck verfolgt die Statistik in der empirischen Sozialforschung? Sie dient unter anderem dazu,

- große Datenmengen übersichtlich zusammenzufassen und zu strukturieren. Damit werden auch Aussagen über Gruppen von Menschen möglich;
- Daten vergleichbar zu machen (so kann etwa der Altersdurchschnitt von Gruppe A mit dem der Gruppe B verglichen werden);
- Interpretationshilfen für die Daten nach bestimmten Regeln zu geben (z. B.: Wann kann ich von einem Zusammenhang zwischen Geschlecht und Geschmacksvorlieben ausgehen?) und somit
- die Ergebnisse nachvollziehbar zu machen.

Die Anwendung von Statistik hat jedoch auch ihre Kehrseite:
- Es gibt einen (für die Fragestellung aber nicht unbedingt zentralen) Informationsverlust über Details und über Unterschiede von einzelnen Personen (der Altersdurchschnitt sagt z. B. nichts mehr über das Alter einzelner Personen);
- Die Ergebnisse sind nicht immer leicht durchschaubar (Welche Voraussetzungen und Annahmen lagen vor? Sind Daten wirklich vergleichbar? etc.);
- Bewusste oder unbewusste Manipulationen sind möglich, durch Auslassungen, die Wahl »angenehmer« Maßzahlen und Maßstäbe etc.;
- Statistik allein führt nie zu einer »sicheren« Entscheidung (z. B. über Ursache-Wirkungs-Zusammenhänge), d. h. das Denken und die Entscheidungen der Forscher können nicht durch Mathematik ersetzt werden.

Um den genannten Nutzen zu erzielen, hat die Statistik vielfältige Instrumente entwickelt, die man in verschiedene Bereiche untergliedern kann. Die folgende Aufstellung soll Ihnen ein Gefühl geben, was die Statistik tut, ohne einzelne Verfahren zu erläutern.

A. Die Deskriptive Statistik

Damit ist die beschreibende Statistik gemeint, bei der es in erster Linie um die übersichtliche Darstellung z. B. von Häufigkeiten oder Zusammenhängen geht. Hierbei kann man eine unterschiedliche Anzahl von Merkmalen gleichzeitig betrachten.

Betrachtung eines Merkmals (univariat), z. B. Alter, Geschlecht, Einstellung zur Wichtigkeit der Familie; in Form beispielsweise von

- Häufigkeiten (Verteilung der einzelnen Ausprägungen in der untersuchten Gruppe, z. B. 3 Frauen, 5 Männer oder 65 Prozent Studierende der Geschichtswissenschaft und 35 Prozent Studierende der Philosophie), z. B. als Tabelle oder Grafik
- Mittelwerten (je nach Messniveau – s.u. – gibt es unterschiedliche): Ein »typischer Wert«, der viele gemessene Werte repräsentiert, z. B. der Altersdurchschnitt in einer Gruppe
- Streuungsmaßen (auch hier je nach Messniveau): Wie typisch ist der Mittelwert? Die Streuung ist z. B. geringer, wenn bei einem Altersdurchschnitt von 35 Jahren alle Personen zwischen 30 und 40 Jahre alt sind, als wenn die Bandbreite zwischen 16 und 88 Jahren liegt. Der Mittelwert ist also bei kleinerer Streuung »typischer«, aussagekräftiger.
- Maßen der Konzentration (eine Gleichverteilung wäre beispielsweise gegeben, wenn bei fünf gleich großen Einkommensklassen in jeder Gruppe 20 Prozent der Personen wären, ansonsten ergeben sich mehr oder weniger starke Konzentrationen).

Gleichzeitige Betrachtung von zwei Merkmalen (bivariat), z. B. Freizeitaktivitäten je nach Geschlecht oder Umgangsformen je nach sozialer Schicht

- auch hier: Tabellen (Kreuztabellen) und Grafiken als mögliche Darstellungsformen
- Korrelation: Zusammenhangsmaße, d. h. Maßzahlen, die unter anderem etwas darüber aussagen, wie stark ein (statistischer) Zusammenhang zwischen zwei Merkmalen ist. Ein Betrag nahe 0 weist darauf hin, dass es keinen Zusammenhang gibt, der höchstmögliche Betrag (und damit der stärkste Zusammenhang) liegt meistens bei 1. Manche Zusammenhangsmaße deuten auch die Richtung des Zusammenhangs an: Bei einer positiven linearen Korrelation (z. B. + 0,68) steigt z. B. mit dem Bildungsgrad auch das Einkommen, bei einer negativen Korrelation (z. B. – 0,71) würden z. B. mit steigendem Einkommen die prozentualen Ausgaben für den Haushalt sinken. Bei kultur- und sozialwissenschaftlichen Fragestellungen wird es kaum einmal der Fall sein, dass ein Merkmal allein ein anderes sehr stark determiniert; häufig sind Ursachenbündel im Spiel. Daher sehen Forscher häufig Beträge ab etwa 0,4 durchaus schon als stark an.

Gleichzeitige Betrachtung von mehr als zwei Merkmalen: Multivariate Analyse, z. B. Faktorenanalyse, Clusteranalyse, Korrespondenzanalyse – diese Verfahren seien hier nur für einen möglichen späteren Wiedererkennungseffekt aufgeführt. Man könnte »multivariat« z. B. fragen, ob von 100 erfragten Freizeitaktivitäten mehrere in typischen »Klumpen«, also Clustern auftreten, dass etwa jemand, der gern wandert und Sport treibt, sich in der Regel auch für bestimmte Filme und Bücher interessiert. Die Korrespondenzanalyse ist eine Methode, die Bourdieu in seinen »feinen Unterschieden« (1982) angewandt hat (vgl. hier Kap. 2.3).

B Die analytische Statistik: Testen und Schätzen

Die analytische (schließende) Statistik beschäftigt sich unter anderem damit, Unterschiede zwischen Gruppen zu bewerten, z. B. kann man anhand von Signifikanztests begründet entscheiden, ob ein Abstand »bedeutsam« groß (signifikant) ist. Ein Beispiel: 34 Prozent der befragten Frauen gehen regelmäßig ins Kino gegenüber 39 Prozent befragter Männer. Beeinflusst das Geschlecht den Kinobesuch also signifikant, und das nicht nur in der Stichprobe, sondern auch in der Grundgesamtheit? Wenn es hierzu keine Regeln gäbe, könnte jeder Forscher einen Abstand von fünf Prozentpunkten danach interpretieren, wie es ihm gerade passt. Nach freier Wahl könnte er von »lediglich« oder »immerhin« fünf Prozent Unterschied sprechen. Signifikanztests regeln diese Entscheidung zumindest ein wenig. Zwar kann der Forscher das Signifikanzniveau selbst wählen, doch macht er durch dessen Angabe (wie z. B. unter der Tab. 4.10 in Kap. 4.4) immerhin für die Leser transparent, wie »streng« sein Signifikanztest war (mit einem Prozent ist er beispielsweise strenger als mit zehn Prozent. Wenn der Zusammenhang auch bei einem Prozent noch signifikant ist, ist das Ergebnis somit aussagekräftiger.)[20].

Insgesamt geht es bei der analytischen Statistik um den Schluss oder um die Verallgemeinerung von der Stichprobe auf die Grundgesamtheit. Ein Beispiel für ein (fiktives) Ergebnis dazu lautet: In der Stichprobe haben 21 Prozent aller Eltern ihren Kindern ausländische Namen gegeben. Mit einer Wahrscheinlichkeit von 90 Prozent kann man (bei bestimmten Annahmen) davon ausgehen, dass das Intervall zwischen 16 und 26 Prozent den korrekten Anteilswert der Grundgesamtheit enthält (dieses Vorgehen nennt sich Intervallschätzung, vgl. Kühnel/Krebs 2001: Kap. 8.4).

---

20 Dass die Kenntnis statistischer Feinheiten manchmal sehr nützlich sein kann, zeigt folgendes Beispiel: Die Signifikanz hängt unter anderem von der Fallzahl n ab, und zwar sind Zusammenhänge zwischen zwei Merkmalen bei großen Fallzahlen schneller signifikant. Diese Einsicht führte beispielsweise im Inklusionsprojekt mit 2.110 Befragten dazu, ein Signifikanzniveau von 1 % zu wählen. Hätten die Forscher großzügig mit 10 % gearbeitet, hätten sie mehr signifikante Ergebnisse gehabt. Doch wie aussagekräftig ist es, wenn fast alle Zusammenhänge signifikant sind? Hinzu kommt, dass die Fachkollegen die Ergebnisse höchstwahrscheinlich kritisiert hätten.

6.2 Gefahren und Stolperfallen – die richtige Deutung von statistischen Ergebnissen

In jedem Forschungsschritt gibt es Möglichkeiten, sich aus methodischer Sicht »falsch« zu entscheiden, dies gilt auch bei der Anwendung statistischer Verfahren, wie am Beispiel von Tabellen, Grafiken und Maßzahlen gezeigt werden soll. Ganz gewiss gibt es noch mehr potenzielle Fehlerquellen bei diesem Forschungsschritt. Neben weiterer Lektüre zu diesem Thema sollte dem Leser hier zunächst deutlich werden, dass man statistische Ergebnisse *immer* kritisch hinterfragen sollte. Wenn man ein Gespür für mögliche Fehler entwickelt hat, lässt sich dieses dann – hoffentlich – mit einiger Übung auch auf andere Beispiele übertragen.

6.2.1 Tabellen

Häufigkeitstabellen machen Angaben darüber, wie oft (absolut und/oder in Prozent) die Ausprägungen einer Variable oder auch von zwei bis drei Variablen bei den erhobenen Fällen vorkommen.

Definition Variable
Merkmal mit mindestens zwei Ausprägungen (Werte, die das Merkmal annehmen kann). Ein Beispiel für eine Variable wäre »Geschlecht« mit den Ausprägungen »weiblich« und »männlich«.

Beispiele für Häufigkeitstabellen sehen so aus:

	Häufigkeit	Prozent
18 – 29 Jahre	399	18,9
30 – 44 Jahre	700	33,2
45 – 59 Jahre	543	25,7
60 Jahre und älter	454	21,5
Angabe verweigert	14	,7
Gesamt	2110	100,0

Tab. 6.1: Variable »Alter« (kategorisiert)

Verbal ließe sich die Aussage der Tabelle etwa so fassen: Die mittleren Altersgruppen sind am stärksten vertreten: Ein Drittel der Befragten ist zwischen 33 und 44 Jahre alt, circa ein Viertel zwischen 45 und 59 Jahre. Die Häufigkeit der jüngsten (18 – 29 Jahre) und der ältesten Altersgruppe (ab 60 Jahre) liegt bei jeweils ungefähr 20 Prozent.

Wie häufig nutzen Sie das Internet? * Geschlecht Kreuztabelle

			Geschlecht		
			Männlich	Weiblich	Gesamt
Wie häufig nutzen Sie das Internet?	Täglich	Anzahl	438	266	704
		% von Geschlecht	42,1%	24,9%	33,4%
	mehrmals pro Woche	Anzahl	189	160	349
		% von Geschlecht	18,2%	15,0%	16,5%
	Seltener	Anzahl	131	178	309
		% von Geschlecht	12,6%	16,7%	14,6%
	Nie	Anzahl	281	464	745
		% von Geschlecht	27,0%	43,4%	35,3%
	Angabe verweigert	Anzahl	2	1	3
		% von Geschlecht	,2%	,1%	,1%
Gesamt		Anzahl	1041	1069	2110
		% von Geschlecht	100,0%	100,0%	100,0%

160 Personen in diesem Feld:
15% der 1.069 befragten Frauen (Spaltenprozentuierung – in der Tabelle angegeben);
46 % der 349 Personen, die mehrmals wöchentlich das Internet nutzen (Zeilenprozentuierung – in der Tabelle nicht angegeben)

Tab. 6.2: Kreuztabelle der Variablen »Geschlecht« und »Wie häufig nutzen Sie das Internet?«

Eine erste Interpretation dieser Kreuztabelle (die also die Häufigkeitsverteilungen zweier Merkmale »kreuzt«) kann lauten: Männer nutzen häufiger das Internet als Frauen. Ihr Anteil ist bei der täglichen Nutzung deutlich höher und entsprechend bei den Nicht-Nutzern deutlich niedriger als bei Frauen.

Natürlich können solche Tabellen auch noch viel komplexer sein, möglich sind mehr Merkmale, mehr Ausprägungen, mehr Angaben (z. B. könnte man in Tabelle 6.2 auf der Basis beider Merkmale oder der Gesamtzahl prozentuieren, man könnte zusätzlich Maßzahlen aufführen etc.). Zu viele Informationen in eine Tabelle zu integrieren, ist nicht sinnvoll; allerdings verträgt eine Tabelle schon mehr und differenziertere Informationen als eine grafische Darstellung (s.u.).

Im Folgenden sind – lediglich als Auswahl! – drei Aspekte aufgeführt, auf die Forscher und Leser achten sollten:

a) *Fehlende Angaben*: Was etwa bei den Beispieltabellen (und auch bei den Abbildungen im nächsten Abschnitt) fehlt, ist die Quelle, der die Zahlen entnommen sind (in diesem Fall aus Daten des Projekts »Inklusionsprofile«). Wenn niemand weiß, woher die Daten stammen und worauf sie sich beziehen, ist die Aussagekraft gleich Null.

b) *Prozentuierung*: Prozente lassen sich oft besser vergleichen als absolute Zahlen, allerdings ist es wichtig, dass die Basis bekannt ist, auf der die Prozentuierung erfolgt. Der Ersteller einer Kreuztabelle muss z. B. erst die Entscheidung treffen, ob er – wie im Beispiel – spaltenweise oder ob er zeilenweise prozentuiert. Er muss überlegen, was es jeweils aussagt, wenn die 160 Frauen, die mehrmals pro Woche das Internet nutzen, 15 Prozent der befragten Frauen bzw. knapp 46 Prozent derjenigen ausmachen, die mehrmals wöchentlich das Internet nutzen. Der Leser bekommt nur das Ergebnis präsentiert, sollte sich aber auch fragen, ob die Prozentuierung – immer mit Blick auf die Fragestellung – sinnvoll ist. Prozente sagen ohne einen Vergleich insgesamt wenig aus.

Bei Kreuztabellen ist der Vergleich mit der Randverteilung sinnvoll (also mit den »Gesamt«-Angaben in der letzten Reihe und Spalte). Wenn z. B. 15 Prozent der Frauen das Internet mehrmals pro Woche nutzen im Vergleich zu 16,5 Prozent der Befragten insgesamt, so macht das »Frau-Sein« in dieser Kategorie keinen großen Unterschied. Allerdings ist es nicht statthaft, sich lediglich diese Kategorie »herauszupicken«, zu interpretieren wäre die gesamte Tabelle und ggf. noch weitere Informationen – z. B. Maße des Zusammenhangs –, um zu entscheiden, ob das Geschlecht einen Einfluss auf die Internetnutzung hat (bei den Kategorien »täglich« und »nie« ist der Unterschied zwischen Frauen und Männern z. B. viel größer). Nicht immer jedoch werden die Vergleichszahlen mitgeliefert. »Jeder zweite Raucher stirbt an Krebs« – diese Schlagzeile schreckt Raucher. Sie ist jedoch wenig aussagekräftig, wenn man nicht weiß, wie viele Nichtraucher an Krebs sterben. Sind es genau so viele oder sogar mehr, ist das Rauchen nicht der entscheidende Einflussfaktor – was hier nur ein Zahlenbeispiel, kein Plädoyer für gesundes Rauchen ist.

Noch ein Hinweis zu Vergleichen: Man sollte prüfen, ob die Kategorien tatsächlich vergleichbar sind: Bezieht sich etwa ein Anteil von Arbeitslosen zum einen auf das Jahr 1985 und zum anderen auf das Jahr 1995, so muss gewährleistet sein, dass sich der Anteil in beiden Fällen auf die gleiche Region (z. B. Westdeutschland) bezieht. Zumindest müssen Abweichungen (beispielsweise auch bei der jeweiligen Definition von Arbeitslosigkeit) vermerkt sein.

Prozentangaben sind nicht geeignet bei sehr kleinen Fallzahlen. Befinden sich in einer Spalte einer Tabelle etwa nur drei Personen, die über 85 Jahre alt sind, so macht bereits eine einzige Person unter diesen, die das Internet regelmäßig nutzt, über 30 Prozent aus!

c) *Klassenbildungen*: Man stelle sich eine nicht klassifizierte Tabelle (d. h. die Merkmalsausprägungen sind nicht zu Klassen zusammengefasst) zur Altersverteilung einer Personengruppe zwischen 18 und 81 Jahren vor. Diese hätte möglicherweise rund 60 Ausprägungen. Der Überblickscharakter einer solchen Darstellung wäre gering. Die Anzahl der Ausprägungen sollte also überschaubar sein. Welche Klassen aber sind zu bilden? In Tabelle 6.1 beispielsweise macht die jüngste Altersgruppe 31,4 Prozent aus (die Angabe von mehr als einer Dezimalstelle hätte übrigens wenig Nutzen). Möglicherweise hätte die Verschiebung der jüngsten Altersgruppe auf z. B. 18 – 32 Jahre bereits einen deutlichen Effekt, so dass die jüngste Altersgruppe unter Umständen schon 40 Prozent ausmachen würde – ein Unterschied, der nicht in den Daten begründet liegt, sondern allein in der Klassenbildung.

Häufig sind, sofern möglich, gleich große Klassen für einen Vergleich vorteilhaft. Bei offenen Klassen (z. B. »ab 60 Jahren«) ist die Klassenbreite allerdings weniger kontrollierbar, da man nicht weiß, wie alt die älteste Person ist. Am günstigsten ist es, wenn es eine theoretisch fundierte Begründung für die Klasseneinteilung gibt, wenn also die Klassengrenzen auch inhaltliche Zäsuren bilden. 65 Jahre dienen z. B. oft als Zäsur, weil man oberhalb dieses Alters für die meisten Fälle davon ausgehen kann, dass es sich hier um Rentnerinnen und Rentner handelt (und selbst da wäre zu überlegen, ob dies eine für die Forschungsfrage hinreichende Homogenität bedeutet).

Schließlich ist immer darauf zu achten, ob die Deutung einer – sorgfältig erstellten – Tabelle (dies gilt auch für Abbildungen und andere statistische Prozeduren) tatsächlich zu den Daten passt (beispielsweise wäre es nicht zulässig, von einer sinkenden Anzahl an Gesundheitseinrichtungen automatisch auf eine schlechtere medizinische Versorgung zu schließen).

6.2.2 Grafische Darstellungen

Grafiken sollen eine Botschaft auf einen Blick übersichtlich übermitteln. Neben dem Lesen von Zahlen und Wörtern ist hier die visuelle Vorstellungskraft angesprochen und wird zur Verdeutlichung der Ergebnisse genutzt. Balken, Tortenstücke, Kurven, Farben etc. sind einige hier verwendete Instrumente. Wichtige Arten der grafischen Darstellung sind z. B. Balken- und Kreisdiagramme sowie Kurvendiagramme (Abb. 6.1 – 6.3). Als Prinzip sollte generell gelten, dass weniger mehr ist, d. h. weder sollte der Forscher zu viele Informationen in eine Grafik »packen«, noch sollte er Ergebnisse per se in verschiedenen Darstellungsformen abbilden – nur weil die Software des verwendeten Programms diese und überdies vielfältige Layoutvarianten anbietet.

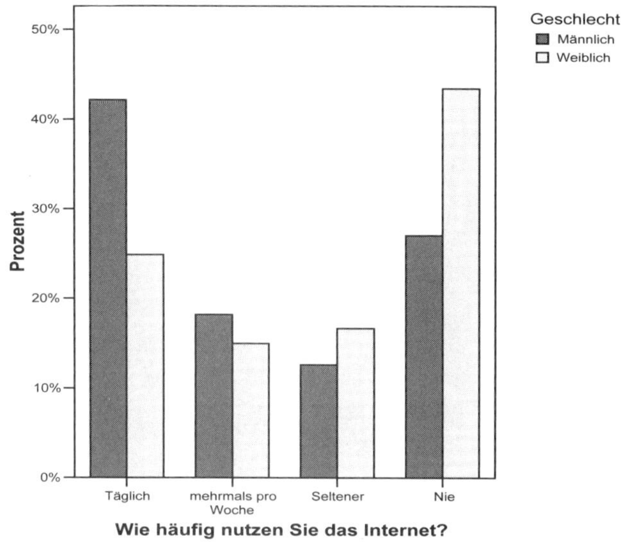

Abb. 6.1: Nutzung des Internets nach Geschlecht (gruppiertes Balkendiagramm)

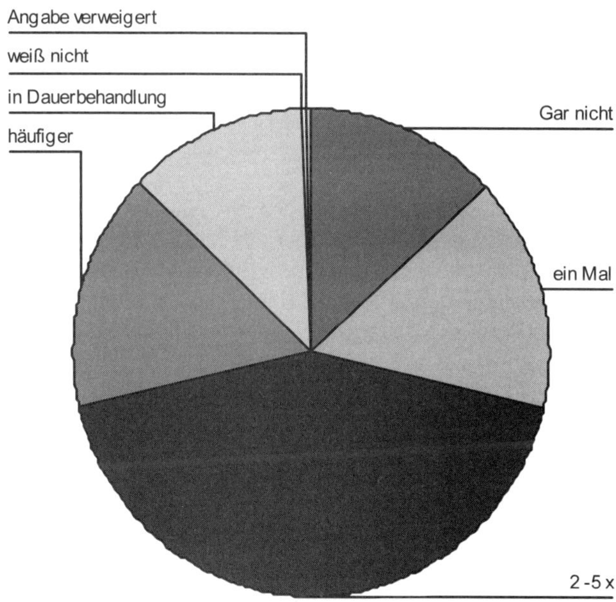

Abb. 6.2: Häufigkeit der medizinischen Behandlung in den letzten 12 Monaten (Kreisdiagramm)

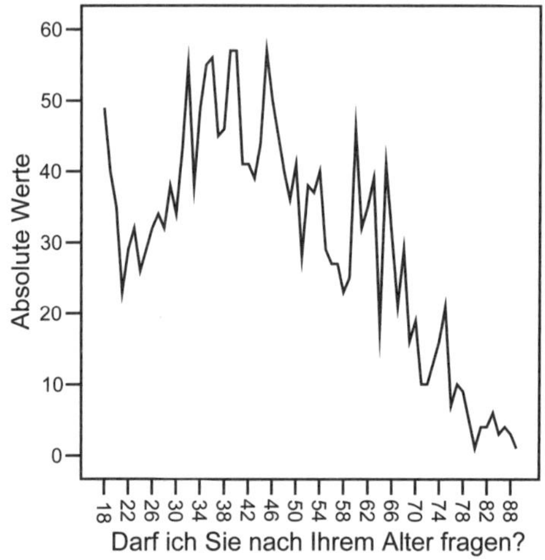

Abb. 6.3: Alter (Kurvendiagramm)

Wann welche Diagrammformen anwendbar sind, hängt unter anderem vom Messniveau ab.

DEFINITION: MESSNIVEAU/SKALENNIVEAU

Jedes Merkmal wird auf einem bestimmten Messniveau »gemessen«. Je höher das Messniveau ist, desto mehr statistische Verfahren sind anwendbar, deshalb sollte der Forscher schon bei der Erstellung des Messinstruments (z. B. Fragebogen) darauf achten, auf welchem Messniveau er die Merkmale operationalisiert. Die Messniveaus sind folgende:

Nominal: Die Ausprägungen des Merkmals sind unterschiedlich, lassen aber keine Rangfolge zu, z. B. Geschlecht (männlich, weiblich) oder Nationalität (deutsch, französisch, italienisch ...). Achtung: Die Festlegung des Messniveaus richtet sich nach den Ausprägungen, nicht nach den Häufigkeiten (bei 5 Frauen und 3 Männern könnte man z. B. sagen, es gab mehr Frauen als Männer. Dieser Unterschied hat jedoch mit dem Messniveau nichts zu tun)!

Ordinal: Die Merkmalsausprägungen haben eine Rangfolge, die Abstände zwischen ihnen lassen sich aber nicht in Zahlen ausdrücken, z. B. ist jemand in der Oberschicht zwar höher angesiedelt als jemand in der Mittelschicht, aber nicht beispielsweise »doppelt so hoch«.

Metrisch: Hier lassen sich die Abstände zwischen den Rängen quantifizieren, z. B. beim Alter, der Kinderzahl oder dem Einkommen in €. Manchmal unterscheidet man hier noch zwischen Intervall- und Ratioskala. Bei der Ratioskala ist der Nullpunkt »empirisch interpretierbar«, d. h. hier bedeutet Null = »nichts« (z. B. keine Kinder, kein Einkommen), während bei der Messung von Temperatur in Celsius Null Grad nicht »keine Temperatur« bedeutet (hier handelt es sich also um eine Intervallskala).

Balken- und Kreisdiagramme sind bei allen Messniveaus anwendbar, grundsätzlich gilt dabei (oder sollte gelten), dass die geometrischen Figuren in ihrer Größe absoluten oder relativen Häufigkeiten entsprechen. Kurvendiagramme erfordern metrisches Messniveau.

Natürlich gibt es viele Varianten, die je nach Darstellungsziel sinnvoll sind. Nur zwei Beispiele seien genannt: 1) Die Abbildung zweidimensionaler Verteilungen (also von zwei Merkmalen in einer Abbildung) ist nur dann übersichtlich möglich, wenn mindestens eines der Merkmale lediglich wenige Ausprägungen hat (z. B. Abb. 6.1, in der das Geschlecht nur zwei Ausprägungen hat). 2) Als eine Faustregel hat sich eingespielt, dass Kreisdiagramme eher die Aufteilung eines Ganzen, Balkendiagramme eher den Vergleich der Ausprägungen betonen.

Worauf sollten Betrachter nun achten, wo liegen Fehlerquellen?
a) *Übersichtlichkeit*: Der Zweck der visuellen Verdeutlichung ist verfehlt, wenn zu viele Informationen in einer Grafik zusammengefasst werden. Beispielsweise sollte ein Forscher bedenken, ob ein Kreisdiagramm mit 17 Unterteilungen noch sinnvoll ist, oder ob er nicht besser Ausprägungen in Klassen zusammenfasst. Zur Übersichtlichkeit gehört es auch, gerade nicht alle Möglichkeiten des Softwareprogramms auszunutzen. Wenn gruppierte Balkendiagramme (Abb. 6.1) zusätzlich noch in 3D-Effekt und mit schrillen Füllmustern und Farben der Balken erstellt würden, könnte man eher glauben, dass man es mit moderner Kunst als mit statistischen Darstellungen zu tun habe. Eine Reduktion der Informationen auf das für den Moment »Wesentliche« bedeutet natürlich auch, dass es neben den Informationen nicht Erwähntes gibt. Aufmerksame Betrachter sollten sich immer fragen, ob durch das Weglassen bestimmter Angaben nicht systematische Verfälschungen auftreten (Beispiel: eine Trendbetrachtung fängt bei einer nicht näher begründeten Jahreszahl an – vielleicht sah es kurz vorher noch ganz anders aus?). Allgemein muss klar ersichtlich sein,

- was überhaupt abgebildet wird, z. B. absolute oder prozentuale Angaben (bei Letzteren muss die 100-Prozent-Basis bekannt sein) und
- inwiefern die Daten vergleichbar sind, z. B. kann es kenntlich gemacht werden, wenn für weit zurückliegende Phasen Angaben in Zehnjahres-Abständen erfolgen, für die letzten zehn Jahre jedoch in Einjahres-Abständen. In den meisten Fällen wird eine gleich bleibende Klassenbreite (z. B. eine gleich bleibende Anzahl zusammengefasster Jahrgänge in Altersklassen) sinnvoll sein.

b) *Maßstab*: Auch hier sollen zwei Beispiele das Prinzip verdeutlichen. Die Einteilung von Häufigkeitsachsen z. B. in Kurvendiagrammen kann Anteile bzw. Unterschiede kleiner oder größer erscheinen lassen (Abb. 6.4). Vorsicht sollte immer bei zu kleinen Unterteilungen geboten sein, oder wenn mehrere Grafiken im Vergleich gezeigt werden, die nicht den gleichen Maßstab aufweisen. Ein weiteres Maßstabsproblem zeigt sich bei Flächen- oder Volumendarstellungen (z. B. mit 3D-Effekt). Teilweise wird nicht darauf geachtet, dass tatsächlich die Fläche oder das Volumen den Größenverhältnissen entsprechen (sondern z. B. die Seitenlängen weisen die richtige Proportion auf, was aber einen falschen Eindruck erzeugt: Wenn man beispielsweise die Seitenlängen eines Rechtecks verdoppelt, ist die Fläche gleich viermal so groß! – Beispiele dazu z. B. in Krämer 1995: Kap. 9). Mit Flächen oder 3D-Darstellungen sollte man also vorsichtig sein, da sie manchmal nur schwer zu interpretieren sind. Krämer empfiehlt in vielen Fällen auch für Piktogramme (also für bildhafte Darstellungen, z. B. in Form von Geldscheinen, Autos, etc.), sie eher »mit der Feuerzange anzufassen« (1994: 16), da sie viele Missverständnis transportieren können.

c) *Farben:* Farben haben Signalwirkung. Sie können manchmal deutlicher als Schraffuren oder Grautöne Unterschiede deutlich machen, andererseits sind sie nicht unbedingt »neutral«. Beispielsweise hat das Bundesministerium für Arbeit und Sozialordnung ein Plakat mit dem Titel »Ausländer in der Bundesrepublik Deutschland« herausgegeben, das an zentraler Stelle eine Landkarte enthält, in der die Ausländeranteile der verschiedenen Regionen farbig abgesetzt sind (Quelle: http://www.isoplan.de/isoplan. htm, Plakat vom Dezember 2000). Dabei ist ein geringer Ausländeranteil in einer Region grün, ein mittlerer gelb, ein hoher rot markiert. Man kann schon fast von einem – vom Herausgeber wahrscheinlich ungewollten – ausländerfeindlichen Effekt sprechen, denn Rot symbolisiert sehr häufig eine Warnung vor Gefahr, etwas ist nicht mehr »im grünen Bereich«. Zudem ist zu beachten, dass Abbildungen in Büchern und Fachzeitschriften nach wie vor oft schwarz-weiß abgedruckt werden. Die gewählten Farbkontraste müssten sinnvollerweise auch dann noch gut erkennbar sein.

6.2.3 Maßzahlen und weitere Aggregationen

Spontan könnte man glauben, dass Maßzahlen (wie z. B. Mittelwerte, Streuungs- und Zusammenhangsmaße), die Forscher nach bestimmten Regeln anwenden – z. B. ist auch hier das Messniveau zu beachten – und die sie nach feststehenden Formeln berechnen, eine gewisse Objektivität haben und daher hier keine Quelle für Missverständnisse oder Manipulationen liegt. »Eine gewisse Objektivität« – das

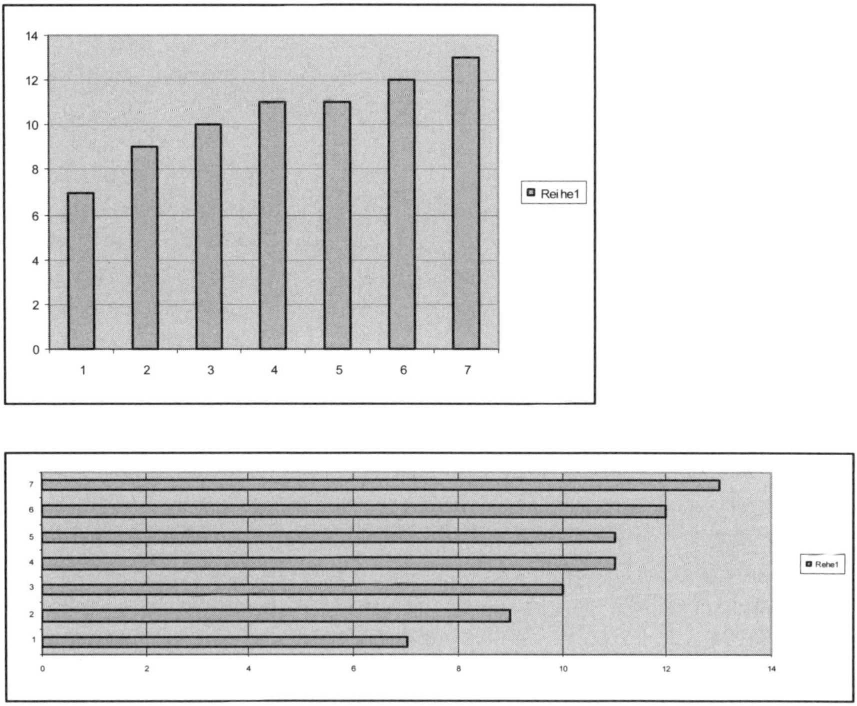

Abb. 6.4: Gleiche Daten – unterschiedliche Darstellung

stimmt einerseits. Beispielsweise darf man das arithmetische Mittel (den auch im Alltag bekannten »Durchschnitt«, z. B. von Preisen) nur für metrische Merkmale berechnen. Aber andererseits bleibt dennoch Raum für Missverständnisse, z. B. dadurch, dass man manchmal die Wahl zwischen verschiedenen Maßzahlen hat. Beispielsweise reagiert unter den Mittelwerten das arithmetische Mittel empfindlicher auf »Ausreißer« als ein anderer Mittelwert, der Median (vgl. Diekmann 1996: 562).

Ein Beispiel: Ein Forscher möchte die Hypothese prüfen, dass Frauen häufiger künstlerisch aktiv sind als Männer. Ein größerer Durchschnittswert an Stunden bei Frauen könnte möglicherweise – im Extremfall – durch eine Frau verursacht sein, die eine sehr hohe Stundenanzahl angibt und damit diesen Mittelwert nach oben schnellen lässt. Auf den Median wirkt sich dieser eine Fall weniger aus, er liegt also niedriger. Damit könnte sich die Geschlechterrelation anders darstellen. Ähnliche Spielräume wie für Mittelwerte gibt es z. B. für Zusammenhangsmaße. Manche liegen »chronisch« höher als andere (Benninghaus 1992: 161). Daher sei nochmals betont: Der Forscher muss gut dokumentieren und begründen, welche Verfahren er wählt.

Neben der Wahl geeigneter Maßzahlen greift dieser Abschnitt zwei weitere Aspekte heraus: Das Problem der Scheinkorrelation und die Indexbildung.

Die Scheinkorrelation richtet sich auf das Problem, dass die Zusammenhangsmaße (auch: Korrelationsmaße) lediglich einen statistischen Zusammenhang feststellen, der nicht automatisch etwas über Ursache-Wirkungszusammenhänge aussagt. Ein beliebtes Beispiel hierzu ist die festgestellte Korrelation zwischen der Zahl der Störche und der Zahl der Kinder. Sollte da doch …? – des Rätsels Lösung ist recht nüchtern: Hinter dem Zusammenhang verbirgt sich eine so genannte Drittvariable, die auf beide Merkmale einwirkt, und zwar die Ortsgröße. Aus unterschiedlichen Gründen sind die Lebensbedingungen sowohl für Störche als auch für junge Familien in Stadtrand- oder ländlicheren Gebieten günstiger als in Kernstädten. Berücksichtigt man diese Drittvariable, rechnet ihren Einfluss also heraus (»partielle Korrelation«), so verschwindet der statistische Zusammenhang zwischen Störchen und Kindern. Die Schwierigkeit liegt darin, mögliche Drittvariablen zu erkennen. Weitere statistische Verfahren können hier helfen, man kann etwa die durch die Einflussfaktoren »erklärte Varianz« berechnen, Signifikanztests oder multivariate Analysen durchführen. Doch letztlich ersetzen diese Verfahren nicht endgültig die Entscheidung des Forschers, an einer bestimmten Stelle einen Kausalzusammenhang aufgrund der Datenlage anzunehmen. In den Kultur- und Sozialwissenschaften kommt erschwerend hinzu, dass nur selten genau ein Einflussfaktor ausgemacht werden kann, der für die Ausprägungen eines Merkmals verantwortlich ist. So bedingt sicherlich nicht allein das Geschlecht, wie häufig man das Internet nutzt oder künstlerisch aktiv ist, sondern ein Bündel von Faktoren.

Die Indexbildung beruht darauf, dass es häufig notwendig ist, für eine Dimension mehrere Indikatoren zu wählen (vgl. auch das Beispiel in Kap. 4.3.6 zur Inklusion). Beispielsweise könnte man die Zufriedenheit mit dem kulturellen Angebot im Wohnort anhand mehrerer Unterpunkte abfragen: »Wie zufrieden (auf einer Skala von -2 bis +2) sind Sie mit dem Angebot an Theater, klassischer und populärer Musik (z. B. Konzerte), Kleinkunst, Kino, Buchausleihe, Lesungen, Festivals, sonstigen Angeboten?« Ein Index hätte nun die Aufgabe, die Antworten zu diesen Unterpunkten zu einer Angabe zusammenzufassen. Hier könnte sich ein additiver Index anbieten, d. h. die Punkte werden aufsummiert, die Summe bildet den »Zufriedenheitsindex«. Je höher er ist, desto zufriedener ist die Person mit dem kulturellen Angebot insgesamt.

Ein Beispiel für einen additiven Index mit gleicher Gewichtung aller Unterpunkte bei Person X sieht so aus:

Zufriedenheit (mögliche Punktvergaben: – 2/– 1/0/1/2) mit	
Theater	2 Punkte
Klassische Musik	0 Punkte
U-Musik	– 2 Punkte
Kleinkunst	– 1 Punkt
Kino	– 1 Punkt
Lesungen	0 Punkte
Festivals	1 Punkt
SUMME	– 1 Punkt

Tab. 6.3: Beispiel für einen additiven Index

Diesem Ergebnis liegen jedoch einige Annahmen zugrunde: Zum einen wird die Einstellungsskala als metrisch interpretiert (jemand mit 2 Punkten ist doppelt so zufrieden wie jemand mit 1 Punkt oder zumindest sind die Abstände zwischen den Punkten immer gleich). Dergleichen tun Forscher in der Praxis oft, es ist aber nicht ganz unproblematisch. Zum anderen werden alle Unterpunkte gleich gewichtet und damit austauschbar. Die Zufriedenheit mit Lesungen erhält das gleiche Gewicht wie die mit aufwändigen Operninszenierungen. Zum Ausgleich könne man das Theater nun entsprechend gewichten (z. B. -4/-2/0/2/4 Punkte), z. B. anhand der subjektiven Einschätzung der Wichtigkeit durch die Befragten. Man sieht jedoch, dass theoretische Begründungen für diese Gewichtungen nicht immer leicht zu finden sind. Eine gewisse Willkür ist wiederum im Spiel, die auch hier nur durch die sorgfältige Beachtung der intersubjektiven Nachvollziehbarkeit gemildert werden kann.

Dieses Kapitel soll keinen abschreckenden Charakter haben. Es ist von Vorteil, ein gesundes Misstrauen auch im Hinblick auf die statistische Aufarbeitung von Ergebnissen zu entwickeln. Dies bedeutet jedoch nicht, dass alle Zahlen lügen oder dass es selbst mit großer Mühe nicht gelingt, zu gültigen und eindeutigen Ergebnissen zu gelangen. Gerade die Kenntnis von Stolpersteinen, wie sie in diesem Abschnitt beispielhaft aufgeführt wurden, befähigt Sie nun dazu, am Beispiel »wirklicher« Studien Ihre Kenntnisse und eine methodenkritische Haltung zu testen sowie zu erkennen, was die Studien über die Realität aussagen. Deshalb: Viel Spaß beim Entdecken der kulturwissenschaftlichen Empirie!

Literaturhinweise

Einführungen in die Statistik sowie zur Verknüpfung von Statistik und PC-Software: s. Anhang

Auf Manipulationsgefahren aufmerksam machen z. B.

Beck-Bornholdt, Hans-Peter; Dubben, Hans-Hermann (2003): Der Schein der Weisen. Irrtümer und Fehlurteile im täglichen Denken, Reinbek, 2. Auflage

Krämer, Walter (1997): So lügt man mit Statistik, Frankfurt am Main/New York, 7., überarb. u. erw. Auflage

Krämer, Walter (1994): So überzeugt man mit Statistik, Frankfurt am Main/New York

Monmonier, Mark (1996): Eins zu einer Million. Die Tricks und Lügen der Kartographen, Basel u. a.

Übungsaufgaben

Aufgabe 1

Finden Sie für die nachstehenden Merkmale eine geeignete grafische Darstellung. Begründen Sie Ihre Wahl und grenzen Sie sie von »ungeeigneten« grafischen Varianten ab.

a) Der jeweilige Anteil regelmäßiger Kinobesucher 2004 in den Bundesländern der Bundesrepublik Deutschland;
b) Die Entwicklung des Anteils regelmäßiger Kinobesucher in Deutschland zwischen 1994 und 2004, differenziert nach Männern und Frauen.

Aufgabe 2
Was sagt die folgende Tabelle aus? Gibt es zu kritisierende Aspekte?

	Altersgruppe	Jahr	Anteil %	Jahr	Anteil %	Zunahme Faktor
Ägypten	0-5	1978	2,2	1996	8,6	3,9
Australien	7-15	1985	1,3	1995	5,2	4,0
Brasilien	6-9	1974	4,9	1997	17,4	3,6
Chile	0-6	1985	4,6	1995	7,2	1,6
China	6-9	1991	10,5	1997	11,3	1,1
Costa Rica	0-7	1982	2,3	1996	6,2	2,7
Deutschland	5-6	1982	1,8	1997	2,8	1,6
England	4-11	1984	0,9	1994	2,2	2,4
Ghana	0-3	1988	0,5	1994	1,9	3,8
Haiti	0-5	1978	0,8	1995	2,8	3,5
Japan	10	1970	4,0	1996	9,6	2,4
Marokko	0-5	1987	2,7	1992	6,8	2,5
USA	6-11	1973	4,0	1999	13,0	3,3
Spätfolgen der Fettsucht in der Kindheit: Asthma, Gallensteine, Fettleber, Nierenschäden, Plattfüße, Erkrankung der Blutgefäße, nächtlicher Atemstillstand, Fettstoffwechselstörungen, Bluthochdruck, verfrühte Pubertät, Depressionen, Essstörungen						
Daten aus: ZEIT-Grafik, Nr. 36/29.8.02, S. 31, Grafik nur in der Printausgabe						

Tabelle »Anteil fettsüchtiger Kinder nimmt weltweit zu«

Aufgabe 3

Die folgende Übungsaufgabe ist übernommen aus Kühnel/Krebs/Jacob 2003: Kap. 3 (wo auch weitere Übungsaufgaben zu finden sind), S. 51.

Gültige Werte	Antwortvorgabe	Häufigkeit	Prozent	kumulierte Prozent
0	nicht wahlberechtigt	212	5,6	5,6
1	CDU/CSU	749	19,7	25,3
2	SPD	929	24,4	49,7
3	FDP	188	4,9	54,6
4	Bündnis 90/Grüne	194	5,1	59,7
5	PDS	216	5,7	65,4
6	Republikaner	29	0,8	66,2
7	andere Partei	33	0,8	67,0
8	würde nicht wählen	390	10,3	77,3
97	verweigert	219	5,7	83,0
98	weiß nicht	623	16,4	99,4
99	keine Angabe	22	0,6	100,0
gesamt		3804	100,0	
Quelle: Albus 2000				

Tabelle Wahlabsicht Bundestagswahl (Sonntagsfrage)

Ein Journalist beschreibt die Angaben zur obigen Tabelle in mehreren Aussagen:

a) Fast ein Viertel (23 %) der Wählerinnen und Wähler würde die »weiß-nicht«-Partei wählen.

b) Ein Siebtel (rund 14 %) der Wählerinnen und Wähler, die eine Wahlabsicht geäußert haben, ist als politikverdrossen anzusehen, denn anders ist die explizite Absicht, die Stimmabgabe zu verweigern, nicht zu verstehen.

c) Es wäre mit einer Wahlbeteiligung von mehr als 85 % zu rechnen, wenn am nächsten Sonntag Bundestagswahl wäre.

Geben diese Aussagen den Inhalt der Tabelle korrekt wieder? Nehmen Sie Stellung zu der Aussage des Journalisten.

7. Ausblick

Dieses Buch hat Ihnen einen Einblick in die quantitativen empirischen Methoden gegeben, zum einen in die allgemeinen Hintergründe und Regeln, zum anderen aber auch darin, welche methodischen Möglichkeiten und Probleme am konkreten Beispiel entstehen, was zu beachten ist, welche Ergebnisse herauskommen können und wie sie zu interpretieren sind.

Zugunsten der grundsätzlichen Logik der Forschungsschritte und der kritischen Sensibilisierung für methodisches Vorgehen hat dieses Buch jedoch zahlreiche Einzelthemen nicht weiter verfolgt. Beispielsweise könnte man zur Definition forschungsrelevanter Begriffe, zu Skaleneffekten im Fragebogen und natürlich zur Statistik viel stärker ins Detail gehen. Durch diesen ersten Überblick haben Sie jedoch die Basis erhalten, um sich in der entsprechenden Literatur zu einzelnen Aspekten zurechtzufinden. Zu empfehlen ist es aber für die weitere Beschäftigung mit Methoden auf jeden Fall, empirische Untersuchungen zu lesen. Methoden sind kein Selbstzweck, sondern Sie dienen der Anwendung. Im Zusammenhang mit Inhalten sind sie außerdem interessanter. Der Leser kann und sollte dann bei Bedarf gezielt methodische Fragen, die möglicherweise unklar sind, in der Literatur nachschlagen.

Beim Lesen empirischer Beispiele wird zudem immer wieder deutlich, dass sehr viele methodische Entscheidungen nur anhand der Fragestellung und ihres theoretischen Hintergrundes zu treffen sind. Somit gibt es außer einigen grundsätzlichen Regeln des methodischen Vorgehens kaum immer richtige Verfahren, die man wie ein Kochbuchrezept anwenden könnte. Umso wichtiger ist es für Kulturwissenschaftler, sich Kenntnisse und auch eine Offenheit für verschiedene methodische Möglichkeiten (und ihre flexible Verwendung) anzueignen. Dann bedeutet eine methodenkritische Sicht nicht nur die einseitige Variante, (lediglich) immer dann pauschal die Methoden anzuzweifeln, wenn das Ergebnis einer Studie nicht den eigenen Erwartungen entspricht. Hier lässt sich im Gegenteil ebenfalls dafür plädieren, stets einen (durchaus skeptischen) Blick auf Theorien und Methoden gleichermaßen zu haben.

Neben diesem kurzen Ausblick für den Leser soll das Buch mit einem Hinweis auf die Zukunft der Methodenforschung schließen. Diese wird sich wie bisher natürlich weiter mit der Erforschung von Methodeneffekten sowie neuen Erhebungs- und Auswertungsmethoden beschäftigen mit dem Ziel, die Güte empirischer Ergebnisse zu optimieren. Eine ebenfalls fortgesetzte Strategie dürfte die weitergehende Nutzung des Computers im Dienste der empirischen Forschung sein. Dies kann z. B. die Codierung bei der Inhaltsanalyse betreffen (s. Kap. 4.1), die Online-Forschung, die Anlage neuer und ausgebauter Datenbanken (z. B. zu Kategorienschemata, Fragebögen, archivierten Leitfaden- und biografischen Interviews) etc.

Schließlich könnte eine wünschenswerte Perspektive der Methodenforschung darin bestehen, die Aufmerksamkeit intensiver als bisher auf Methodenkombinationen zu lenken, seien sie nun aus dem quantitativen, dem qualitativen Bereich oder aus beiden Bereichen.

8. Literatur

Atteslander, Peter (2003): Methoden der empirischen Sozialforschung, Berlin: de Gruyter, 10., neubearb. u. erw. Auflage

Backhaus, Klaus et al. (2003): Multivariate Analysemethoden. Eine anwendungsorientierte Einführung, Berlin u. a.: Springer, 10., neubearb. u. erw. Auflage

Beck, Ulrich (1986): Risikogesellschaft. Auf dem Weg in eine andere Moderne, Frankfurt am Main: Suhrkamp

Beck-Bornhold, Hans-Peter; Dubben, Hans-Hermann (2003): Der Schein der Weisen. Irrtümer und Fehlurteile im täglichen Denken, Reinbek: Rowohlt, 2. Auflage

Becker, Irene; Hauser, Richard (2003): Anatomie der Einkommensverteilung. Ergebnisse der Einkommens- und Verbrauchsstichproben 1969 – 1998, Berlin: edition sigma

Benninghaus, Hans (1992): Deskriptive Statistik, Stuttgart: Teubner, 7. Auflage

Bette, Karl-Heinrich et al. (2002): Biographische Dynamiken im Leistungssport, Köln: Verlag Sport und Buch Strauß

Blasius, Jörg (2001): Korrespondenzanalyse, München/Wien: Oldenbourg

Blasius, Jörg; Georg, Werner (1992): Clusteranalyse und Korrespondenzanalyse in der Lebensstilforschung. Ein Vergleich am Beispiel der Wohnungseinrichtung, Köln: ZA-Information 30, S. 112 – 133

Blasius, Jörg; Winkler, Joachim (1989): Gibt es die »feinen Unterschiede«? Eine empirische Überprüfung der Bourdieuschen Theorie, in: Kölner Zeitschrift für Soziologie und Sozialpsychologie, H. 1, Jg. 1, S. 72 – 94

Blinkert, Baldo (1997): Aktionsräume von Kindern auf dem Land, Pfaffenweiler: Centaurus

Bosnjak, Michael (2003): Web-basierte Fragebogenuntersuchungen – Methodische Möglichkeiten, aktuelle Themen und Erweiterungen, in: ADM, ASI, Statistisches Bundesamt: Online-Erhebungen. 5. Wissenschaftliche Tagung, Bonn: IZ-Sozialwissenschaften (Sozialwissenschaftliche Tagungsberichte Bd. 7), S. 109 – 133

Bortz, Jürgen (1999): Statistik für Sozialwissenschaftler, Berlin u. a.: Springer, 5., vollst. überarb. u. aktualisierte Auflage

Bourdieu, Pierre (1982): Die feinen Unterschiede. Kritik der gesellschaftlichen Urteilskraft, Frankfurt am Main: Suhrkamp, 9. Auflage der TB-Ausgabe 1997 (frz. Original 1979)

Brüsemeister, Thomas (2000): Qualitative Forschung. Ein Überblick, Wiesbaden: Westdeutscher Verlag

Buchmann, Marlis; Eisner, Manuel (2001): Geschlechterdifferenzen in der gesellschaftlichen Präsentation des Selbst. Heiratsinserate von 1900 bis 2000, in: Heintz, Bettina (Hrsg.): Geschlechtersoziologie, Wiesbaden: Westdeutscher Verlag, S. 75 – 107

Bühl, Achim; Zöfel, Peter (2002): SPSS 11. Einführung in die moderne Datenanalyse mit Windows, München: Addison Wesley in Pearson Education Deutschland, 8., überarb. u. erw. Auflage

Burzan, Nicole (2004): Soziale Ungleichheit: Einführung in die zentralen Theorien, Wiesbaden: VS Verlag für Sozialwissenschaften

Burzan, Nicole; Schimank, Uwe (2004): Inklusionsprofile: Überlegungen zu einer differenzierungstheoretischen »Sozialstrukturanalyse«, in: Schwinn, Thomas (Hrsg.): Differenzierung und soziale Ungleichheit. Die zwei Soziologien und ihre Verknüpfung, Frankfurt am Main: Humanities Online, S. 209 – 237

Chalmers, Alan F. (1994): Wege der Wissenschaft: Einführung in die Wissenschaftstheorie, Berlin u. a.: Springer, 3., durchges. Auflage

Diekmann, Andreas (1996): Empirische Sozialforschung. Grundlagen, Methoden, Anwendungen, Reinbek: Rowohlt

Elias, Norbert (1976): Über den Prozess der Zivilisation. Soziogenetische und psychogenetische Untersuchungen, 2 Bände, Frankfurt am Main: Suhrkamp

Erbslöh, Eberhard (1972): Das Interview, Stuttgart: Teubner

Flick, Uwe (1995): Qualitative Forschung: Theorie, Methoden, Anwendung in Psychologie und Sozialwissenschaften, Reinbek bei Hamburg: Rowohlt

Flick, Uwe (2004): Triangulation. Eine Einführung, Wiesbaden: VS Verlag für Sozialwissenschaften

Flick, Uwe; von Kardorff, Ernst; Steinke, Ines (Hrsg.) (2000): Qualitative Forschung. Ein Handbuch, Reinbek bei Hamburg: Rowohlt

Friedrichs, Jürgen (2002): Methoden der empirischen Sozialforschung, Wiesbaden: Westdeutscher Verlag (Nachdruck der 14. Auflage 1990)

Früh, Werner (2001): Inhaltsanalyse. Theorie und Praxis, Konstanz: UVK, 5., überarb. Auflage

Fuchs, Marek (2004): Kinder und Jugendliche als Befragte. Feldexperimente zum Antwortverhalten Minderjähriger, Mannheim: ZUMA-Nachrichten, H. 54, Jg. 8, S. 60 – 88

Fuchs-Heinritz, Werner; König, Alexandra (2005): Pierre Bourdieu. Eine Einführung, Konstanz: UVK/UTB

Gabler, Siegfried; Häder, Sabine (2002): Telefonstichproben. Methodische Innovationen und Anwendungen in Deutschland, Münster u. a.: Waxmann

Gehrau, Volker (2002): Die Beobachtung in der Kommunikationswissenschaft: methodische Ansätze und Beispielstudien, Konstanz: UVK

Gerhards, Jürgen (2003): Die Moderne und ihre Vornamen. Eine Einladung in die Kultursoziologie, Wiesbaden: Westdeutscher Verlag

Gern, Christiane (1992): Geschlechtsrollen. Stabilität oder Wandel? Eine empirische Analyse anhand von Heiratsinseraten, Opladen: Westdeutscher Verlag

Gläser, Jochen; Laudel, Grit (2001): Experteninterviews und qualitative Inhaltsanalyse als Instrumente rekonstruierender Untersuchungen; Fernstudienkurs der FernUniversität in Hagen Nr. 03707, Hagen

Grümer, Karl-Wilhelm (1974): Beobachtung, Stuttgart: Teubner

Häder, Sabine (2000): Telefonstichproben, Mannheim: ZUMA-How-to-Reihe Nr. 6

Heckel, Christiane (2003): Online gewonnene Stichproben – Möglichkeiten und Grenzen, in: ADM, ASI, Statistisches Bundesamt: Online-Erhebungen. 5. Wissenschaftliche Tagung, Bonn: IZ Sozialwissenschaften (Sozialwissenschaftliche Tagungsberichte Bd. 7), S. 83–94

Hüfken, Volker (Hrsg.) (2000): Methoden in Telefonumfragen, Wiesbaden: Westdeutscher Verlag

Jahoda, Marie; Lazarsfeld, Paul Felix; Zeisel, Hans (1975): Die Arbeitslosen von Marienthal: Ein soziographischer Versuch über die Wirkungen langandauernder Arbeitslosigkeit, Frankfurt am Main: Suhrkamp (zuerst 1933)

Jetzkowitz, Jens; Lüdtke, Hartmut; Schneider, Jörg (2004): O Tempora, o Mores. Wie Studierende mit der Zeit umgehen, Wiesbaden: VS Verlag für Sozialwissenschaften

Kelle, Udo; Erzberger, Christian (2001): Die Integration qualitativer und quantitativer Forschungsergebnisse, in: Kluge, Susann; Kelle, Udo (Hrsg.) (2001): Methodeninnovation in der Lebenslaufforschung: Integration qualitativer und quantitativer Verfahren in der Lebenslauf- und Biographieforschung, Weinheim/München: Juventa, S. 89–134

Kirchhoff, Sabine et al. (2003): Der Fragebogen. Datenbasis, Konstruktion und Auswertung, Stuttgart: UTB, 3., überarb. Auflage

Kluge, Susann; Kelle, Udo (Hrsg.) (2001): Methodeninnovation in der Lebenslaufforschung: Integration qualitativer und quantitativer Verfahren in der Lebenslauf- und Biographieforschung, Weinheim/München: Juventa

Koch, Achim et al. (2001): Konzeption und Durchführung der »Allgemeinen Bevölkerungsumfrage der Sozialwissenschaften« (ALLBUS) 2000, Mannheim: ZUMA-Methodenbericht 2001/05

Kops, Manfred (1984): Eine inhaltsanalytische Bestimmung von Persönlichkeitsbildern in Heiratsanzeigen, in: Klingemann, Hans-Dieter (Hrsg.): Computerunterstützte Inhaltsanalyse in der empirischen Sozialforschung, Frankfurt am Main/New York: Campus, S. 54–97

Kraemer, Monika (1998): Partnersuche und Partnerschaft im deutsch-französischen Vergleich 1913–1993. Eine empirische Analyse zum Wertewandel anhand von Heirats- und Bekanntschaftsanzeigen, Münster u. a.: Waxmann

Krämer, Walter (1994): So überzeugt man mit Statistik, Frankfurt am Main/New York: Campus

Krämer, Walter (1995): So lügt man mit Statistik, Frankfurt am Main/New York: Campus, 6., überarb. u. erw. Auflage

Krebs, Dagmar; Kühnel, Steffen; Jacob, Marita (2003): Aufgabensammlung zur »Statistik für die Sozialwissenschaften«, Reinbek bei Hamburg: Rowohlt

Kromrey Helmut (1998): Empirische Sozialforschung. Modelle und Methoden der Datenerhebung und Datenauswertung, Opladen: Leske + Budrich, 8., durchgreifend überarb. und erw. Auflage

Kühnel, Steffen; Krebs, Dagmar (2001): Statistik für die Sozialwissenschaften. Grundlagen, Methoden, Anwendungen, Reinbek bei Hamburg: Rowohlt

Lamnek, Siegfried (1995): Qualitative Sozialforschung. Gesamtwerk in 2 Bänden, Weinheim: Beltz, 3., korr. Auflage
Levine, Robert (1998): Eine Landkarte der Zeit: Wie Kulturen mit Zeit umgehen, München u. a.: Piper
Mayring, Philipp (2001): Kombination und Integration qualitativer und quantitativer Analyse [31 Absätze], Forum Qualitative Sozialforschung/Forum Qualitative Social Research (Online-Journal), 2(1). Verfügbar über: http://www.qualitative-research.net/fqs-texte/1 – 01/1 – 01mayring-d.htm
Mayring, Philipp (2003): Qualitative Inhaltsanalyse. Grundlagen und Techniken, Weinheim u. a.: Beltz, 8. Auflage
Merten, Klaus (1995): Inhaltsanalyse. Einführung in Methode, Theorie und Praxis, Opladen: Westdeutscher Verlag, 2., verb. Auflage
Mika, Tatjana (2002): Wer nimmt teil an Panel-Befragungen? Untersuchung über die Bedingungen der erfolgreichen Kontaktierung für sozialwissenschaftliche Untersuchungen, Mannheim: ZUMA-Nachrichten, H. 51, Jg. 6, S. 38 – 48
Mittag, Hans-Joachim; Stemann, Dietmar (2002): Statistik: beschreibende Statistik und explorative Datenanalyse, Interaktive Multimedia-Software, FernUniversität in Hagen, München: Fachbuchverlag Leipzig, 4. Auflage
Möhring, Wiebke; Schlütz, Daniela (2003): Die Befragung in der Medien- und Kommunikationswissenschaft. Eine praxisorientierte Einführung, Wiesbaden: Westdeutscher Verlag
Monmonier, Mark (1996): Eins zu einer Million. Die Tricks und Lügen der Kartographen, Basel u. a.: Birkhäuser
Noelle-Neumann, Elisabeth; Petersen, Thomas (1998): Alle, nicht jeder: Einführung in die Methoden der Demoskopie, München: Deutscher Taschenbuch Verlag, 2. Auflage
Ohler, Norbert (1980): Quantitative Methoden für Historiker. Eine Einführung, München: Beck
Porst, Rolf (1998): Im Vorfeld der Befragung: Planung, Fragebogenentwicklung, Pretesting, Mannheim: ZUMA-Arbeitsbericht 98/02
Porst, Rolf (1999): Umfrageforschung und Sekundäranalyse von Umfragedaten (am Beispiel des ALLBUS); Fernstudienkurs der FernUniversität in Hagen Nr. 03606, Hagen
Porst, Rolf (2000a): Praxis der Umfrageforschung, Stuttgart/Leipzig/Wiesbaden: Teubner, 2., überarbeitete Auflage
Porst, Rolf (2000b): Question Wording – Zur Formulierung von Fragebogen-Fragen, Mannheim: ZUMA How-to-Reihe Nr. 2
Prüfer, Peter; Stiegler, Angelika (2002): Die Durchführung standardisierter Interviews: Ein Leitfaden, Mannheim: ZUMA How-to-Reihe Nr. 11
Rosenthal, Thomas; Töllner, Ralf (1999): Gesundheit und Unterhaltung. Arzt- und Krankenhausserien im Fernsehen. Ergebnisse einer Inhaltsanalyse, in: Medien praktisch: medienpädagogische Zeitschrift für die Praxis, Nr. 2, Jg. 3, S. 54 – 58

Rulofs, Bettina (2003): Konstruktion von Geschlechterdifferenzen in der Sportpresse? Eine Analyse der Berichterstattung zur Leichtathletik WM 1999, Butzbach-Griedel: AFRA

Sahner, Heinz (2002): Schließende Statistik. Eine Einführung für Sozialwissenschaftler, Opladen: Westdeutscher Verlag

Scheuch, Erwin K. (1973): Das Interview in der Sozialforschung, in: Koenig, René (Hrsg.): Handbuch der empirischen Sozialforschung, Bd. 2, Stuttgart: Enke, S. 66 – 190

Schneekloth, Ulrich; Leven, Ingo (2003): Woran bemisst sich eine »gute« allgemeine Bevölkerungsumfrage? Mannheim: ZUMA-Nachrichten, H. 53, Jg. 7, S. 16 – 57

Schnell, Rainer; Hill, Paul B.; Esser, Elke (1999): Methoden der empirischen Sozialforschung. München/Wien: Oldenbourg, 6., völlig überarb. u. erw. Auflage

Scholl, Armin (2003): Die Befragung. Sozialwissenschaftliche Methode und kommunikationswissenschaftliche Anwendung, Konstanz: UVK

Schwarz, Norbert (1991): In welcher Reihenfolge fragen? Kontexteffekte in standardisierten Befragungen, Mannheim: ZUMA-Arbeitsbericht, Nr. 91/16

Schwinn, Thomas (2004): Institutionelle Differenzierung und soziale Ungleichheit. Die zwei Soziologien und ihre Verknüpfung, in: ders. (Hg.): Differenzierung und soziale Ungleichheit, Frankfurt am Main: Humanities Online, S. 9 – 68

Seipel, Christian; Rieker, Peter (2003): Integrative Sozialforschung: Konzepte und Methoden der qualitativen und quantitativen empirischen Forschung, Weinheim/München: Juventa

Stockmann, Reinhard (Hg.) (2004): Evaluationsforschung. Grundlagen und ausgewählte Forschungsfelder, Opladen: Leske+Budrich, 2. Auflage

Vester, Michael et al. (2001): Soziale Milieus im gesellschaftlichen Strukturwandel. Zwischen Integration und Ausgrenzung, Frankfurt am Main: Suhrkamp, vollst. überarb. und aktual. Fassung der Ausgabe von 1993

Voß, Werner; Schöneck, Nadine M. (2003): Grafiken mit Excel. Eine Rezeptesammlung, München/Wien: Hanser

Whyte, William Foote (1996): Die Street Corner Society: Die Sozialstruktur eines Italienerviertels, Berlin/New York: de Gruyter (amerik. Original 1943)

Wouters, Cas (1999): Informalisierung. Norbert Elias' Zivilisationstheorie und Zivilisationsprozesse im 20. Jahrhundert, Wiesbaden: Westdeutscher Verlag

Züll, Cornelia; Landmann, Juliane (2002): Computerunterstützte Inhaltsanalyse. Literaturbericht zu neueren Anwendungen, Mannheim: ZUMA-Methodenbericht 2002/02

http://qualitative-research.net/fqs.htm

http://www.destatis.de/d_home.htm

http://www.destatis.de/presse/deutsch/pk/2003/wbdz.pdf

http://www.diw.de/deutsch/sop/index.html

http://www.fernuni-hagen.de/SOZ/SOZ2/Projekte/Inklusionsprofile

http://www.gesis.org

http://www.gesis.org/Dauerbeobachtung/Allbus/documents/pdfs/frabo2002capi.pdf

http://www.gesis.org/Publikationen/index.htm

http://www.gesis.org/Software/Textpack
http://www.gesis.org/ZA
http://www.isoplan.de/isoplan.htm
http://www.soziologie.de/dgs/ethik-kodex.htm
http://www.sozpsy.uni-hannover.de/Marienthal/
http://www.uni-konstanz.de/FuF/Verwiss/Schnell/Methodensektion/

Anhang

Lehrbücher, Fachzeitschriften, Links, Archive

Bei den folgenden Hinweisen handelt es sich jeweils nur um eine Auswahl, die Ihnen einen ersten Zugang erleichtern soll. Zu einzelnen Methoden können Sie gezielte Literaturhinweise am Ende der jeweiligen Abschnitte finden.

Allgemeine Methoden-Lehrbücher (quantitativ)

Atteslander, Peter (2003): Methoden der empirischen Sozialforschung, Berlin: de Gruyter, 10., neubearb. u. erw. Auflage

Diekmann, Andreas (2004): Empirische Sozialforschung. Grundlagen, Methoden, Anwendungen, Reinbek: Rowohlt, 11. Auflage

Friedrichs, Jürgen (2002): Methoden der empirischen Sozialforschung, Wiesbaden: Westdeutscher Verlag (Nachdruck der 14. Auflage 1990)

Jansen, Dorothea (2003): Einführung in die Netzwerkanalyse. Grundlagen, Methoden, Anwendungen, Opladen: Leske + Budrich

Kromrey Helmut (2002): Empirische Sozialforschung. Modelle und Methoden der Datenerhebung und Datenauswertung, Opladen: Leske + Budrich, 10., vollständig überarb. Auflage

Schnell, Rainer; Hill, Paul B.; Esser, Elke (2004): Methoden der empirischen Sozialforschung. München/Wien: Oldenbourg, 7., überarb. u. erw. Auflage

Seipel, Christian; Rieker, Peter (2003): Integrative Sozialforschung: Konzepte und Methoden der qualitativen und quantitativen empirischen Forschung, Weinheim/München: Juventa

Struck, Eckart; Kromrey, Helmut (2003): PC-Tutor «Empirische Sozialforschung« Version 2.0, CD-ROM mit Begleitheft, Opladen: Leske + Budrich

Lehr- und Handbücher zur Statistik

Backhaus, Klaus et al. (2003): Multivariate Analysemethoden. Eine anwendungsorientierte Einführung, Berlin u. a.: Springer, 10., neubearb. u. erw. Auflage

Benninghaus, Hans (1992): Deskriptive Statistik, Stuttgart: Teubner, 7. Auflage

Bortz, Jürgen (1999): Statistik für Sozialwissenschaftler, Berlin u. a.: Springer, 5., vollst. überarb. u. aktualisierte Auflage

Diekmann, Andreas (1996): Empirische Sozialforschung. Grundlagen, Methoden, Anwendungen, Reinbek: Rowohlt, Kap XIV

Krebs, Dagmar; Kühnel, Steffen; Jacob, Marita (2003): Aufgabensammlung zur »Statistik für die Sozialwissenschaften«, Reinbek bei Hamburg: Rowohlt

Kromrey Helmut (1998): Empirische Sozialforschung. Modelle und Methoden der Datenerhebung und Datenauswertung, Opladen: Leske + Budrich, 8., durchgreifend überarb. und erw. Auflage, Kap. 8

Kühnel, Steffen; Krebs, Dagmar (2001): Statistik für die Sozialwissenschaften. Grundlagen, Methoden, Anwendungen, Reinbek bei Hamburg: Rowohlt

Mittag, Hans-Joachim; Stemann, Dietmar (2002): Statistik: beschreibende Statistik und explorative Datenanalyse, Interaktive Multimedia-Software, FernUniversität in Hagen, München: Fachbuchverlag Leipzig, 4. Auflage

Müller-Benedict, Volker (2003): Grundkurs Statistik in den Sozialwissenschaften, Wiesbaden: Westdeutscher Verlag, 2., überarb. Auflage

Sahner, Heinz (2002): Schließende Statistik. Eine Einführung für Sozialwissenschaftler, Opladen: Westdeutscher Verlag (für analytische Statistik)

Struck, Eckart; Kromrey, Helmut (2003): PC-Tutor «Empirische Sozialforschung« Version 2.0, CD-ROM mit Begleitheft, Opladen: Leske + Budrich

Voß, Werner et al. (Hrsg.) (2004): Taschenbuch der Statistik, München/Wien: Hanser, 2., verb. Auflage

Umgang mit statistischer Software

Baur, Nina; Fromm, Sabine (Hrsg.) (2004): Datenanalyse mit SPSS für Fortgeschrittene. Ein Arbeitsbuch, Wiesbaden: VS Verlag für Sozialwissenschaften

Bühl, Achim; Zöfel, Peter (2002a): Erweiterte Datenanalyse mit SPSS. Statistik und Data Mining, Wiesbaden: Westdeutscher Verlag

Bühl, Achim; Zöfel, Peter (2002b): SPSS 11. Einführung in die moderne Datenanalyse mit Windows, München: Addison Wesley in Pearson Education Deutschland, 8., überarb. u. erw. Auflage

Kuckartz, Udo (2004): Einführung in die computergestützte Analyse qualitativer Daten, Wiesbaden: VS Verlag für Sozialwissenschaften

Voß, Werner (2000): Praktische Statistik mit SPSS, München/Wien: Hanser, 2., aktualisierte Auflage

Voß, Werner; Schöneck, Nadine M. (2003): Grafiken mit Excel. Eine Rezeptesammlung, München/Wien: Hanser

Wittenberg, Reinhard; Cramer, Hans (2003): Datenanalyse mit SPSS für Windows, Stuttgart: Lucius & Lucius, 3., neubearb. Auflage

Einführungen in qualitative Methoden

Brüsemeister, Thomas (2000): Qualitative Forschung. Ein Überblick, Wiesbaden: Westdeutscher Verlag

Flick, Uwe (2002): Qualitative Forschung. Eine Einführung, Reinbek bei Hamburg: Rowohlt, 6. Auflage

Flick, Uwe; von Kardorff, Ernst; Steinke, Ines (Hrsg.) (2000): Qualitative Forschung. Ein Handbuch, Reinbek bei Hamburg: Rowohlt

Lamnek, Siegfried (1995): Qualitative Sozialforschung. Gesamtwerk in 2 Bänden, Weinheim: Beltz, 3., korr. Auflage

Fachzeitschriften und weitere Publikationen

FQS (Forum Qualitative Sozialforschung)

Mehrsprachige Online-Zeitschrift für qualitative Sozialforschung: http://qualitative-research.net/fqs.htm

Gesis-Publikationen: http://www.gesis.org/Publikationen/index.htm

Sociological Methods & Research (Sage Publications, USA): http://www.sagepub.com/journal.aspx?pid=120

Sociological Research Online: http://www.socresonline.org.uk/socresonline/welcome.html

ZUMA-Nachrichten: http://www.gesis.org/Publikationen/Zeitschriften/ZUMA_Nachrichten/Gesamtverzeichnis.htm

Einige Links

http://qualitative-research.net/fqs.htm: Hier gelangen Sie zum Forum Qualitative Sozialforschung, das zu einem internationalen und interdisziplinären Portal für qualitative Sozialforschung ausgebaut werden soll.

http://www.gesis.org: GESIS – Gesellschaft Sozialwissenschaftlicher Infrastruktureinrichtungen e. V. – bietet Dienstleistungen zur Unterstützung sozialwissenschaftlicher Forschung z. B. in Form von Datenbanken sowie Beratung in Methodenfragen.

http://www.soziologie.de/sektionen/m04/index.htm: Homepage der Sektion »Methoden qualitativer Sozialforschung« der Deutschen Gesellschaft für Soziologie (DGS). Hier erhalten Sie u. a. eine Leseliste zu Einführungsliteratur und Spezialthemen.

http://www.sozpsy.uni-hannover.de/Marienthal/: Homepage der Universität Hannover zur Marienthalstudie, einem Klassiker der empirischen Sozialforschung. Hier erhalten Sie Informationen zu Forschungsmethode, Untersuchungsdesign, weiterführender Literatur etc.

http://www.uni-konstanz.de/FuF/Verwiss/Schnell/Methodensektion/: Homepage der Sektion (quantitative) »Methoden der empirischen Sozialforschung« der Deutschen Gesellschaft für Soziologie (DGS), enthält u. a. eine Leseliste und Veranstaltungshinweise.

http://www.wiso-net.de: Wiso-Net ist eine deutschsprachige Zusammenstellung von Literaturnachweisen zu Wirtschafts- und Sozialwissenschaften, enthält Schlagwortlisten und Recherchetools zur optimierten Suche sowie eine Volltextdatenbank.

http://www.wz-berlin.de/: Das Wissenschaftszentrum Berlin für Sozialforschung (WZB) ist ein von der Bundesrepublik Deutschland und vom Land Berlin gefördertes unabhängiges Institut für problemorientierte sozialwissenschaftliche Grundlagenforschung. Es gibt unter anderem eine Publikationsliste sowie Veranstaltungshinweise.

Archive und Datenmaterial

Archiv »Deutsches Gedächtnis«, Lüdenscheid: Im »Deutschen Gedächtnis« werden subjektive Erinnerungszeugnisse aller Art archiviert: Ton- und Videointerviews mit Zeitzeugen, Briefe, Fotos, Tagebücher, Biografien, Autobiografien etc. (http://www.fernuni-hagen.de/INST_GESCHUBIOG/welcome.shtml)

Deutsches Tagebucharchiv (DTA), Emmendingen: Ort für die Aufbewahrung privater Lebensgeschichten aus dem deutschsprachigen Raum, Sammlung autobiografischer Dokumente von rund 1.100 Einsendern; Funde aus Nachlässen, zurückreichend bis zur Jahrhundertwende 18./19. Jahrhundert, sowie Aufzeichnungen von Zeitgenossen. (http://www.tagebucharchiv.de)

Eurostat: Eurostat ist das statistische Amt der Europäischen Gemeinschaften mit Sitz in Luxemburg. Es hat den Auftrag, die Union mit europäischen Statistiken zu versorgen, die Vergleiche zwischen Ländern und Regionen ermöglichen. (http://epp.eurostat.cec.eu.int)

Institut für Zeitungsforschung, Dortmund: Im Institut werden historische und aktuelle Zeitungen und Zeitschriften gesammelt. Über 70 Tageszeitungen aus dem deutschsprachigen Raum sowie über 200 Fach- und Publikumszeitschriften werden laufend bezogen und zur Lektüre angeboten. (http://www.zeitungsforschung.de)

Statistisches Bundesamt: Bereitstellung und Verbreitung statistischer Informationen, die den Anspruch haben, objektiv, unabhängig und qualitativ hochwertig zu sein. Diese Informationen stehen allen zur Verfügung: Politik, Regierung, Verwaltung, Wirtschaft und Bürgern. (http://www.destatis.de)

Zentralarchiv für Empirische Sozialforschung an der Universität Köln (ZA): Das Zentralarchiv archiviert Primärmaterial (Daten, Fragebögen, Codepläne) und Ergebnisse empirischer Untersuchungen. Das Material wird für wissenschaftliche Sekundäranalysen aufbereitet und der interessierten Öffentlichkeit zugänglich gemacht. (http://www.gesis.org/ZA)

Verzeichnis der Abbildungen

Verzeichnis der Tabellen

Verzeichnis der Stichworte in Definitionskästen